Olaf Groehler

DAS HEERWESEN

Das Heerwesen in Brandenburg und Preußen von 1640 bis 1806

DAS HEERWESEN

Olaf Groehler

Brandenburgisches Verlagshaus

Photographien von Jean Molitor/Verlagsarchiv

Einband: Bataillon Grenadier-Garde
in der Schlacht bei Hohenfriedberg 1745.
Nach einem Gemälde von Carl Röchling.

Groehler, Olaf: Das Heerwesen in Brandenburg
und Preußen
von 1640 bis 1806, Bd 1, Das Heerwesen/
von Olaf Groehler. –
1. Aufl. – Brandenburg.
Verl.-Haus, 1993. – 144 S.; 112 Abb.

ISBN 3-89488-013-9

1. Auflage

Printed in Germany
Gesamtherstellung: Verlag und Druckerei
Fortschritt Erfurt GmbH
Gesamtgestaltung und Produktion: Günter Hennersdorf

Inhalt

SOLDATENALLTAG UND SOLDATENTYPUS

Kein anderer Krieg hat im zeitgenössischen Gedächtnis der Deutschen tiefere Spuren hinterlassen als der Dreißigjährige Krieg. Als Inbegriff der Kriegsbarbarei erschien dem Volk eine plündernde, mordende und marodierende Soldateska, die in ihrem Auftreten weniger an wohlgeordnete Kriegsheere, denn als eine Horde schwerbewaffneter Krimineller erschien. Dieses weitverbreitete Urteil über Kriegsknechte ließ denn über Jahrzehnte auch allzu bereitwillig zu, die barbarische Zucht in den stehenden Heeren zu tolerieren, galt es doch, den scheinbar bewaffneten Abhub der Gesellschaft unter strenger Kontrolle und Fuchtel zu halten.

Nun kann mit Recht in Frage gestellt werden, ob die Kriegsheere des Dreißigjährigen Krieges aus verkommener Moral oder wegen Verhärtung jeglichen menschlichen Gefühls zu derart unbarmherzigen Exzessen getrieben wurden oder ob sie nicht häufig genug durch den schlichten Zwang zum Überleben, an dessen Rand sie häufig genug durch skrupellose Geschäftemacher und erbarmungslose Beutejäger gedrängt wurden, veranlaßt worden, sich derart aufzuführen. Der Dreißigjährige Krieg gebar auf alle Fälle einen neuen Typus von Söldner, der durch jahrzehntelangen Dienst im Felde eine hohe Professionalität hatte. Diese Veteranen des Dreißigjährigen Krieges bildeten nach 1648 in allen europäischen Großstaaten den Kern der sich herausbildenden stehenden Heere. Sie waren Berufssoldaten hoher Perfektion, bildeten zugleich einen zünftigen eigenen Stand, mit eigenen Lebensgewohnheiten und eigenen Ehrauffassungen, gegen die zu verstoßen, einen Ausschluß aus der Armee nach sich ziehen konnte.

Auch in Brandenburg-Preußen stellten sie das Skelett jener stehenden Armee, die sich in langwierigen Auseinandersetzungen zwischen dem Kurfürsten und den Ständen seit 1653 als eine dauerhafte Einrichtung behauptete. Waren die ersten Jahrzehnte brandenburg-preußischer Heerespolitik davon bestimmt, die Armee in Kriegszeiten aufzublähen, um sie in den Pausen zwischen ihnen drastisch zu reduzieren, so setzte sich seit 1680 die Tendenz durch, ständig ein beträchtliches Truppenkontingent zu unterhalten.

Kennzeichnend für diese ständige Truppe war die Tatsache, daß ihr der Begriff der Desertion weitgehend fremd war. Bei der Schlacht von Fehrbellin etwa verzeichnete das kurfürstliche Heer in seiner Auseinandersetzung mit den Schweden keinen einzigen Abgang aus diesen Gründen. Das heißt: Fast die gesamte Armee bestand aus freiwilligen Geworbenen. Eine Analyse des Regimentes Kurfürstin aus dem Jahre 1681 bezeugt, daß von den 1105 Soldaten des Regiments 227 aus Preußen, 175 aus der Mark, 100 aus Pommern, 55 aus Sachsen, 62 aus Westfalen, 73 aus Schlesien und 30 aus Lüneburg kamen. An direkten Ausländern verzeichnete das Regiment 35 Dänen, 85 Schweden, 47 Polen, 15 Böhmen und 8 Ungarn. In diesem

D C
Z B

Musketier und Offizier des kurbrandenburgischen Heeres gegen Ende der Regierungszeit des Großen Kurfürsten

Kurfürst Friedrich Wilhelm von Brandenburg nach einem Kupferstich von Mathäus Merian

Regiment waren Landeskinder nur zu 45 Prozent vertreten, ohne deshalb von Desertionen gebeutelt zu werden. Die einstigen Berufe dieser Soldaten wiesen eine bunte Vielfalt auf: vertreten waren Zimmerleute und Schneider, Tuchmacher und Schuster, Leinemacher und Tischler, Fleischer und Böttcher, Studenten und Edelleute, also alles andere als Gesindel oder unehrliches Volk. Ein Großteil von ihnen war langgedient: 11 standen schon 30 bis 40 Jahre unter der Fahne, 44 20 bis 30 Jahre, 156 immerhin noch 10 bis 20 Jahre, 475 5 bis 10 Jahre und 311 1 bis 5 Jahre. Bei derartiger Zusammensetzung war es für den Kurfürsten kein Wagnis, sie weit verstreut über die brandenburg-preußischen Territorien zu stationieren. Nur wenige Soldaten waren in den großen Städten – wie in Berlin – oder in den Festungen Magdeburg, Kolberg, Draheim, Oderberg, Driesen, Pillau oder Wesel untergebracht. Ein Regiment mit acht Kompanien erhielt 18 Ackerstädte zu seiner Behausung angewiesen.

Die Kavallerie- und Dragonerregimenter waren wegen der Stallung und Fütterung der Pferde noch weiter auseinandergezogen: ihnen wies man Dörfer, Gehöfte und Einzelhäuser zu. Die Reiter lagen in Trupps zu sieben, fünf, drei oder auch einzeln verstreut. Eine geregelte Ausbildung verbot sich daher; sie waren eher in der Art einer Landespolizei tätig. Eine regelmäßige Kontrolle nahmen die Korporale vor, die die Quartiere abritten und sich vom Zustand von Pferden, Waffen und Montur überzeugten. Unter diesen Bedingungen konnte von großem Drill oder Exerzieren kaum die Rede sein, wurde wohl auch von kriegserprobten Soldaten kaum als Notwendigkeit empfunden. Die meisten von ihnen wohnten bei Bauern und Handwerkern, die ihnen freie Logis, Licht und Feuerung geben mußten und von denen sie – je nachdem wie Wirt und Einquartierter handelseinig wurden – entweder vollverpflegt wurden, oder sie versorgten sich für 10 Groschen im Monat selbst. Die alle 10 Tage stattfin-

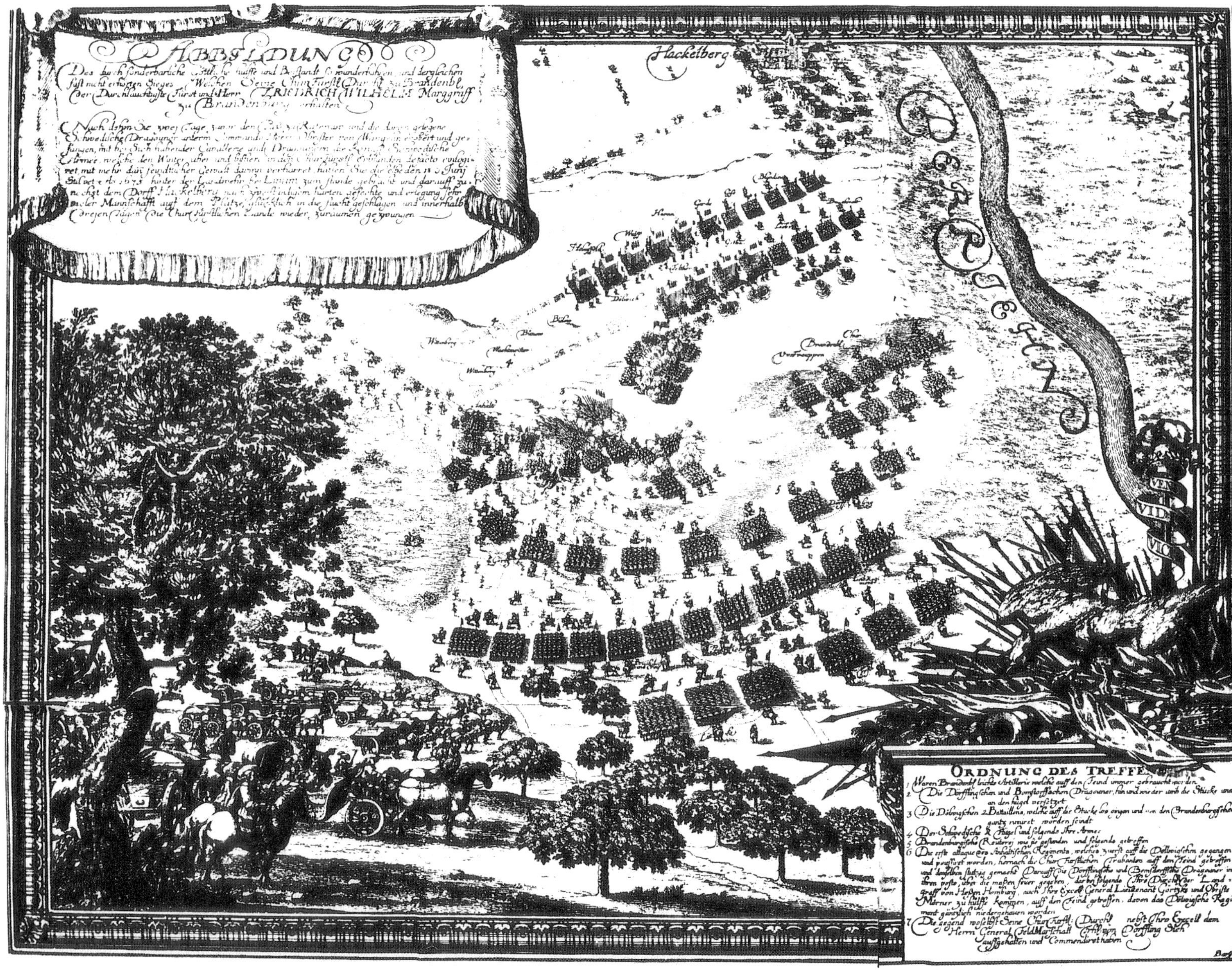

Schlacht bei Fehrbellin am 18. Juni 1675 nach einem Kupferstich von Romeyn de Hooghe

dende Löhnung der gemeinen Soldaten war zwar nicht üppig – der Musketier oder Pikenier erhielt 1690 2 Taler und 2 Groschen Sold im Monat, der Dragoner mit 2 Taler und 16 Groschen etwas mehr und der Reiter 3 Taler – aber doch für das Lebensnotwendigste ausreichend, wenngleich die Schmälerung das Einkommens gegenüber dem Dreißigjährigen Krieg, wo die Soldaten 12 bis 13 Gulden im Monat erhalten hatten, unübersehbar war. Es wurde für viele – namentlich für Verheiratete – ergänzt und erweitert durch Nebenbeschäftigung und Teilzeitarbeit bei Bauern und Handwerkern, wobei die Kompaniechefs schon häufig bei der Quartiersuche Bedacht darauf nahmen, die Profession ihrer Untergeben zu berücksichtigen. Auch im Äußeren unterschied sich der auf dem Lande lebende Soldat noch nicht sonderlich von den Bürgern und Bauern des Landes. Zwar setzte sich allmählich eine Normierung der zumeist in blau gehaltenen Kleidung durch, doch entbehrte sie noch des straffen militärischen Zuschnitts späterer Jahre. Überdies konnte der Soldat alle zwei Jahre

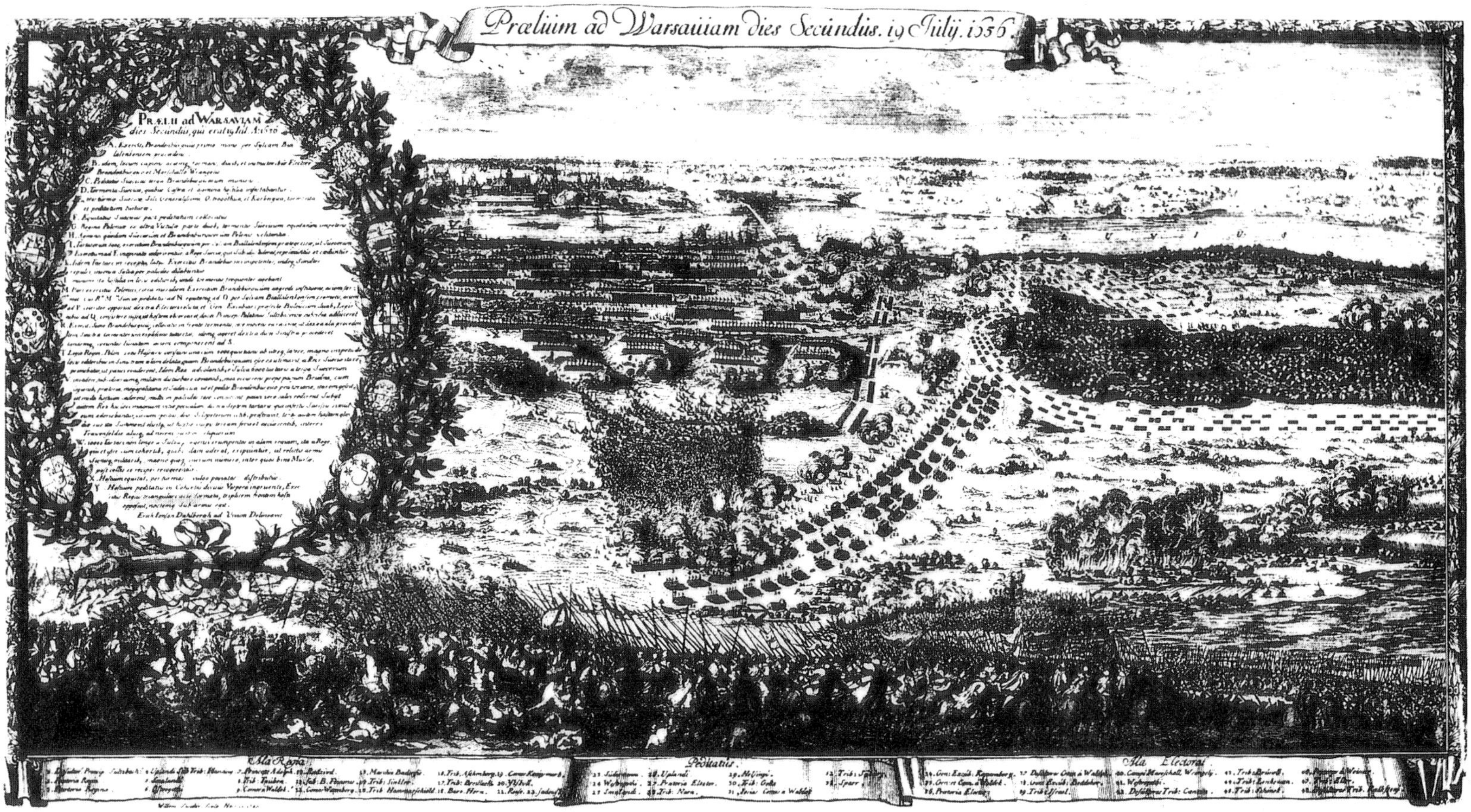

Die Schlacht bei Warschau, zweiter Tag (19. Juli 1656).

Schlacht bei Warschau am 19. Juli 1656 nach einem Stich von Samuel Pufendorf

mit neuer Bekleidung rechnen, die ihm monatlich mit einem halben Taler veranschlagt wurde.

In den größeren Städten und Festungen war zwar der Dienst der dort stationierten Soldaten straffer – namentlich durch eine fest geregelte Wachordnung –, doch bot die Stadt zugleich ungleich größere Möglichkeiten zum Nebenerwerb, ja selbst zu geldgelösten Vertretung beim ungeliebten Wachdienst, so daß diese Beschwernisse mehr als aufgewogen wurden. Für die Mehrheit der Angehörigen der brandenburgisch-preußischen Armee bedeutete ganz offenbar der Armeedienst im ansonsten vom Dreißigjährigen Krieg arg verwüsteten und wirtschaftlich daniederliegenden Kurfürstentum eine deutliche soziale Besserstellung gegenüber der Masse der erbuntertänigen Landbevölkerung.

Das jeweilige Regiment stellte die eigentliche Heimat des Soldaten dar, die ihn frei machte gegenüber anderer Bedrückung. Der Patron des Soldaten war der Regimentsinhaber, der sich als ein selbständiger Kriegsunternehmer verstand, der mit dem Kurfürsten die Bedingungen für das jeweilige Truppenkontingent, die Anstellung der Offiziere, den Sold usw. aushandelte. Der Landesherr kontrollierte die Truppe nur durch jährliche Inspektionen, bei denen er sich einen Überblick von deren Kriegstüchtigkeit verschaffte und sich von der angemessenen Verwendung der von ihm bereitgestellten Mittel überzeugte.

Der Hauptanstoß zur Veränderung des sozialen Innenlebens der Truppe erfolgte durch Eingriffe des Landesherren und durch die häufigen Kriege, an denen brandenburgisch-preußische Truppen beteiligt waren. Soldat zu sein, bedeutete für einen großen Teil der in den Regimentern Dienenden eine Lebensaufgabe, eine jahrzehntelange Profession. Als höchste

Dessauer Spezifikation von 1737. Älteste Uniformdarstellung der preußischen Armee

Strafandrohung für den gemeinen Soldaten galt die ehrlose Ausstoßung aus diesem Berufsstand. Die in Artikelbriefen und in Regularien festgehaltenen Strafandrohungen orientierten sich eher darauf, die innere Ordnung in den Einheiten und ihre militärische Verwendungsfähigkeit aufrechtzuerhalten, als eine bedingungslose Disziplin durchzusetzen. Ein drohendes Gespenst für jeden Reiter und Musketier der kurbrandenburgischen Armee bestand in jenen Jahrzehnten darin, in Friedenszeiten durch Reduktion der Regimenter und Kompanien verabschiedet zu werden, was ihn nicht nur brotlos machte, sondern auch einer völlig ungewissen Zukunft aussetze.

Diese Gefahren waren indes in diesem Jahrhundert relativ begrenzt: von den achtundvierzig Regierungsjahren des Kurfürsten Friedrich Wilhelm gab es nur ganz wenige, in denen brandenburgisch-preußische Truppen nicht an mannigfachen Kampfhandlungen im Dienste des Reiches oder kurfürstlicher Eigeninteressen beteiligt waren. Das Leben im Felde indessen unterschied sich grundsätzlich von dem in den verstreuten Garnisonen. Es war weitaus härter und armseliger, zugleich aber auch abwechslungsreicher und bunter, bot Möglichkeiten zur raschen Beförderung und zu fetter Beute. Das wichtigste war aber wohl, daß Ausbildung und Waffengebrauch nicht durch mühselige Exerzitien erworben werden mußten, sondern in erster Linie durch praktische Kampferfahrung einkamen.

Vor allem waren es mehrere Friedensjahre hintereinander, die dem Kurfürsten die Möglichkeit boten, stärker in seinem Sinne Einfluß auf die Truppe zu nehmen. Der Hauptansatzpunkt kurfürstlicher Intervention war das Bemühen, sich das Recht auf die Ernennung von Offizieren zu sichern. Durch eine gezielte Personalpolitik dünkte es am ehesten möglich, die Truppen fest an den Landesherren zu binden und wildwucherndes Kondottiereverhalten der Regimentsinhaber einzudämmen.

Seit 1688 beharrte der brandenburgische Kurfürst immer eindeutiger auf seinem Recht der Offiziersernennung. Verbunden war diese Politik mit der bei einzelnen Regimentern beginnenden Vereinheitlichung der Uniformen in der Farbe und in der Einübung der Truppe nach genormten Vorschriften. Sie bezogen sich vor allem auf den Waffengebrauch und den Wachdienst in den Garnisonen. Für jenen Teil der Soldaten, der in größeren Städten untergebracht war, begann sich eine bestimmte Regelhaftigkeit des täglichen Lebens abzuzeichnen, die allerdings vor allem deshalb noch lückenhaft blieb, weil von 1688 bis 1697 sowie von 1701 bis 1713 die Mehrheit der brandenburgisch-preußischen Armee gegen die Armeen Ludwigs XIV. bzw. im Spanischen Erbfolgekrieg im Felde stand.

Schauen wir auf die Zusammensetzung eines preußischen Regiments am Vorabend des Erbfolgekrieges, so zeigten sich im Typus des Soldaten wohl Veränderungen, die indes nicht

Kapitulation von Stettin Ende Dezember 1679 nach einem Kupferstich in der Art von Romeyn de Hooghe

grundlegender Natur waren. Am stärksten fiel auf, daß sich der Anteil der Ausländer in den Regimentern zurückgebildet hatte. Er machte nur noch ein Viertel aus. Im Alter der Mannschaften dominierten zwar die Jahrgänge zwischen 20 und 30 Jahren mit fast 50 Prozent, doch nach wie vor gab es einen erheblichen Anteil alter Krieger, namentlich in den elitären Leibkompanien der Regimenter, wo ebenso viele junge wie alte Leute dienten. Das Dienstalter war gesunken, doch immerhin kamen auf den gemeinen Soldaten noch fast neun Kriegsjahre, bei den Korporalen lag es bei fast elf Jahren, bei den Sergeanten gar bei 27 Jahren! Fast die Hälfte der Soldaten war verheiratet und in ihren Berufen wiesen viele noch immer einen Handwerkerberuf aus, während sich der größere Teil schon als professionelle Soldaten verstand.

Die Veränderung der soldatischen Lebensweise wurde durch einen anderen Faktor ausgelöst: durch den Übergang von der freien Werbung zur Zwangswerbung. Nicht mehr das Finanzierungs- sondern das Aufbringungsproblem war die Hauptsorge der preußischen Krone. Sie war vor allem ein Ergebnis der verlustreichen Kämpfe im Spanischen Erbfolgekrieg. Da das 1701 zum Königreich erhobene brandenburgische Kurfürstentum auf Dauer nicht in der Lage war, die hohen Abgänge seiner Regimenter durch freie Werbung zu ersetzen, griff man auf bereits früher geübte Methoden zurück, in Notzeiten die Städte bzw. Landkreise zur Gestellung einer bestimmten Anzahl von Rekruten zu verpflichten. Schon 1688 war dabei das verderbliche Wort gefallen, vor allem «untauglich Gesinde» für den Armeedienst auszuheben. Obgleich die Erfahrungen mit derart Gesindel militärisch verheerend waren, erstmals in den Schlachten des Erbfolgekrieges die blutigen Verluste um ein Vielfaches durch Desertionen übertroffen wurden, man deshalb in Preußen ständig zwischen der Praxis freier und zwangsweiser Werbung hin und her pendelte, setzte sich auf Dauer das Verfahren durch, vor allem den sogenannten nicht seßhaften Teil der Bevölkerung zu Soldaten zu pressen. Als selbst diese Quellen aufgrund der hohen Ausfälle zunehmend versiegten, wurde dieser Zwang auch auf die arme ländliche Bevölkerung und das Kleingewerbe ausgedehnt. Im Gegensatz zu dem sich einem bestimmten Ehrenkodex gemäß früher freiwillig verpflichtenden Söldner wurden 1702 als Rekrutierungsressourcen angewiesen zunächst «alles unnütze Gesinde, Ledig- und Müßiggänger, ingleichen diejenigen Knechte und

Garde du Corps 1701.
Nach einer Originalzeichnung von R. Knötel

*Friedrich I.
nach einem Gemälde
von S. T. Gericke*

Friedrich Wilhelm I. nach einem Gemälde von A. Pesne 1733

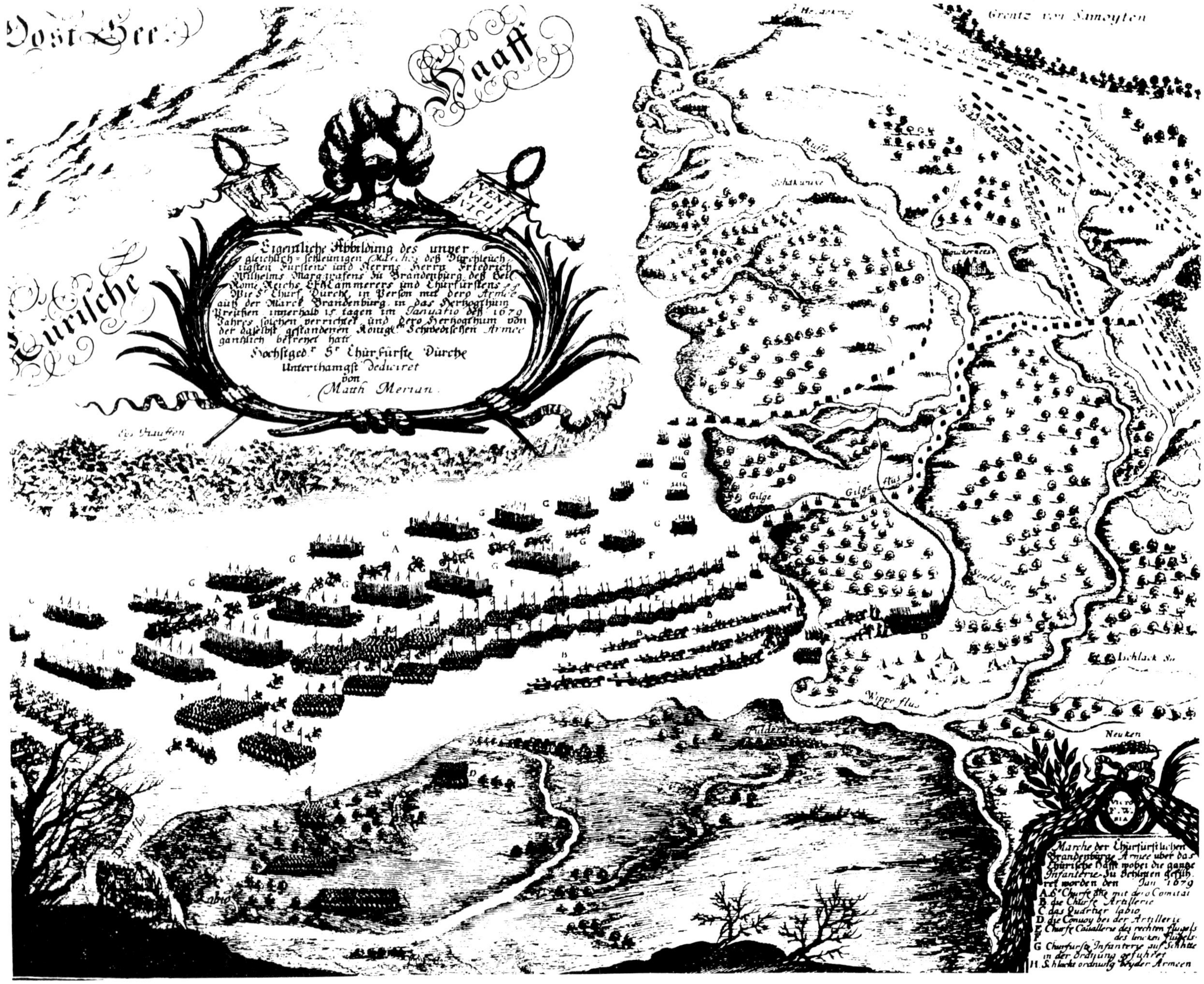

Überquerung des Kurischen Haffs im Januar 1679 nach einem Kupferstich von Mathäus Merian

andere zu Kriegsdiensten capable Leute, welche wegen eines Verbrechens, so nicht infam oder capital ist, abgestraft werden müssen, mit guter Manier anzuhalten.» Da der Moloch Krieg mehr Menschen verschlang, als Rekruten gestellt wurden, griff man auf immer weitere Kreise der ländlichen und städtischen Bevölkerung zurück. Im Laufe des Erbfolgekrieges kam es in Preußen zu wahren Menschenjagden, die noch dadurch verschärft wurden, daß sich ungeachtet aller Freikäufe und königlichen Zusicherungen die Werber vor allem um große stattliche junge Männer bemühten, bei denen sie vor keiner List und keinem Verbrechen zurückschreckten, um ihrer habhaft zu werden. Dieser dreizehnjährige Erbfolgekrieg, der in den Dimensionen seines Jahrhunderts einem Weltkrieg glich, veränderte radikal den Soldatentypus innerhalb der preußischen Armee. Obgleich noch immer mit großen Unterschieden – etwa zwischen Kavallerie und Infanterie – behaftet, setzte sich die Armee nunmehr zu einem immer größeren Teil aus Zwangsgepreßten und Zwangsrekrutierten zusammen, für die das Soldatensein kein Lebensberuf, sondern ein lebenslängliches Schicksal war, dem man nicht entrinnen konnte. Hatte man während des Erbfolgekrieges den Rekruten noch zugestanden, daß sie sich zeitweilig – für zwei, vier oder sechs Jahre – verpflichteten, so trat nach Beendigung dieses Krieges im Jahre 1713 eine grundlegende Umstellung der gesamten inneren Verfassung der preußischen Armee in Kraft, die auch tief in den sozialen Alltag des Soldaten eingriff.

Die Rückkehr der preußischen Regimenter in ihre Garnisonen, der nunmehr einsetzende scharfe Drill der Truppe und die gleichzeitige Vermehrung der Armee lösten nämlich eine Desertionswelle aus, die alle aus dem Krieg bekannten Maßstäbe noch übertraf. 1714 entliefen nicht weniger als 3471 preußische Musketiere der Fahne, fast komplette sechs Bataillone. Der vom König geforderte rasche Ersatz löste erneut eine wahre Menschenjagd in den preußischen Provinzen aus, bei denen die Werber rücksichtslos, brutal und willkürlich jeden gutgewachsenen Mann rekrutierten, dessen sie mit Gewalt oder List nur habhaft werden konnten. Die Regimenter konkurrierten dabei miteinander; in verschiedenen Orten Preußens kam es gegen die rüden und ungesetzlichen Werbemaßnahmen zu Aufruhr und Widerstand, der jede geordnete Rekrutierung und Werbung fast unterband. Die willkürlichen Rekrutierungen drohten das soziale Gefüge des Königreiches zu erschüttern.

Viele junge Leute verließen aus Furcht vor lebenslangem Armeedienst das Land. Das menschenarme Preußen drohte auszubluten. Im Laufe von fast zwei Jahrzehnten versuchte die Krone eine Heeresverfassung einzuführen, die einen berechenbaren Ersatz ihrer Mannschaften ermöglichte, der sowohl ein Wachstum der Armee ermöglichte, als auch die Wirtschaftskraft des Landes erhielt. Jedem Regiment wurde zunächst zugestanden, junge, für den Militärdienst geeignete Knaben, im Alter von 15 bis 16 Jahren für sich zu reklamieren. Das Verfahren wurde Enrollierung genannt: Einschreibung für einen künftigen Dienst. Ihm folgte als logische Konsquenz die Festschreibung sogenannter Enrollierungskantons für die einzelnen Regimenter. Je nach Bevölkerungsdichte und regionaler Besonderheit wurde das preußische Königreich seit 1733 auf die einzelnen Infanterie- und Kavallerieregimenter aufgeteilt. Jedes Infanterieregiment erhielt zwischen 8000 bis 5000 Feuerstellen zugewiesen, aus denen es seinen inländischen Ersatz rekrutieren konnte, jedes Dragonerregiment erhielt zwischen 3500 bis 1400 Feuerstellen und jedes Kavallerieregiment zwischen 3800 bis 1800. Alle künftigen Rekruten erhielten vom Regiment einen Laufpaß und mußten dessen Hutbüschel tragen. Ihre Einstellung zum Regiment regelte sich entscheidend nach der Frage, ob sie die notwendige Körpergröße erreichten, die zu klein Gewachsenen zog man als Truppenknechte oder als Weißkittel zu Schanzarbeiten ein, später sah man sie auch für die Diensteinstellung bei Garnisonsregimentern oder bei den Husaren vor. Nach dem Siebenjährigen Krieg belief sich der Jahresbedarf an jungen Kantonisten auf etwa 5000 Mann. Zugleich wurden Ausnahmen von der Enrollierung angeordnet: ausgenommen waren die Söhne von Edelleuten und Offizieren bzw. die Söhne reicher Bürger mit einem Kapital von über 10000 Talern, später von 5000 Talern. Auch alle mit Haus- und Hofbesitz versehenen Bürger durften nicht enrolliert werden. Unter Friedrich Wilhelm I. und unter Friedrich II. wurden immer weitere Bevölkerungskreise vom Kantonsystem ausgenommen, wie Beamte, Geistliche, bestimmte Gruppen von Arbeitern in Tuchmanufakturen oder anderen wichtigen Gewerben. Einwanderer nach Preußen erhielten ebenfalls zumeist das Privileg, von der Kantonpflicht befreit zu sein. Nach und nach wurden auch viele Städte davon entbunden; im eroberten Schlesien ging man sehr behutsam mit der Einführung der Kantonspflicht um.

Offizier der Gardeinfanterie der Armee Friedrich Wilhelms II.

Offizier und Mannschaft der Infanterie (Regiment No. 12 um 1787) der Armee Friedrich Wilhelms II.

Für den größten Teil der agrarischen Bevölkerung war jedoch damit eine Wehrpflicht ausgesprochen worden. Sie war für die männliche Bevölkerung indes berechenbar geworden und löste sie auch in gewissem Sinne aus der einseitigen Hörigkeit gegenüber dem Grundherren. Auf alle Fälle trug das neue Rekrutierungssystem dazu bei, die gefürchteten Massendesertionen in Grenzen zu halten. Insgesamt desertierten von 1713 bis 1740 30216 preußische Soldaten. Waren es 1714 noch fast 3500, so sank ihre Zahl 1720 auf 820 Infanteristen, 1725 auf jährlich 400 Musketiere, eine Größenordnung, die bis 1740 relativ konstant blieb.

Das Kriegsende 1713/1715 gab dem neuen preußischen König Friedrich Wilhelm I. auch die Möglichkeit, sich bereits anbahnende Tendenzen in der inneren Verfassung der stehenden Heere rasch und mit drakonischer Härte durchzusetzen und als geltende Norm zu verabschieden. Endgültig wurde der Grundsatz zum Gesetz erhoben, daß einzig und allein die Krone über das Heer verfügt. Die Regimentsinhaber wurden endgültig nur zum Vollstrekker königlicher Anordnungen. Mit den in rascher Folge zwischen 1714, 1718 und 1726 verabschiedeten Reglements für die Infanterie und dem 1720 herausgegebenen Reglement für die Kavallerie wurden nicht nur die Handgriffe und Bewegungen für die preußische Armee nor-

Offizier und Mannschaft der Füseliere der Armee Friedrich Wilhelms II.

Offizier und Mannschaft der Artillerie der Armee Friedrich Wilhelms II.

miert, die in ihren Grundzügen bis 1786 in Kraft blieben, sondern auch das Verhalten und die Lebensweise des Soldaten bis in alle Einzelheiten in ein Regelwerk gebracht. Es verlohnt sich deshalb, diese Bestimmungen, die für fast ein Dreivierteljahrhundert das Leben einer der größten sozialen Gruppen in Preußen, annähernd 14 Prozent der Gesamtbevölkerung, regulierte, näher anzusehen.

Der Grundgedanke aller dieser Reglements war es, im Soldatenleben nichts dem Zufall zu überlassen, aber auch keiner Willkür Vorschub zu leisten. So weit durch Vorschriften erfaßbar, sollte das Soldatenleben geregelt und vereinheitlicht werden. Das betraf nicht nur die Einheitlichkeit von Handgriffen und Bewegungsabläufen, sondern auch den gesamten inneren Dienst in der Armee. Faßt man die Hauptmerkmale dessen zusammen, so bestanden sie darin, den Soldaten einer ständigen, ununterbrochenen Kontrolle zu unterwerfen, ihn nach einheitlichen Normen zu bekleiden und auszurüsten, ihn in der ganzen Armee geltenden Vorschriften unterzuordnen, die peinlich genau sein dienstliches und privates Leben regelten. Der Soldat wurde unter Friedrich Wilhelm I. in den Zustand eines Uhrrädchens versetzt, das minutiös die ihm gegebenen Impulse auszuführen hatte. Gelegentlich drängt sich bei der Durchmusterung dieser Reglements der Eindruck auf, als stünde hinter ihm der Wille, daß sich in allen Regimentern der Armee alles nach einem Schema und einer Ordnung richtete. Unter Friedrich Wilhelm I. vollzog sich endgültig der Übergang zu einer einheitlichen Uniformierung der Regimenter, die sich nur noch in Details voneinander unterschieden. Es war jedoch nicht nur eine Vereinheitlichung in der Farbe und im Schnitt der Uniform, sondern zugleich auch eine peinlich genau zu beobachtende Anzugsordnung, die alles – von den Achselschleifen bis zu den Knöpfen – vorschrieb und Verstöße dagegen scharf ahndete. Gleichzeitig wurde auch bei der Kavallerie der Grundsatz durchgesetzt, sie in größeren Garnisonen unterzubringen. Erst dadurch entstand die Voraussetzung einer einheitlichen Ausbildung und Ausrichtung. Zumindest für einige Regimenter begann man den Versuch zu unternehmen, sie statt Aufteilung in Privatquartiere in Kasernen oder – wie schon früher – in Baracken oder Festungsanlagen unterzubringen. Das begünstigte eine weitaus straffere Kontrolle des gesamten Soldatenalltags.

Das Reglement präjudizierte die Obergewalt des Militärs über die zivile Verwaltung in den Garnisonsstädten. Der älteste Offizier – gleichgültig ob Infanterist oder Kavallerist – war Standortgewaltiger, dessen Order alle anderen zu befolgen hatten. Die Garnisonen verwandelten sich in große Kasernen. Torwache und Stadtmauer ersetzten die Kaserne. Eine der Hauptaufgaben der Stadtkommandanten bestand deshalb in der Herstellung einer festen Wachtordnung in den Städten. Sie ließen die Stadttore bewachen und eine strenge Kontrolle über alle Ein- und Auskommenden ausüben. Bis ins Detail war vorgeschrieben, wie sich die Wachen dabei zu verhalten hatten: «Wenn der Gefreyter am Thore Leute von Distinction reiten oder fahren kommen siehet, muß selbiger an die Schildwacht vor dem Gewehr ruffen, daß der Officier oder Unter-Officier hinkommen möge; Hernach der Gefreyte in Friedenszeiten, und wenn keine Pest im Lande ist, die Leute von Distinction ohne anzuhalten bis an den Thor-Schreiber herein passiren lässet; Woselbst der Officier oder Unter-Officier schon aufpassen und examinieren muß, wer sie sind, wie sie heißen, was sie bedienen und in was Diensten, wo sie herkommen, wo sie hin wollen, ob sie durchreisen oder in der Guarnison verbleiben wollen auch wie lange, was sie in der Garnison zu verrichten haben, und wo sie logiren werden.» Bei geringen Leuten war indes höchstes Mißtrauen angesagt. Sie sollten peinlichst kontrolliert und «wenn der geringste Argwohn bey einem oder anderem ist» sofort auf die Hauptwache verbracht werden. Bettelleute oder Betteljuden durfte der Torgefreite keinesfalls passieren lassen. Dem jeweiligen Kommandeur wurden alle Vorkommnisse und alle einkommenden Fremden gemeldet. Die Wachtordnung, das Schließen und Öffnen der Tore, die Paroleausgabe, die Reveille und der Zapfenstreich, der von Mitte März bis Mitte September um acht Uhr geschlagen werden mußte, in den übrigen Monaten des Jahres um halb neun, halb zehn und um zehn Uhr, regelte das Leben der Soldaten nach dem Uhrwerk. Sobald nämlich des Abends Zapfenstreich oder des Morgens – je nach Lichtverhältnissen zwischen fünf und sieben Uhr – Reveille geschlagen wurde, kontrollierten die Unteroffiziere die Kompaniequartiere auf Anwesenheit, patrouillierten in den Straßen Wachen, um Soldaten in Schenken und Wirtshäusern aufzuspüren.

Die Monotonie des Wachdienstes war wohl für die meisten Soldaten das prägendste und entnervendste Erlebnis ihres Soldatenalltags. Es war ihnen auf das Genaueste vorgeschrieben, wie sie sich auf Wache zu verhalten hatten. Sie durften nur bei starkem Regen oder heftigem Schneefall die Schildhäuser betreten, es war ihnen verboten, bei Tage Mäntel zu tragen oder auf Wache zu rauchen, das Gewehr aus der Hand zu legen oder sich auf Posten zu besaufen oder gar zu schlafen.

Die scharfe Bewachung der Stadttore und die ständigen Kontrollen der Soldaten des Morgens und des Abends dienten vor allem der präventiven Verhinderung der Desertion. Die Garnison ohne Urlaub zu verlassen war verboten. Wer auch nur für einen halben Tag die Garnison verlassen wollte, mußte vom Garnisonsältesten Genehmigung einholen. Nur eine Viertelmeile außerhalb der Stadt durfte sich ein Soldat ohne derartige Erlaubnis bewegen, sonst galt er als Deserteur, der ohne Gnade gehängt wurde.

Die Soldaten lebten nach wie vor zumeist in Privatquartieren, erhielten dort freie Unterkunft und Heizung. Verheiratete Soldaten war es gestattet, mit ihren Frauen und Kindern zusammen zu wohnen. In den Reglements war sorgfältig vorgeschrieben, wie sich das Regiment zu Heiratsplänen seiner Soldaten verhalten sollte. Es wurden in solchem Falle die Erlasse König Friedrichs I. befolgt, der am 21. April 1709 in einem «Matrimonialdedikt» angeordnet hatte, daß Unteroffiziere und Soldaten nicht ohne Genehmigung des Regimentskommandeurs heiraten dürften. Als königliche Grundregel, am 27. Juli 1713 angeordnet, galt, daß eine Kompanie nicht über ein Drittel «beweibter Kerls» in der Einheit haben sollte. Nur für Stabsoffiziere und Inhaber von Kompanien galt es als aussichtsreich, daß sie für sich eine Heiratserlaubnis beim König beantragten, obgleich dieser es generell lieber sah, wenn auch diese seine höheren Offiziere unverheiratet blieben. Subalternoffiziere hatten nur dann ein Chance, Heiraten zu dürfen, wenn sie vermögende Frauen ehelichten, gleiches galt für die Unteroffiziere. Bei Ausländern dagegen sollten die Kompaniechefs großzügig mit der Heiratserlaubnis umgehen, allerdings darauf achten, daß die Braut nicht zu arm sei, damit sie sich selbst ernähren könnte. Einheimischen Soldaten sollte die Heirat möglichst verwehrt werden, so nicht «ein Kerl eine Braut mit hübschen Mitteln haben könte.» Da um die Jahrhundertwende fast fünfzig Prozent der Soldaten verheiratet war, bedeutete dies einen drastischen Abbau der Eheschließung in der preußischen Armee.

Auf alle Fälle war den Soldaten durch diese Anordnung ein weiteres Stück Freiheit genommen worden. Obgleich die Heiratserlaubnis für die Immediatuntertanen auf dem Lande bisher beim Gutsherren gelegen hatte, bedeutete die Regimentsherrschaft darüber für das betroffene preußische Landeskind nicht immer eine Erleichterung. Ganz vom Gutdünken des Kapitäns abhängig, der sich gelegentlich den Trauschein bezahlen ließ – Redewendungen in der preußischen Armee: «Für 1 Taler und 14 Groschen bekommt man eine Frau» –, Unstimmigkeiten darüber, ob die Gutsherrschaft oder das Regiment den Heiratsschein für noch nicht zur Fahne gezogene Untertanen ausstellten, Streitigkeiten, die immer zu Lasten des Soldaten gingen, hatten zur Folge, daß am Ausgang der Regierungszeit Friedrich Wilhelms die Anzahl der verheirateten Soldaten auf rund ein Drittel abgesunken war.

Friedrich II. beschränkte bei der Herausgabe der Infanterie- und Kavalleriereglements von 1743 die Bestimmungen, daß nur ein Drittel der Mannschaft verheiratet sein dürfte, nur auf die Kavallerie. Seine Vorstellungen von einem schneidigen Kavalleristen schlossen offenbar Ehestand aus. Das betraf besonders Offiziere. Das berühmte bayreuthische Dragonerregiment hielt deshalb viel auf sich, daß 1778 alle seine 74 Offiziere unverheiratet waren. Bei der Infanterie dagegen legte Friedrich II. nach den beiden ersten Kriegen um Schlesien seinen Regimentskommandeuren dringend ans Herz, die Trauscheine an alle Landeskinder, auch an die in Reih und Glied dienenden, ohne jeglichen Entgelt auszugeben. So stieg die Zahl der verheirateten Soldaten allmählich wieder an, erreichte etwas über 40 Prozent des Mannschaftsbestandes.

In der Regel waren dabei vor allem die aus den preußischen Stammländern kommenden Soldaten verheiratet, die den größten Teil des Jahres beurlaubt waren. 1775 betrug die Stärke der ständigen Berliner Garnison 16284 Unteroffiziere, Spielleute und Soldaten. Zu ihnen

Offizier und Mannschaft der Husaren der Armee Friedrich Wilhelms II.

Offizier und Mannschaft der Artillerie der Armee Friedrich Wilhelms III.

gehörten 5446 Frauen und 6491 Kinder. Das bedeutet: 33 Prozent der Soldaten waren verheiratet. Die Gesamtstärke der Berliner Garnison – einschließlich der Beurlaubten – lag indes bei 26133 Unteroffizieren und Soldaten, zu denen 10812 Frauen und 13395 Kinder zählten. Von den beurlaubten 9779 Soldaten mit 5366 Frauen und 6904 Kindern waren demnach über 54 Prozent verheiratet. Im Gesamtdurchschnitt waren also 41 Prozent aller Soldaten der Berliner Garnison verheiratet. Die Berliner Zahlen können dabei als repräsentativ gelten, denn zu den 14050 in der Mark Brandenburg stationierten Soldaten rechnete man 5906 Frauen und 7275 Kinder. Somit lebten hier rund 42 Prozent aller märkischen Soldaten in einer Ehe. Diese Zahlen kontrastierten scharf mit der beim Offizierskorps erzwungenen Ehelosigkeit. Zu den 670 Berliner Offizieren zählten 101 Damen mit 177 Kindern, was heißt, daß nur 15 Prozent der Offiziere eine Ehe unterhielten.

Stand Friedrich II. einerseits der Eheschließung seiner Soldaten aufgeschlossen gegenüber, weil er sich dadurch ein Bevölkerungswachstum versprach und ein beträchtlicher Prozentsatz der männlichen Soldatenkinder ebenfalls den Weg eines Musketiers ging, so belasteten andererseits Soldatenfrauen und -kinder den Militäretat erheblich. Die Krone sah sich ge-

Kürassieroffizier der friderizianischen Armee nach einer Lithographie von Adolph Menzel

zwungen, den verheirateten Soldaten größere Quartiere anzuweisen, denn allzu häufig kam es zu unerfreulichen Querelen zwischen Wirtsfrau und Soldatenfrau bei Nutzung von Küche, Geschirr, Wäsche usw. Die verheirateten Soldaten, die selbst kochten, erhielten anstelle von Lebensmitteln acht Groschen, mit denen sie ihre Familie ernähren mußten, obgleich die meisten Soldatenfrauen gezwungen waren, sich durch billigste Verdienung ein Zubrot zu verdienen. Namentlich die Schwierigkeiten mit den Quartiersleuten jedoch – hier erwies sich das preußische Reglement außerstande, alle häuslichen Zwiste zu vermeiden – veranlaßten Friedrich II. seit 1753 in Berlin die ersten vier Kasernen zu errichten, die jeweils für 48 verheiratete und 192 ledige Soldaten vorgesehen waren. Nach Beendigung des Siebenjährigen Krieges wurde begonnen, die gesamte Berliner Garnison zu kasernieren. In Prenzlau wurden die ersten Kasernen seit 1762 errichtet, ihnen folgten die Garnisonen in Spandau, Nauen, Neuruppin, Frankfurt an der Oder und Königsberg. Die Räume für die unverheirateten Soldaten enthielten zwischen fünfundzwanzig und dreißig Betten, wobei je zwei Mann abwechselnd in einem Bett schliefen.

In Kriegszeiten mußten die meisten Frauen in den Garnisonen bleiben, nur wenige – in der Regel fünf bis sechs Frauen je Kompanie – durften als Marketender oder Wäscherinnen bzw. Köchinnen der Armee folgen. Die Zurückbleibenden wurden von der Krone in drei Bedürftigkeitskategorien eingeteilt.

In der Armee Friedrich Wilhelms I. wurden die Kommandeure in den Reglements scharf angehalten, keine Huren in den Garnisonen oder gar in den Feldlagern zu dulden. «Wenn eine Hure unter einem Regiment sich aufhält, solche bis aufs Hemde ausziehen und wegjagen lassen.» Obgleich auch die friderizianischen Reglements nicht auf diese Anordnung verzichteten, wurde die Praxis laxer gehandhabt. Im Bataillon Garde etwa, dem Leib- und Erprobungsregiment Friedrich II., wurde den Soldaten ein sogenannter Liebstenschein ausgehändigt. Er erlaubte dem Soldaten, mit ihren Freundinnen, ohne kirchliche Trauung, zusammenleben zu dürfen, und der Kompaniechef sah darauf, daß beide ein genügendes Auskommen hatten. Der Liebstenschein des Kompaniechefs entzog die Frau jeglicher polizeilicher Nachstellung. Scheidungen, die bei solchen Verhältnissen häufig waren, wurden ebenfalls vom Kompaniechef ausgesprochen.

Ein Teil der jungen und unverheirateten Soldaten, namentlich in den größeren Garnisonen, hielt sich an die zahlreichen Prostituierten, die zumeist Soldatentöchter waren.

Für viele Soldatenkinder war das Potsdamer Waisenhaus eine Art karger Zuflucht. Bei Ausbruch des Siebenjährigen Krieges konnte sich das Waisenhaus kaum des Ansturms von Soldatenmüttern entziehen, die dort ihre Kinder – zumeist Söhne – unterbringen wollten. Die Kopfzahl im Militärwaisenhaus stieg von 1550 im Jahre 1750 auf über 2000 im Jahre 1758.

Die häufig in der Literatur anzutreffende Behauptung, daß der Trauschein vor allem dazu diente, nichtpreußische Rekruten von der Desertion abzuhalten, läßt sich kaum aufrechterhalten. Wie die Berliner Garnisonsbücher ausweisen, waren Landeskinder ungleich häufiger verheiratet als Ausländer.

Das Verhältnis zwischen Landeskindern und Ausländern in den Regimentern war in der altpreußischen Armee einem steten Wandel unterworfen. Sah es Friedrich Wilhelm I. als sein Ziel an, durchschnittlich auf zwei Preußen einen Ausländer in die Regimenter einzustellen, so ordnete Friedrich II. nach dem ersten Schlesischen Krieg am 20. Juni 1742 an, diese Relation umzukehren: auf zwei Ausländer sollte ein Preuße kommen. In erster Linie war damit beabsichtigt, die Wirtschaftskraft der eigenen Bevölkerung besser auszunutzen zu können. Dieses Ziel ließ sich indes nicht realisieren. Ihm stand einerseits der Wille des Kompaniechefs entgegen, aus Kostengründen möglichst eigene Untertanen in die Einheit einzustellen, aber auch der hohe Kostenaufwand der Auslandswerbung. In den alten Regimentern, die Friedrich II. übernommen hatte, blieb der Anteil der ausländischen Soldaten etwa bei 30 Prozent, während es bei den unter seiner Regierung neu aufgestellten Verbänden gelang, den Anteil auf etwa 50 Prozent hochzutreiben.

Die Hauptlast des Siebenjähriges Krieges indessen wurde von den preußischen Untertanen getragen. Trotz rücksichtsloser Einstellung von Kriegsgefangenen in die preußische Armee – am bekanntesten die Zwangseinstellung der sächsischen Regimenter im Herbst 1756 – und Aushebung von Rekruten in allen Landschaften, die auch nur zeitweise von Preußen besetzt waren, der Ersatz kam doch je länger desto ausschließlicher aus den verbliebenen preußischen Provinzen.

Nach dem Siebenjährigen Krieg suchte der Preußenkönig erneut eine Veränderung der inneren Zusammensetzung der Armee herbeizuführen. Die Krone selbst übernahm anstelle der Regimenter die Auslandswerbung. Bei der Infanterie wurde angestrebt, daß sich In- und Ausländer die Waage hielten, bei der Kavallerie sollten auf sechs Untertanen vier Ausländer kommen. In den langen Friedensjahrzehnten zwischen 1763 und 1786 ist man diesem Ziel – indes mit Lug und Trug – scheinbar sehr nahe gekommen. Das Regiment Alt-Stutterheim wies 1777 bei einem Bestand von 1909 Mann 928 Ausländer in seinen Reihen auf (rund 49 Prozent), das Füsilierregiment Prinz Heinrich von Preußen im selben Jahr sogar 66 Prozent. Beim Tode Friedrich II. soll die 190000 Mann starke Armee 110000 In- und 80000 Ausländer gezählt haben. Zweifel an diesen Zahlen sind angebracht. Denn der Begriff Ausländer fand eine sehr weitherzige Auslegung in der preußischen Armee. Als solche galten nämlich – um Friedrichs Forderungen nach einem entsprechenden Proporz zu folgen – alle Soldaten, die nicht aus den Kantons kamen. Der Begriff Ausländer umfaßte somit alle Söhne von Soldaten, die sich dem Militärdienst verschrieben, sowie alle aus dem Exemtionsgebiet stammenden freiwillig dienenden preußischen Untertanen. Die Zahl der «Ausländer» in der preußischen Armee lag somit erheblich niedriger als die offiziellen Erhebungen der Armee vermuten lassen.

Der Begriff Ausländer entsprach zudem dem damals üblichen fürstlichen Partikularismus. Fast achtzig Prozent der wirklichen Ausländer waren Landeskinder anderer deutscher Fürsten, die im ganzen Reich für die preußische Fahne geworben wurden. Ein hoher Anteil kam aus Sachsen, wo besonders während des Siebenjährigen Krieges zwangsgepreßt wurde. Von wirklichen Ausländern – wobei die Grenzen gleichwohl schwimmend waren – beanspruchten Polen den höchsten Prozentsatz, namentlich für die im Osten des Königreichs gelegenen Regimenter. Der Anteil anderer Nationen war gering, obgleich es wohl keinen europäischen Staat gab, der nicht auf diese oder jene Weise dem preußischen König Rekruten stellte. Die Dominanz Deutscher unter den Soldaten des altpreußischen Heeres erleichterte – im Gegensatz etwa zur Habsburger Vielvölkermonarchie – die Einheitlichkeit und vor allem Verständlichkeit der Kommandosprache.

Relativ konstant zeigte sich indessen die Alterszusammensetzung der preußischen Armee zwischen dem Beginn des Jahrhunderts und seinem Ausgang. Das Rückgrat der Armee bildeten nach dem Alter der etwa dreißigjährige Soldat mit mehrjähriger Dienst- und Kriegserfahrung. Rechnet man das Durchschnittsalter preußischer Regimenter im Jahre 1701, 1747 und 1770 so kommt man jeweils auf einen derartigen Durchschnittswert. Das Gros stellten zwar in jedem Fall die Generation zwischen zwanzig und dreißig Jahren, der Durchschnitt wurde jedoch dadurch erheblich herabgedrückt, da die Regimenter stets einen beträchtlichen Anteil

Grenadier der friderizianischen Armee (Regiment No. 1 um 1780) nach einer Lithographie von Adolph Menzel

Infanterieoffizier der friderizianischen Armee nach einer Lithographie von Adolph Menzel

älterer Soldaten in der Altersgruppe zwischen 35 und 45 Jahren unter ihren Fahnen hielt, ja sogar Soldaten über sechzig Jahre keine bestaunte Ausnahme waren.

Dieser Altersstruktur, die bei der Kampfhandlungen sicherlich den Nachteil in sich barg, daß nicht alle Soldaten gleichermaßen den Strapazen des Feldes gewachsen waren, war es allerdings auch zuzuschreiben, daß die preußische Armee militärische Kampferfahrungen auf längere Zeit in sich sammelte und speicherte. 1740 war die Armee in weiten Teilen kampfunerfahren in das Feld gerückt. Bei Ausbruch des Siebenjährigen Krieges verfügten jedoch etwa zwei Drittel der Armee über Kriegserfahrungen. Und noch 1777 – am Vorabend des Bayrischen Erbfolgekrieges – konnte die preußische Armee davon ausgehen, daß fünfundsiebzig Prozent ihrer Unteroffiziere und fünfundzwanzig Prozent ihrer Soldaten auf Kampferfahrungen aus dem Siebenjährigen Krieg zurückgreifen konnten.

Um eine Vorstellung vom Soldatentypus der altpreußischen Armee zu erhalten, muß zudem in Betracht gezogen werden, daß die Armee auch insofern eine Auswahl darstellte, als sie in erster Linie großgewachsene Männer in ihre Linienregimenter einreihte. Der Durchschnittssoldat war größer als die Mehrheit der männlichen Bevölkerung. Begonnen hatte diese Entwicklung ganz wesentlich mit dem Spanischen Erbfolgekrieg, als die Regimenter ihre gestellten Rekruten nach Größe auswählten. Dabei spielten auf der einen Seite praktische Überlegungen eine Rolle, da große Männer eher in der Lage waren, das 140 bis 145 cm lange Gewehr zu bedienen, auf der anderen Seite spielte aber auch das Bestreben der preußischen Könige nach einer eindrucksvollen, formidablen Armee hinein. Bereits um die Jahrhundertwende ergingen die ersten Befehle, nur Leute mit einer Größe von 165 bis 175 cm als Rekruten einzustellen. Seit 1732 wurden klare Vorgaben erteilt, von welcher Größe ab Rekruten zu berücksichtigen seien. Friedrich Wilhelm I. befahl, das erste Glied in den Infanterieregimentern müsse aus Leuten mit fünf Fuß, neun Zoll (etwa 180,5 cm) bestehen, das kleinste Glied aus Soldaten mit einer Größe von fünf Fuß, sechs Zoll (172 cm). Nur bei den Grenadieren waren Soldaten kleinerer Statur zugelassen, nämlich von fünf Fuß, fünf Zoll (etwa 165,5 cm). Angesichts der Vorliebe Friedrich Wilhelms I. für die großen Soldaten, exemplarisch demonstriert in seiner Potsdamer Riesengarde mit Enakssöhnen bis 217 cm, bei denen keiner kleiner als 188 cm sein durfte, strebten alle Regimentsinhaber danach, die kleineren Soldaten auszumustern und die Größe und Stattlichkeit ihrer Regimenter anzuheben. Binnen weniger Jahre wurde kein Musketier mehr geduldet, der nicht mindestens 169 cm maß. Obgleich Friedrich II. die Potsdamer Riesenkompanie 1740 sofort auflöste, legte er ebenfalls großen Wert auf die Größe seiner Soldaten. In seinem militärischen Testament von 1752 ging er davon aus, daß in den alten Feldregimentern der preußischen Armee im ersten Glied kein Soldat weniger als fünf Fuß, acht Zoll (178 cm) messen dürfte. Das kleinste Glied sollte keinen Soldaten unter fünf Fuß, sechs Zoll (172 cm) dulden. Nur in den neuen, von ihm aufgestellten Regimentern sah er in der Größe ein wenig nach, sie durften jeweils um ein Zoll kleiner sein, maßen also zwischen 165 und 175 cm. In die Garde jedoch, für die die ganze Armee entsprechende Rekruten abzugeben hatte, wurde keiner aufgenommen, der nicht 180 bis 188 cm groß war. Auch bei der Kavallerie, wo Körpergröße eigentlich eine ungleich geringere Rolle spielte, sollte keiner angenommen werden, der nicht 172 cm groß war. Nur bei den Grenadieren wurde noch ein mittelgroßer Soldat angenommen, dessen Mindestgröße jedoch nicht unter 167 cm liegen sollte. Im Durchschnitt maß der preußische Infanterist in der Regierungszeit Friedrich II. 175 cm. Selbst im Siebenjährigen Krieg, als die preußische Infanterie einen ungeheuren Blutzoll entrichtete und die Rekrutierung neuer Mannschaften zunehmend schwieriger wurde, wich Friedrich nicht von dem Prinzip ab, keinen Soldaten in die Linienregimenter einzustellen, der nicht mindestens 170 groß war. Erst in den späten Regierungsjahren Friedrich II. wich man von diesen Normen ab.

Versucht man also einen Durchschnittssoldaten der preußischen Armee jenes Jahrhunderts zu beschreiben, so könnte man sagen, er war etwa dreißig Jahre alt und maß 175 cm. Es kann angenommen werden, daß etwa die Hälfte der preußischen Landeskinder verheiratet war, die Familien – gemessen an der Zahl der Soldatenkinder – jedoch offenbar Kleinfamilien mit 1 bis 1 1/2 Kindern waren.

Der Dienst war theoretisch ein lebenslänglicher bis zur Dienstuntauglichkeit, doch in der Praxis muß man annehmen, daß sich für die Mehrheit der Soldaten eine aktive Dienstzeit von zehn bis fünfzehn Jahren ergab. Erst Friedrich Wilhelm II. ordnete unter dem 1. Februar 1787 an, daß die Dienstzeit bei der Kavallerie zwölf Jahre und bei der Infanterie zehn Jahre dauern sollte. Soldaten mit einer Dienstzeit von zehn bis fünfzehn Jahren sollten entlassen werden.

Den Soldaten war durch die Unterbringung in Garnisonen und später in Kasernen ein Gutteil ihrer persönlichen Bewegungsfreiheit genommen worden. Ihre Unterstellung unter die Jurisdiktion der Regimentsinhaber machten sie von deren Willkür und Ermessen völlig abhängig.

Das, worauf der preußische Soldat indes bauen konnte, war eine regelmäßige Verpflegung und ein zwar dürftiges, aber lebenserhaltendes Auskommen, das ihn in eine bessere Lebenssituation versetzte als jene sozialen Untergruppen des Königreichs, die wie Tagelöhner und Dorfarme am Existenzminimum vegetierten. Darüber hinaus war seine Bekleidung und seine Unterkunft von Staats wegen geregelt. Der Sold mit zwei Talern monatlich – eine Regelung, die fast ein Jahrhundert bei steigenden Preisen in Preußen gültig blieb – reichte zwar nur aus, um sich die allernotwendigsten Grundnahrungsmittel verschaffen zu können. Die Hauptnahrung des Soldaten war das Brot, das er von seiner Löhnung selbst kaufen konnte oder ihm gegen Abzug von 12 Groschen gestellt wurde. In der Regel wurden ihm täglich eineinhalb bis zwei Pfund Brot gereicht, wobei bei Teuerungen darauf Bedacht genommen wurde, daß sich der Brotpreis für die Soldaten in etwa immer auf dem selben Niveau bewegte. Fleisch als Nahrungsmittel war eher die Ausnahme. Gegen Abzug von fünf Groschen, acht Pfennig erhielt er in guten Zeiten wöchentlich eineinhalb Pfund Fleisch. Wie Ulrich Bräker in seinen Erinnerungen schreibt, war die Ernährung monoton und karg. «Des Morgens um einen Dreier Fusel und ein Stück Kommißbrot. Mittags holen sie in der Garküche um einen Dreier Suppe und nehmen wieder ein Stück Kommiß. Des Abends um zwei Pfennig Kovent oder Dünnbier und abermals Kommiß.»

Die Lebensweise der Soldaten wird erst recht dann verständlich, wenn man sie mit ihrer Umwelt vergleicht. Der Wochenlohn eines Berliner Arbeiters lag zwischen einem und zwei Talern, er hatte allerdings andere Kosten wie Unterkunft und Bekleidung selbst aufzubringen.

Was waren die zwei Taler (oder 48 Groschen bzw. 576 Pfennig) seinerzeit wert? 1748 lag der Preis für ein Pfund Rindfleisch bei einem Groschen, für etwas mehr als einen Liter Gerstenbier bei 6 Pfennigen und für zweieinhalb Pfund Brot ebenfalls bei einem Groschen. Für die billigste Mahlzeit in den Berliner Garküchen mußte man einen Groschen und sechs Pfennige geben. Ein Paar Schuhe dagegen kosteten schon einen Taler und zwei Groschen, ein Hemd zwölf Groschen, ein Paar gute Stiefel sechs Taler und ein Pfund Soldatentabak fünf Groschen. Unerschwinglich wurden die Preise am Ausgang des Siebenjährigen Krieges, als für ein Paar Schuhe zwei Taler und zwölf Groschen, für ein Paar Stiefel sogar zehn bis zwölf Taler verlangt wurden.

*Friedrich II.
nach
einer Lithographie
von Adolph Menzel*

Offizier und Grenadier der friderizianischen Armee nach einer Lithographie von Adolph Menzel

Die Haupttätigkeit des ausgebildeten Soldaten in den Friedensgarnisonen war auf den Wachtdienst ausgerichtet. Die Grundausbildung erhielt der Rekrut in den ersten zwölf bis achtzehn Monaten seines Dienstantrittes. Obgleich der Dienstablauf vom morgendlichen Wecken bis zum abendlichen Zapfenstreich in den Regimentern unterschiedlich organisiert worden war, bildete sich in der friderizianischen Armee doch so etwas wie ein fester Dienstablaufplan heraus, an den man sich mehr oder minder hielt. Kennzeichnend war das frühe Wecken der Soldaten bereits um vier Uhr früh. Bei Paraden oder Revuen war es sogar die Regel, die Soldaten bereits um ein oder zwei Uhr nachts antreten zu lassen. Bereits um fünf Uhr dreißig wurde der Dienst aufgenommen, wobei man die Exerzierausbildung, die Waffenausbildung und die Kompanieausbildung in den frühen Morgenstunden abwickelte. Gegen Mittag war in der Regel Dienstschluß. Es wurde angestrebt, die Exerzierausbildung nicht über drei Stunden auszudehnen. Bräker beschreibt diese seine Ausbildungszeit mit den Worten: «Was hiernächst auch auf dem Exerzierplatz vorging, gab uns zu ähnlichen Betrachtungen Anlaß. Auch da war des Fluchens und Karbatschens von prügelsüchtigen Jünkerlins und

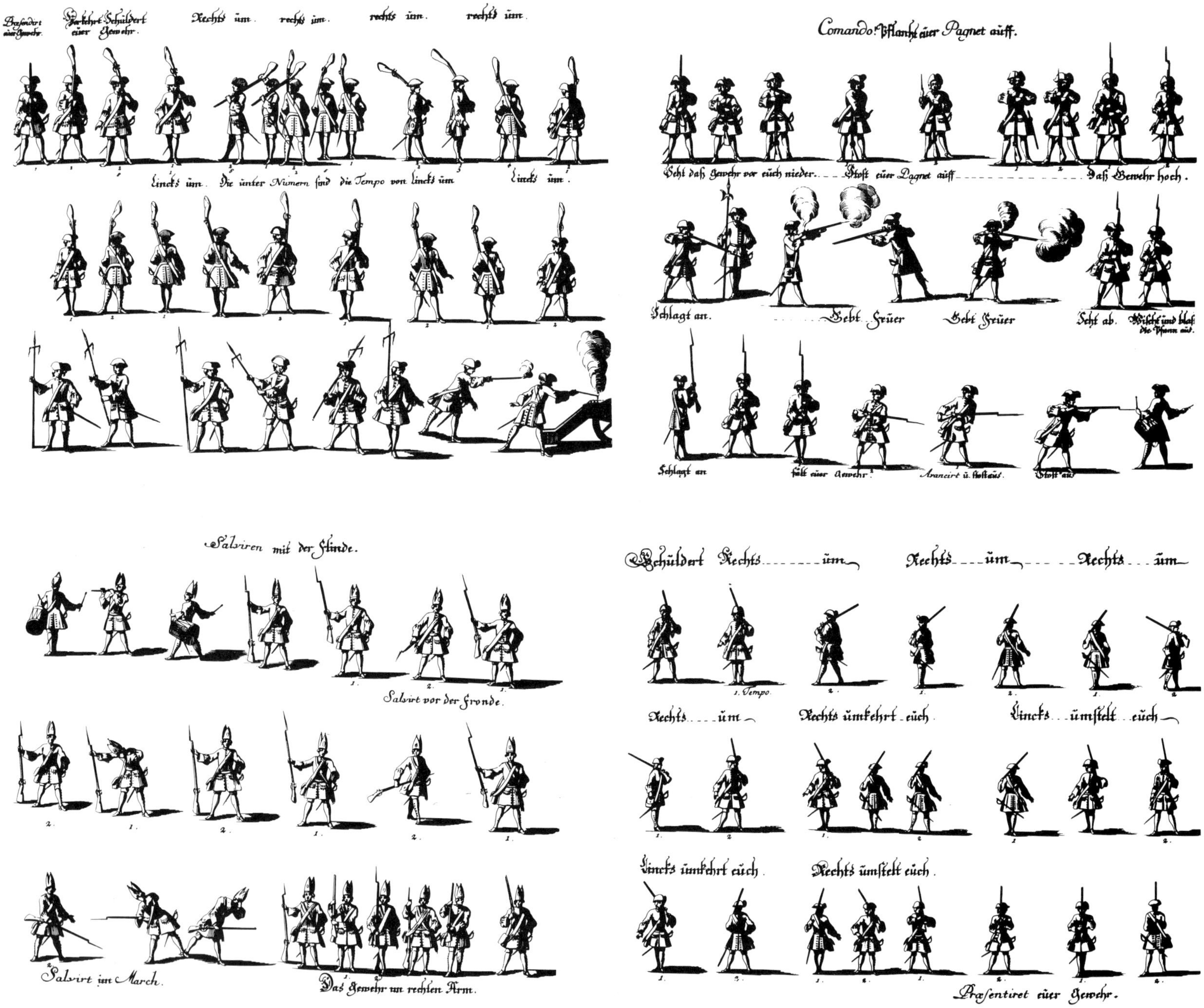

Exerzierausbildung von Musketieren und Grenadieren nach Fleming, Der vollkommene teutsche Soldat 1726

hinwieder des Lamentieren der Geprügelten kein Ende. Wir selber zwar waren immer von den ersten auf der Stelle und tummelten uns wacker. Aber es tat uns nicht minder in der Seele weh, andre um jeder Kleinigkeit willen so unbarmherzig behandelt und uns selber jahrein jahraus kujoniert zu sehen; oft ganze fünf Stunden in unsrer Montur eingeschnürt wie geschraubt zu stehen, in die Kreuz und Quere pfahlgerad zu marschieren und ununterbrochen blitzschnelle Handgriffe machen zu müssen, und das alles auf Geheiß eines Offiziers, der mit einem furiosen Gesicht und aufgehobenem Stock vor uns stund und alle Augenblicke wie unter Kabisköpfe dreinzuhauen drohete. Bei einem solchen Traktament mußte auch der starknervigste Kerl halb lahm und der geduldigste rasend werden. Und kamen wir todmüde ins Quartier, so ging's schon wieder Hals über Kopf, unsre Wäsche zurechtzumachen und jedes

Militärstrafen nach Fleming

Fleckchen auszumustern, denn bis auf den blauen Rock war unsre Uniform weiß. Gewehr, Patronentasche, Koppel, jeder Knopf an der Montur, alles mußte spiegelblank geputzt sein. Zeigte sich an einem dieser Stücke die geringste Unrat, oder stand ein Haar in der Frisur nicht recht, so war, wenn er auf den Platz kam, die erste Begrüßung eine derbe Tracht Prügel.»

Selbst wenn die Aussage Bräkers eine durchaus subjektive Sicht, d. h. seine persönlichen Erinnerungen an den preußischen Militärdienst, fixieren, so besteht doch kein Zweifel daran, daß in der preußischen Armee unmäßig geprügelt wurde. Sie machte damit zwar keine Ausnahme von den meisten stehenden europäischen Heeren, doch kam wohl in Preußen hinzu, daß der gesamte Dienst in einer Weise reglementiert worden war, die ganz deutlich zwischen Norm und Abweichung unterschied. Wenn Bräker z. B. betont, daß es schon Prügel setzte, wenn die Uniform unrein oder die Messing- und Eisenteile nicht spiegelblank waren, so setzten die Unteroffiziere und Offiziere nur die Bestimmungen des Reglements durch, die seit 1713 die Norm der Armee bildeten. Hier war nämlich – im Gegensatz zu den meisten anderen stehenden Heeren – bis ins Detail vorgeschrieben, wie die Bekleidung, die Haare, die Bärte, die Waffen usw. beschaffen sein sollten. Und jede Abweichung von der Vorschrift zog Bestrafung nach sich. Hinzu kam, daß in der preußischen Armee die jeweiligen Vorgesetzten unmittelbar verantwortlich gemacht wurden für die Nachlässigkeit und Unordnung in ihren Kompanien und Regimentern. Das Prügeln war somit fast eine präventive Vorbeugungsmaßnahme gegen königliche Ungnade. Entscheidend für die preußische Prügelmanie war jedoch die enge Verzahnung von Agrar- und Heeresverfassung. In der Armee traf der bäuerliche Untertan jenes Straf- und Disziplinierungsintrumentarium an, das ihm bereits vom Gutshof her geläufig war: das Prügeln, in den Stock spannen, das Reiten auf dem scharfen Esel, das Krummschließen und das Arrestwerfen waren Strafen, die hier wie

Neues Exerzierhaus in Berlin um 1750 nach einem Kupferstich von Peter Haas

dort geübt wurden. Was der Soldat neu erfuhr, war die fürchterliche Strafe des Spießrutenlaufes, die über ihn bereits verhängt werden konnte, wenn er seine Waffe mutwillig beschädigte, im Dienst trunken war, ohne Uniform in Urlaub ging, Glücksspiele betrieb oder sich mit Kameraden oder Wirtsleuten schlug. Auf Bedrohung von Vorgesetzten stand die Strafe des Arquebusierens, für Desertion zunächst immer der Galgentod, erst Friedrich II. ersetzte diese Hinrichtungsart durch mehrfaches Gassenlaufen.

Ob der reichliche Gebrauch des Stockes in der preußischen Armee zwangsläufig durch die Anwesenheit einer Minderheit zwangsgeworbener Ausländer Sinn machte, ob er zur Begründung herhält, die Prügel zu einer geradezu unbestreitbaren Notwendigkeit für den Zusammenhalt der preußischen Armee zu machen, dünkt mir zweifelhalft. Sie lebt doch allzusehr von der Vorstellung, daß die im Ausland Geworbenen den letzten Abhub der feudalen Gesellschaft darstellten.

Es dünkt schon erstaunlich, in welchem Maße zeitgenössische Urteile über die moralische Verfassung der Soldaten nicht nur das Urteil von Zeitgenossen, sondern auch von Nachgeborenen prägten. Obgleich Preußenkönig Friedrich II. in der Beurteilung seiner Soldaten schwankte, sie einerseits als Taugenichtse, Müßiggänger, Wüstlinge, Leichtsinnige und wilde Gesellen bezeichnete, sich auf der anderen Seite jedoch dazu bekannte, daß er mit seinen Pommern und Märkern den Teufel aus der Hölle jagen könne, ist doch wohl vor allem seine 1763 getroffene Bemerkung im Gedächtnis haften geblieben, daß der gemeine Soldat vor dem Offizier mehr Furcht als vor dem Feinde haben müsse. Und erstaunlicherweise ist dieses friderizianische Urteil auch von Friedrich Engels wie von Franz Mehring übernommen worden. Der eine sprach von den verkommensten Elementen der Gesellschaft, der andere schränkte zwar ein, erklärte aber doch die Hälfte der Armee zu zusammengelaufenen Strolchen und Verbrechern. Und alle jene Apostel der altpreußischen Armee, die den Prügelexerzitien eine höhere Weihe zuerkennen wollen, neigen allzu rasch und allzu unbedenklich dazu, im sogenannten schlechten Menschenmaterial eine Rechtfertigung für die Stockherrschaft zu sehen. Doch war dieser preußische Soldat der verbrecherische Abhub der Gesellschaft? Eingehende Analysen der sozialen Zusammensetzung der preußischen Armee stehen zwar noch aus. Doch bereits vorliegende Erhebungen tragen keineswegs dazu bei, diese vorgefaßten, arroganten, im eigentlichen Sinne volksverachtenden Urteile zu stützen. Den Kern der preußischen Armee stellte die Dorfbevölkerung dar, nicht nur deren verarmter Teil, die Tagelöhner und die Landarbeiter, sondern auch die Söhne von Bauern und Kossäten. Sie waren trotz aller Bedrückungen und Bedrängungen durch den Militärdienst – allein schon durch die langfristige Beurlaubung über den größten Teil des Jahres – landverbunden und doch zum ganz überwiegenden Teil königstreu. Es waren diese Menschen, aus deren Kantonen immer neue Rekruten gezogen wurden, die die preußischen Regimenter unsterblich machten und die für die Krone den Siebenjährigen Krieg gewannen. Doch eine nähere Betrachtung des Sozialgefüges der altpreußischen Armee wird auch nicht umhin können, den hohen Anteil der städtischen sozialen Unterschichten in Betracht zu ziehen. Berlin z. B. war eine Stadt, die Friedrich II. bereits 1740 für kantonsfrei erklärt hatte. Das heißt, die Berliner Bevölkerung mußte nicht jährlich Rekruten für die Armee stellen. Einzelne Historiker begründeten diesen Umstand neben den wirtschaftspolitischen Absichten Friedrichs gegenüber Berlin mit seiner Abneigung gegen die Berliner überhaupt, die er keineswegs für gute Soldaten hielt. Wer indes die soziale Zusammensetzung der acht in Berlin stationierten Regimenter untersucht, kommt zu der erstaunlichen Feststellung, daß die Mehrheit der in diesen Regimentern dienenden Soldaten, am Ende des Siebenjährigen Krieges waren es immerhin 78 Prozent, Berliner waren, die mehr oder minder freiwillig dienten! Und diese Regimenter – so muß hinzugefügt werden – gehörten zu den Eliteregimentern der Monarchie, die sich in den Schlachten bei Leuthen und Kolin, bei Kunersdorf und Torgau ausgezeichnet hatten. Vom Berliner Infanterieregiment Nr. 23 sagte selbst ein stets so kritischer Oberbefehlshaber, wie Friedrich es bei Manövern und Revuen war: «Wenn ich Soldaten sehen will, so muß ich dieses Regiment sehen«.

Und aus welchen sozialen Gruppen kamen diese Berliner Elitesoldaten? Zu einem knappen Drittel aus den verschiedenen Lohnarbeitergruppen, zumeist die Söhne ungelernter Manufakturarbeiter, zu einem Viertel aus den vorstädtischen Agrargewerben und den Bekleidungshandwerkern und zu einem Großteil waren sie die Söhne von Soldaten. Sie stammten also ganz ohne Zweifel aus den ärmsten, ungebildetsten und elendsten Schichten der Berliner Bevölkerung. Sie standen auf dem untersten Sockel der sozialen Pyramide dieser Gesellschaft, waren aber dessenungeachtet alles andere als Verbrecher, Lumpen oder verkommene Existenzen. Sie waren die stets um ihre Existenz ringenden armen Teufel der Monarchie, die wenigstens in der Armee nicht verhungerten. Sie waren in den Augen von Aristokratie, Wirtschafts- und Bildungsbürgertum der verachtete Stand, die Habenichtse und die Analphabeten, denen man mit dem ganzen Dünkel von Herkunft, Besitz oder Bildung gegenübertrat und in die hinein man alle dumpfen Triebe und Begierden des Pöbels projezierte. Sie galten nichts und wurden entsprechend behandelt. Die schauerlichen Abstrafungen und die Spießrutengassen, die von den meisten Bürgern nicht gemieden wurden, sondern zu denen sie in hellen Scharen herbeiströmten, um sich den Genuß des jahrmarktgemäßen barbarischen Gruselspektakels nicht entgehen zu lassen, waren deshalb in ihren Augen gerechtfertigt und gegenüber solchem Pöbel auch notwendig. Hüten wir uns also davor, der Feder jener Glauben zu schenken, die aus ihrer Arroganz und aus ihrem Dünkel heraus preußische Soldaten nur nach den Kriterien zu beurteilen vermögen, denen sie selbst verhaftet sind.

Es ist sicherlich völlig richtig, darauf zu verweisen, welche Bedeutung die Verhinderung von Desertionen für die Kriegsführung der friderizianischen Armee hatte. Nur kann man andererseits nicht umhin, ebenfalls in Betracht zu ziehen, daß eine nur mit Zwang, Gewalt und Prügel zusammengehaltene Armee unmöglich in der Lage gewesen wäre, einen langwierigen Krieg wie den von 1756 bis 1763 durchzuhalten.

Im Gegensatz zum 17. Jahrhundert war für die preußische Armee des 18. Jahrhunderts der Krieg eher die Ausnahme denn die Regel. Der Krieg brach mit der Monotonie und Regelhaftigkeit des Garnisonsdienstes. Er überschüttete die Soldaten mit einer Fülle neuer Eindrücke und neuer Erfahrungen. Erstmals in seinem Leben kam der Soldat aus der Enge seines Dorfes oder seiner Garnison heraus. Auch hier wurde von der preußischen Krone dafür Vorsorge getroffen, eine straffe Kontrolle aufrechtzuerhalten, doch war es für Unteroffiziere und Offiziere ungleich schwerer, eine so peinliche Disziplin wie in Friedenszeiten zu bewahren. Am meisten nahm der Soldat die Heeresregie durch die Tatsache wahr, daß seine Verpflegung strikt geregelt war. Im Unterschied zu vielen anderen Armeen konnte der preußische Soldat auch in Kriegszeiten durch einen vorzüglich organisierten Nachschub fest darauf bauen, regelmäßig verpflegt und gelöhnt zu werden. Daß sich in Kriegszeiten für den einzelnen Soldaten ungleich bessere Möglichkeiten boten, seine kargen Lebensmittelrationen auf Kosten der Bevölkerung aufzubessern, war offenbar ein Zugeständnis, das ihm im Kriege niemand streitig machte.

Eine Art kasernenähnlicher Lebenshaltung wurde ihm auch im Felde durch die Errichtung von Feldlagern aufgenötigt. Sie glichen riesigen Zeltstädten, in denen je sechs Soldaten eine Zeltgemeinschaft bildeten, die sich gemeinsam verproviantierten. Das Leben in einer solchen Zeltstadt, straff geordnet und peinlich genau vorgeschrieben, wie Kompanien, Regimenter, Kavallerie, Infanterie und Artillerie ihre Zelte zu stellen hatten, ähnelte dem Leben in einer gewaltigen Garnison, nur mit dem Unterschied, daß nicht einzelne Regimenter auf engstem Raum zusammengedrängt lebten, sondern Zehntausende von Soldaten.

War das wochenlange Leben in solchen Feldlagern eine der prägenden Erfahrungen des preußischen Soldaten, so machten die gewaltigen Märsche des Fußvolks und der Kavallerie ein weiteres Grunderlebnis aus. Als Richtwert war in den Exerzierreglements vorgesehen, Märsche nicht über sechs Stunden auszudehnen. In der Praxis des Siebenjährigen Krieges jedoch hielt sich an dererlei Normen kein König und kein General. Was dem preußischen Infanteristen in diesem Krieg unter unsäglichen Strapazen an Marschleistungen auf elenden Straßen abverlangt wurde, war erstaunlich. Es kann geschätzt werden, daß ein Infanterist, der den Krieg überlebte, annähernd 8000 bis 9000 Kilometer zu Fuß zurücklegte. Die Regel waren Märsche auf unwegsamen Sandwegen, mit denen täglich zwischen 25 bis 35 Kilometer gewonnen wurden, im Notfall auch bis zu vierzig Kilometer am Tag. Zumeist wurde fünf Tage marschiert, um dann einen Ruhetag einzulegen. Wenn man sich der Mühe unterzieht, die Marschrouten einzelner Regimenter nachzuvollziehen, so durchkreuzten sie den gesamten mitteldeutschen Raum: von Mecklenburg bis nach Thüringen, von Pommern bis weit nach Schlesien und Böhmen und Mähren hinein. Das einzige, was die Mühsal des Krieges erleichterte, war die Begrenzung der Kampfzeit auf Frühjahr, Sommer und Herbst. In der Regel herrschte zwischen November/Dezember eines Jahres bis zum Februar/März eines nächsten Jahres Kampfpause. Die Truppen rückten dann in Winterquartiere ein, waren zumeist in Städten und Dörfern fest untergebracht.

Darüber hinaus fand die Kriegsanstrengung der Soldaten ihre Grenze darin, daß der Feldherr im Interesse der Selbsterhaltung seines Heeres seinen Truppen eine bestimmte Schonung gewährten mußte, «nicht etwa aus Menschenliebe oder Mitleiden», wie Berenhorst schrieb, «nein: sie waren nicht anders als mit manchen Umständen unter die Fahne zu schaffen; das Bezahlen und Ernähren war noch schwieriger. Aus diesen Ursachen war das Elend,

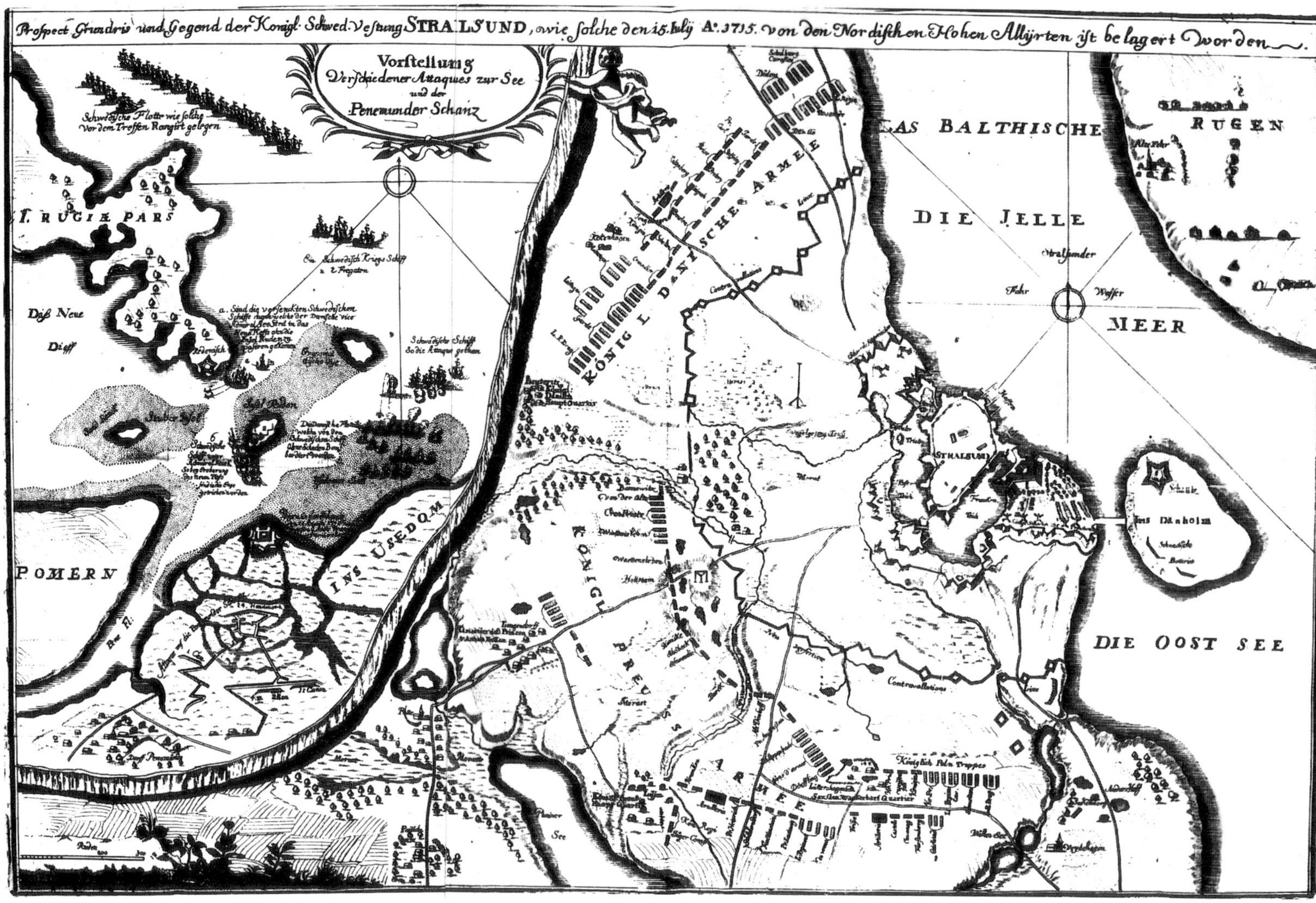

Belagerung von Stralsund und Landung auf Rügen im Herbst 1715 nach einem Stich des Theatrum Europaeum

was man sie erdulden ließ, gemäßigter und minder in seinen Graden, man bedachte sich mehr, sie unter die Kartätschen zu schicken.»

Wer die Briefe preußischer Soldaten aus dem Siebenjährigen Krieg liest, dem erschließt sich eine merkwürdige Welt. Auf der einen Seite ist ein gewisses Selbstvertrauen des Soldaten in sein Regiment, seine Armee und seinen König unverkennbar. Namentlich gegenüber dem österreichischen Hauptgegner entwickelte sich so etwas wie ein Überlegenheitsgefühl. 1745, nach der Schlacht bei Hohenfriedberg, schrieb ein Musketier nach Haus: «Ich glaube nicht daß si uns mein Lebe Tage widerstehen werden.» Diese Haltung gegenüber den Österreichern war bei den Soldaten gleichzeitig mit Respekt untermischt, den sie besonders angesichts der überlegenen leichten österreichischen Truppen empfanden und während des Siebenjährigen Krieges ihnen von der österreichischen Artillerie aufgenötigt wurde.

So etwas wie Haß entstand beim preußischen Soldaten nur gegenüber der fremden russischen Armee und deren barbarischen Kriegssitten und nach ihrem Vormarsch in Teile der Mark Brandenburg 1758 und 1759. Die schweren Verwüstungen, die dort angerichtet wurden, ließen Soldaten vom «tirranisch Feind» reden und ein Feindbild entstehen, das ein Soldat im September 1758 in die Worte faßte: «Daß sie haben die Leute so gepeinigt, haben die Hände abgehauen, die Frauen Leute in streu gebunden und verbrannt, die jungen Kinder haben sie gar gefressen, Städte und Dörfer alles angestochen und abgebrannt. Für solche Feinde betet Tag und Nacht das sie der liebe Gott nicht läst so mächtig werden das sie uns überwältigen, sonst wolte es uns und euch schlecht gehen.»

Das erschütterndste Erlebnis der Soldaten stellte wohl die Schlacht dar, die in den Kampfhandlungen des Siebenjährigen Krieges ja immer mehr die Ausnahme als die Normalität darstellte. Das ungeheure Getöse der Schlacht, wobei auf das Gemüt der Soldaten das Donnern der Kanonen am meisten einwirkte, das tausendfache Sterben auf dem Schlachtfeld und das Glück dank Gottes Hilfe noch einmal mit dem Leben davongekommen zu sein, bestimmte die Tonart der Briefe. Von der «Grausahmkeit dieser patalien» ist da die Rede, von dem Blute, das bei den Weißen Bergen von Prag vergossen wurde, «nunmero können sie aber wol Roothe berge heißen, weil sie mit Blut gefärbet sind», aber auch von der Erschöpfung der Soldaten nach Märschen und Schlachten, «den wir sind das Leben so müde, als wenn wir es mit Löpfeln gefressen hätten, den wir haben bey dem Ort Lobesitz eine schwere schlacht gehat.» Und so berichtet ein Musketier seiner beutewartenden Frau: «Die beste beute die ich von dieser patalli gebracht habe, ist das ich meine gesunde gliedmaßen herausgebracht, wovor ich Gott nicht genug danken kann.»

Die meisten Soldaten warteten auf den nächsten Feldzug nicht in Hochstimmung, sondern wie einer von ihnen im Frühjahr 1758 schrieb: «Vor böhmen stehn uns schon alle Har wieder zu berge wer noch welche hat, die Helfte aber hat keine mehr, alle durch die schwere Krankheit verloren alwo ich auch einer von bin.»

Der Soldat fürchtete in der Schlacht mehr die schwere Blessur oder Verwundung, die ihm nach Siechtum den Tod oder lebenslanges Elend brachte, als den plötzlichen Tod. Auch die Gefangenschaft war gefürchtet. «Lieber Todt als gefangen oder schwer pleßiert» schrieb einer von ihnen. In der Tat: die medizinische Versorgung war grauenhaft unzureichend, bei der Gefangenschaft fürchtete der Soldat wohl vor allem die Fremdheit, das Unbekannte und Ungewisse.

Da seit 1758 der bis dahin übliche Gefangenenaustausch zwischen Preußen und seinen Kriegsgegnern eingestellt war, verbrachte man die preußischen Kriegsgefangenen tief in die österreichischen Erblande, wo sie in Kasernen und Kasematten in einer Art Ehrenhaft gehalten wurden, umworben von österreichischen Offizieren, Dienst in der Habsburger Armee zu nehmen. Erstaunlich war indes die hohe Resistenz der preußischen Untertanen, die Fahne zu wechseln. Von 11 000 seit 1759 in der Steiermark gefangengehaltenen preußischen Soldaten gingen nur 1000 in Habsburgs Armee.

Solche Haltungen preußischer Musketiere müssen jene irritieren, die sich an der steten Allmacht von Stock und Furcht orientieren. Die straffe Disziplin des Stocks war sicherlich vor allem sozial bedingt, sie war darüber hinaus aber auch ein taktischer Zwang zur automatischen Abrichtung und kam wohl auch preußischem Perfektionsstreben zupaß. Erst alle diese drei Momente schufen dieses spezifisch preußische Amalgam, das Ausländer mit Furcht und Grauen erfüllte, die preußischen Bürger mit Abscheu und Mitleid.

Nicht unerwähnt darf bleiben, daß die Prügelexerzitien bei der Einübung der Rekruten auch Bedenklichkeit bei den hohen Militärs hervorriefen. Der unnachsichtigste Exerziermeister der altpreußischen Armee, Leopold von Anhalt-Dessau, drang deshalb immer wieder darauf, den jungen Soldaten auch mit Geduld und Freundlichkeit zu begegnen, ihnen das Einfügen in die taktische und manuelle Disziplin zu erleichtern. Im Dienstreglement von 1726 wurde deshalb angeordnet: «Ein neuer Kerl muß in 14 Tagen nicht auf die Wacht ziehen, oder andere Dienste thun, in solcher Zeit wenigstens exercieren lernen muß, daß er Dienste thun kann, und es muß einem neuen Kerl, damit er nicht gleich im Anfange verdrieß-

Generalleutnant Johann Ernst von Alemann nach einem Stich aus Theatrum Europaeum

Generalfeldmarschall Ferdinand von Braunschweig-Lüneburg nach einem Gemälde von Johann Georg Ziesenis

lich und furchtsahm gemacht werde, sondern Lust und Liebe zum Dienst bekommen möge, alles durch gütige Vorstellungen sonder Schelten und Schmälen gelernet, auch muß der neue Kerl mit exercieren nicht auf einmahl so stark angegriffen, vielweniger mit Schlägen und dergleichen übel tractiret werden, absonderlich wenn es ein einfältiger oder unteutscher Kerl ist.»

Das Reglement empfahl deshalb, daß sich ein Offizier, Unteroffizier oder Kamerad des neuen Rekruten annehmen sollte, um ihn schrittweise in die Geheimnisse preußischen Exerzierens einzuweisen. «Dann es einer der vornehmsten Fehler ist, wenn einem Kerl das gantze Exercieren auf einmahl gewiesen wird, welches ein neuer Kerl ohnmöglich begreifen kan, sondern, wenn er das letzte lernet, vergisset er wieder das erste, und wenn er das erste wieder lernet, vergisset er wieder das letzte.»

So reißen Anordnungen, Hinweise oder Befehle auch Friedrichs II. nicht ab, doch recht pfleglich mit den jungen oder neu eingestellten Soldaten umzugehen. Doch die soziale Realität auf den Exerzierplätzen war offenbar anders beschaffen als die königlichen Wünsche. Derartige Erlasse allein als Beispiel humaner Gesinnung der preußischen Könige anzusehen, kann in die Irre führen. Sie könnten genau so gut auch Ausdruck dessen sein, daß es ständiger Er- und Vermahnungen bedurfte, die Prügelsucht immerhin doch in Grenzen zu halten, um die Armee nicht zu ruinieren.

An sich sahen die preußischen Kriegsartikel eine ganze Reihe von Abstufungen bei der Bestrafung von Soldaten bei Dienstvergehen vor. Doch es war kennzeichnend, daß leichtere Arreststrafen immer weniger angewendet wurden und die Prügelstrafe in jeglicher Form dominierte. Dazu trug in erster Linie die Ökonomie der Kompaniewirtschaft bei, bei der nur wenige Soldaten ständig unter der Fahne standen. Sie zu arrestieren, hätte die Wachbelastung der verbleibenden Soldaten über Gebühr in Anspruch genommen. So genoß die scharfe Züchtigung Vorrang. Allem Anschein nach trug auch die zunehmende Konsolidierung des stehenden Heeres nicht dazu bei, die rigoros durchgesetzten Disziplinierungsmaßnahmen zu mildern. Namentlich nach dem Siebenjährigen Krieg klangen die am 17. November 1764 von Friedrich II. erlassenen Kriegsartikel wie ein reines Strafgesetzbuch für Soldaten. Im Zeitalter bürgerlicher Aufklärung klaffte auf diese Weise ein immer tieferer Abgrund zwischen der brutalen Züchtigung der Soldaten auf den Exerzierplätzen und bürgerlichen Forderungen nach Menschenrechten, bei denen die Freiheit des Rückens eine der wichtigsten war.

Es wäre in der Tat zu fragen, wie die Mehrheit der Soldaten ein solches Leben dauerhaft ertragen konnte. Viele, die dem ständigen Druck und der steten Überwachung in Kasernen, auf dem Exerzierplatz und beim Wachtdienst ausgesetzt waren, ertrugen es nicht: sie desertierten oder begingen Selbstmord. Von 1781 bis 1786 nahmen sich 239 Menschen in Berlin das Leben, 132 davon waren Soldaten, also 55 Prozent, während ihr Anteil an der Stadtbevölkerung bei etwa 20 Prozent lag. Die Antwort auf diese Frage ergibt sich vor allem daraus, daß nur ein Bruchteil der Soldaten dem ständigen Wacht- und Exerzierdienst unterworfen war. Im Kern nämlich stellte das altpreußische Heer in Friedenszeiten nur das Skelett einer Armee dar. Ständige Präsenz hatten nur die Offiziere, die meisten Unteroffiziere sowie ein Bruchteil der Mannschaft, der entweder den Wachtdienst versah oder einexerziert wurde. Die Beurlaubung eines großen Teils der Armee ergab sich für die Krone vor allem aus dem Bestreben, den Abfluß zum Militär zu mindern, dem Land nicht zuviel Arbeitskräfte zu entziehen sowie aus dem Gewinnstreben der Kompanie- und Regimentsinhaber. 1714 wurde von Friedrich Wilhelm I. in das erste Reglement für die Infanterie die Möglichkeit eingeführt, in den Erntemonaten Juni, Juli und August 50 inländische Soldaten – also etwa ein Drittel – je Kompanie zu beurlauben. Im Winterhalbjahr durften je Kompanie 30 Mann zeitweilig zur Landarbeit entlassen werden. Der König schrieb vor, daß die Beurlaubung drei Monate nicht überschreiten dürfe, um eine «Verbauerung» der Soldaten zu verhindern. Dem diente auch die Vorschrift, die beurlaubten Soldaten zum Tragen von Uniformstücken zu verpflichten und sie der Gerichtsbarkeit der Regimenter zu unterstellen. Volle Anwesenheit aller Soldaten sollte nur in der Exerzier- und Manöverzeit im April, Mai und September gewährleistet sein. Der Kavallerie wurde zugestanden, etwa ein Fünftel ihrer Mannschaft zu beurlauben. Wegen der Betreuung der Pferde war bei der Reiterei ein höherer Grad ständiger Dienstanwesentheit nötig. 1726 wurde das Beurlaubungsprinzip ausgedehnt: Nunmehr konnten die Soldaten sogar für neun Monate in ihre Heimatorte entlassen werden, mußten sich nur zwischen dem 20. März und dem 1. Juli vollzählig bei ihren Regimentern einfinden. Am Ende der Regierungszeit Friedrich Wilhelm I. befanden sich in den Sommermonaten rund ein Drittel, im Winter sogar 36 Prozent aller Soldaten außerhalb ihrer Kompanien. Die Soldaten ernährten sich in ihren Heimatorten selbst, die Kompanie sparte somit ihre Löhnung und Unterkunft ein. Die damit anfallenden Mehreinnahmen – die Krone zahlte in voller Höhe weiter – sollten in erster Linie für die Auslandswerbung verwendet werden, doch ein tüchtiger Kompaniechef verstand es, stets diese Werbung mit seinem eigenen Gewinnstreben in Übereinstimmung zu bringen. Derartige Beurlaubungen erstreckten sich indes nur auf den Kreis preußischer Landeskinder, die zumeist in der Gutswirtschaft arbeiteten.

Für die ausländischen Rekruten wurde auf die bereits seit den achtziger Jahren des vorigen Jahrhunderts bestehende Einrichtung der Freiwächter bzw. Stadtbeurlaubten im Jahre 1732 zurückgegriffen. Friedrich Wilhelm erlaubte den Kompaniechefs, Ausländer in bestimmter Anzahl (zwölf bis vierundzwanzig je Kompanie) für die Arbeit innerhalb einer Garnison zu

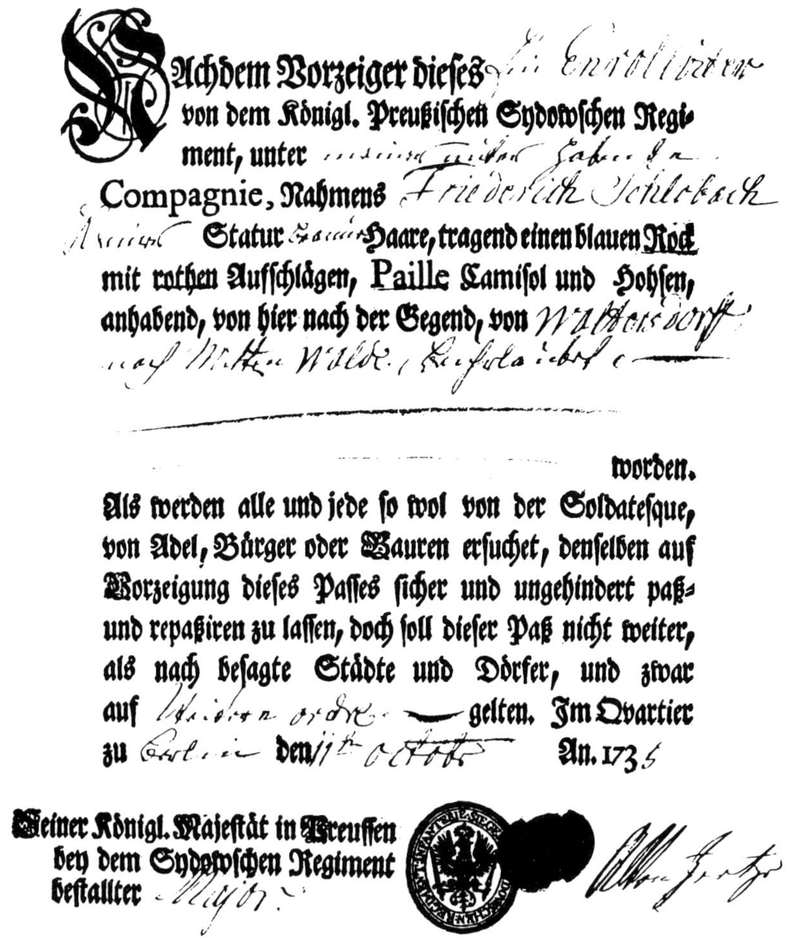

Nachdem Vorzeiger dieses
von dem Königl. Preußischen Sydowschen Regiment, unter
Compagnie, Nahmens Friederich Schlobach
Statur Haare, tragend einen blauen Rock mit rothen Aufschlägen, Paille Camisol und Hohsen, anhabend, von hier nach der Gegend, von Waltersdorff
worden.
Als werden alle und jede so wol von der Soldatesque, von Adel, Bürger oder Bauren ersuchet, denselben auf Vorzeigung dieses Passes sicher und ungehindert paß- und repaßiren zu lassen, doch soll dieser Paß nicht weiter, als nach besagte Städte und Dörfer, und zwar auf gelten. Im Qvartier zu Berlin den 11ten October An. 1735

Seiner Königl. Majestät in Preussen bey dem Sydowschen Regiment bestallter Major

Beurlaubungsschein eines preußischen Musketiers um 1735

beurlauben. Sie fanden meist Anstellung als Handwerksgesellen, als Handlanger auf dem Bau sowie als ungelernte Arbeiter in Wollmanufakturen. Sie übernahmen aber auch die verschiedensten Tätigkeiten in den Garnisonen. Auch sie mußten dem Kompaniechef ihren Sold überlassen.

Friedrich II. dehnte dieses Beurlaubungs- und Freiwächtersystem weiter aus. Den Kompanien war es nunmehr gestattet, fünfzig Prozent ihrer Landeskinder zu beurlauben, die sich nur noch zwei Monate – vom 1. April bis zum 1. Juni – beim Regiment einstellen mußten. Die Regimenter entließen ferner 200 bis 300 Freiwächter. Die Mannschaftsstärke in der Garnison, in den Kompanien und Schwadronen sank infolgedessen häufig genug auf nur 25 Prozent des vollen Mannschaftsbestandes ab, die im täglichen Wachtdienst verschlissen wurden.

Nach dem Siebenjährigen Krieg entschloß sich Friedrich II. zu einem Einschnitt in der Kompaniewirtschaft, indem er am 9. Februar 1763 für alle Kompanien und Regimenter den Sold und die Kosten für die kleine Montierung der Beurlaubten selbst einzog und die Auslandswerbung in eigene Regie nahm. Zwar durften die Kompaniechefs nach wie vor regulär mehr als 40 Prozent der Mannschaften für den größten Teil des Jahres beurlauben, doch nur für zehn Soldaten konnte der Kompaniechef die Einnahmen für sich selbst verbrauchen. Diese königliche Maßnahme verschlechterte nicht nur das Niveau der neugeworbenen Soldaten, da die Krone möglichst auf billige Soldaten achtete, sondern ließ die Kompaniechefs auch auf einen Ausgleich ihrer geschmälerten Einkünfte sinnen, den sie in erster Linie in einer großzügigen Ausweitung eines halb illegalen Freiwächtersystems sahen, da sie den

Sold der Freiwächter nach wie vor selbst einbehalten konnten. Die Lebenslage der Soldaten verschlechterte sich nach dem Siebenjährigen Krieg in dramatischer Weise. Der gleichbleibende Sold reichte bei steigenden Preisen immer weniger aus, das Lebensminimum zu erhalten. Die Stärke der diensttuenden Mannschaften sank weiter ab, so daß in der Tat wohl davon gesprochen werden kann, daß von der am Ausgang der Regierungszeit Friedrich II. fast 200 000 Mann starken Armee höchstens 50 000 bis 60 000 ständigen Dienst in der Armee leisteten.

Ihren Kern stellten aus der Auslandswerbung gezogene Soldaten dar, sowie jene 30 neuen Rekruten, die jedem Regiment jährlich zugewiesen wurden und die nach einer Grundausbildung von 15 bis 18 Monaten – so sie Landeskinder waren – ebenfalls in den Vorzug langfristiger Beurlaubung kamen.

Möglicherweise liegt in dieser eigenartigen Struktur auch der verheerende Eindruck begründet, den Bürger und auswärtige Besucher von der Prügeldisziplin in der preußischen Armee erhielten. Wer einigermaßen sicher galt, wurde nämlich entweder auf sein Dorf oder Gut beurlaubt oder lebte außerhalb militärischer Kontrollgewalt als Freiwächter in der Stadt. Was blieb – waren neben Offizieren und den meisten Unteroffizieren – entweder die jungen, einzuübenden Rekruten oder die sogenannten unsicheren Kantonisten, denen durch stete Prügel Subordination und Disziplin beigebracht werden sollte.

1798 fragte denn auch Berenhorst «Was sind die heutigen Soldaten? Wer sie Söldner nennt, tut ihnen Unrecht, weil sich dieser Sold bei den gegenwärtigen Preisen der Dinge beinahe auf nichts reduziert. Söldner, Lohnsoldaten waren die leichtsinnigen Taugenichtse, die lustigen Kriegsgurgeln der vorigen Jahrhunderte, die dem Kalbfell folgten, um Beute zu machen. Unsere Soldaten sind arme Muttersöhne, die bis zu dem schreckensvollen Momente, wo man sie ihrer Hütte . . . entriß, vor Degen und Kanone erzitterten und den Soldatenstand als das größte Übel und Unglück, das ihnen begegnen konnte, betrachteten. Und sie betrogen sich auch keineswegs, denn während sie darin stecken, sind Sklaverei, unmenschliche Strapazen, Hunger und Kummer ihr Loos. Wo soll da der Mut, der Feuereifer herkommen, der mit angespannten Nerven stürmt, einhaut?»

WERDEN UND WACHSEN DES PREUSSISCHEN OFFIZIERSKORPS

Zwischen 1656 und 1806 wuchs in Brandenburg-Preußen eine soziale Schicht heran, die von ihrem Namen, ihrem Nimbus aber auch von ihrer Wirkung zur einflußreichsten und zählebigsten Elite deutscher Geschichte zählen sollte. Das Bild keiner anderen sozialen Gruppe ist derart von Gunst oder Ungunst jeweils parteiischer Meinungen verzerrt. Ist sie für die einen eine Schicht, der wesentliche Mitverantwortung für das Schicksal Deutschlands im Mai 1945 aufgebürdet wird, so ist sie für die anderen Gegenstand verklärter Anbetung und Träger zeitloser Traditionen, die sich immer wieder bewährt haben sollen. Im Offizierskorps der altpreußischen Armee finden viele geradezu eine Inkarnation preußischer Tugenden.

Unbestreitbar hat das Bild des altpreußischen Offiziers mehr als alles andere, was von Deutschland ausging, einen Typus geprägt, dem viele Armeen nacheiferten, weil sie ihn für vorbildlich und beispielhaft ansehen, der indes auf der anderen Seite der Welt auch ein Bild von Deutschen entwarf, die gar nicht mehr anders vorstellbar waren als aristokratisch in eng ansitzender Uniformkluft, leicht arrogant, auf alle Fälle elitär, aber in jeder Hinsicht, was das Handwerk anging, hoch professionell. Nur begegnete die Welt diesem Abbild deutschen Uniformträgers mit in Bewunderung gemischtem leichtem Grauen. So wie alle Klischees undifferenziert sind und vergröbern, sie jeweils nur einen Teilaspekt von Wirklichkeit widerspiegeln, so sind sie gleichwohl nicht gänzlich der Realität entrückt, weil sie bestimmte Züge eines Typus wie in einem Focus gebündelt darstellen.

Wohl wie bei keiner anderen sozialen Gruppe wird sichtbar beim altpreußischen Offizierskorps, in welch starkem Maße Milieu und soziale Gebundenheit auf die Ausprägung eines Typus einwirken, der gleichsam wie eine Reliquie in ein anderes Zeitalter hineinragte, als alle seine sozialen Voraussetzungen bereits längst ausgedorrt waren.

In seiner Geburtsstunde unterschied sich das brandenburgische Offizierskorps, die sogenannten Primaplanen des 17. Jahrhunderts, weder im Guten noch im Bösen von seinen deutschen und europäischen Nachbarn. Das Korps, so es sich als solches überhaupt verstand, wenn dann schon eher als ein Stand, der mehr die Gemeinsamkeit mit dem gemeinen Kriegsmann betonte und sich vom Bürger und Bauern abgrenzte, war im Dreißigjährigen Krieg ein buntes Gemisch aus vielerlei Bevölkerungsgruppen. Dabei gab sicherlich der Edelmann den Ton an, aber auch der bürgerliche Primaplane, besonders wenn er vermögend war, besaß alle Aufstiegs- und Karrierechancen. Es war ein Zeitalter – wie die Lebensgeschichte des Georg Derfflinger bewies –, wo der gemeine Soldat noch den Marschallstab im Tornister trug. Der wichtigste Offizier jeglicher Truppenmacht war der Obrist, der wie ein selbständiger Unternehmer sein Regiment aufstellte, es den politisch Mächtigen anbot, mit ihnen Kontrakte schloß, der in eigener Regie die Bewirtschaftung seines Truppenkörpers betrieb, für seinen

Georg Derfflinger 1615–1695 nach einem Gemälde von Willing 1670

militärischen Einsatz, für seine Mannschaften und natürlich auch für seine Primaplanen verantwortlich war.

Der Bedarf an Primaplanen war zu dieser Zeit ein noch durchaus schmaler. Neben der patriarchalischen Gestalt des Regimentsobristen trat in der Regel ein Obristlieutnant hinzu, der den Regimentschef in allen Belangen vertrat, die dieser nicht selbst wahrnehmen konnte oder wollte. Zu den Primaplanen gehörte ferner der Oberstwachmeister, aus dem später der Major werden sollte, zu dessen Aufgabenbereich die taktische Aufstellung des Regimentes, sein Eindrillen, sein Wachtdienst usw. gehörte. Der wichtigste Offizier unterhalb des Obristen war der Kapitän, der Inhaber einer Kompanie, der sie vom Regimentsobristen gekauft hatte, dessen Verantwortung sich jedoch weniger auf die militärische Leistungsfähigkeit seiner Einheit bezog, als auf deren wirtschaftliche Sicherstellung bis hin zur Soldzahlung. Den praktischen Dienst des Waffeneinübens und der Kontrolle der Unter-Offiziere versah der ihm beigegebene Lieutnant. An der Nahtstelle zwischen Ober- und Unteroffizieren, die indes alle als Primaplanen geführt wurden, stand der Fähnrich, dem die Ehre zuteil war, die

Kompaniefahne ins Feld zu führen. Als Unter-Offizier galten die Korporale, seinerzeit in jeder Kompanie drei, die den inneren Dienst in jeder Korporalschaft wahrnahmen, während die eigentlich militärischen Befugnisse von den Sergeanten oder Feldwebeln – bei der Kavallerie von den Wachtmeistern – ausgeübt wurden. Die Grenze zwischen den Unter-Offizieren und Musketieren bzw. Pikenieren markierte der Gefreite, der gleichsam des Korporals Lieutnant war, aber auch mit dem Kommando über kleine Trupps oder Wachtposten beauftragt werden konnte. Neben diesen Truppenoffizieren stand zumeist noch ein beamteter Unterstab, dessen wichtigster Mann der Regimentsquartiermeister, aber auch der Feldprediger, der Profoß und der Feldscher waren.

Die Scheide zwischen Ober- und Unter-Offizieren war in den Jahrzehnten nach dem Dreißigjährigen Krieg noch sehr durchlässig. Als Regel galt, daß ein jeder Offizier sich von der Pieke oder der Muskete hochdienen sollte, ehe er den Rang eines Unter- oder Oberoffiziers erlangte. Die Klippe für die niederen Primaplanen lag zumeist bei der Kapitänswürde, denn sie war an Geld gebunden. Die Kompanie wurde verkauft wie ein Wirtschaftsunternehmen. Über das Fortkommen der Primaplanen entschied weniger seine Geburt, als seine Vermögensverhältnisse. Und Geld befand sich eher im Besitz adliger Edelmänner als bei den aus dem Bürger- und Bauerntum kommenden Primaplanen, die deshalb auch zumeist an der Kapitänsecke scheiterten. Der Lieutnant dieser Heere war – im Gegensatz zum 19. Jahrhundert – kein junger Mann, sondern zumeist ein in Ehren ergrauter Kriegsmann, der fast immer hoch in den dreißiger Jahren stand, zumeist noch älter war.

Als der entscheidende Hebel, die Allmacht des Regimentsinhabers einzuschränken, erwies sich im späten 17. Jahrhundert das Problem zwischen Angebot und Nachfrage. Regimenter aufzukaufen, war für die brandenburgischen Kurfürsten nur im Kriegsfall eine Notwendigkeit. Wenn sie Regimenter im Frieden stehenließen, konnten sie stärker auswählen und ihre Bedingungen gegenüber den Regimentsobristen durchsetzen. Das wichtigste Recht, das der Kurfürst den Obristen in den geschlossenen Verträgen, sogenannten Kapitulationen, bestritt, war das der Offiziersernennung. Seit 1673 verlangten sie von den Regimentsinhabern, daß ihnen die betreffenden Offiziere vorher namhaft gemacht werden und 1688 erhob Kurfürst Friedrich Wilhelm Anspruch auf die Ernennung von Offizieren in den von ihm aufgestellten Regimentern. Hand in Hand ging dabei eine zunehmende Unterhöhlung der Eigentumsrechte des Obristen an seinem Regiment, die Übernahme der Verpflichtungen, die früher der Regimentsinhaber ausgeübt hatte, durch die kurfürstliche Macht. Mochte das sich auf die Unterbringung der Regimenter, ihre Verpflegung und ihre Ausrüstung beziehen. Zur Durchsetzung kurfürstlicher Ansprüche wurden die Regimenter stärker kontrolliert und jedes Jahr eine Revue unterzogen, wo sorgfältig geprüft wurde, ob die Regimenter schlagkräftige Einheiten darstellten. Für die Mehrheit der niederen Offizierschargen bot die stärkere Kontrolle durch die kurfürstliche Macht die Chance, sich der einseitigen und manchmal durchaus willkürlichen ausgeübten Herrschaft der Regimentsoberen entziehen zu können und auf mehr Egalität bei der Beförderung zu hoffen, wenn nicht allein mehr Geldbesitz sondern Kriegserfahrung und Dienstzeitalter bei der Beförderung zu Buche schlugen.

Entscheidend behindert wurde der kurfürstliche oder königliche Machtanspruch in Brandenburg-Preußen indes durch die Tatsache, daß sich die Armee seit 1687 – nur durch kurze Pausen unterbrochen – ständig auf den europäischen Kriegsschauplätzen aufhielt, was zwangsläufig allen Zentralisierungs- und Gleichschaltungsprozessen zuwiderlief und letztendlich den Regimentsinhaber in einer starken unabhängigen Position beließ.

Für die Formierung des altpreußischen Offizierskorps in der Gestalt, wie sie dann für nahezu ein Jahrhundert prägend war, erwies sich die Friedensperiode von 1713 bis 1740 als entscheidend. Diese Jahrzehnte gaben der Krone Gelegenheit, sich ein Offizierskorps nach ihren Vorstellungen und ihrem Bilde zu schaffen.

Friedrich II. im Alter von 34 Jahren nach einem Gemälde von A. Pesne

Das Offizierskorps des ersten preußischen Königs war sowohl sozial wie auch von der nationalen Zusammensetzung her noch durchaus bunt und vor allem auch zahlenmäßig noch sehr begrenzt. Zwar kamen bereits die meisten hohen Offiziere ausschließlich aus dem Adel, doch in den beiden Schlachten bei Höchstädt (1703/1704) fielen nicht weniger als drei bürgerliche Regimentsobristen, und die Zahl niederer Offizierschargen aus dem Nichtadel muß deshalb wohl noch ungleich höher gesetzt werden. Durch die Einwanderung der Hugenotten seit 1688 war das Offizierskorps Brandenburgs um eine starke französische Komponente angereichert worden. Fast ein Drittel aller Offiziere waren nunmehr französischer Herkunft und 1689 waren von zwölf brandenburgischen Generalen vier einstige Franzosen. Dieser Zufluß französischer Soldaten und Offiziere sollte darüber hinaus dazu beitragen, daß sich Brandenburg-Preußens Armee immer stärker auch taktisch und organisatorisch auf das französische Vorbild besann, wo die Formierung eines stehenden Heeres unter der Regie einer starken Zentralgewalt von beispielhaften und normgebenden Veränderungen begleitet war, die auch in Brandenburg-Preußen Schule machten. Das fand Ausdruck in der Entlehnung französischer Worte in die Kommandosprache. Seit 1686 wurden aus dem brandenburgischen Officirer und Hauptmännern Officiore und Capitaine. Von 48 altpreußischen Infanterieregimentern hatten bis 1758 12 französische Regimentsinhaber, von 13 Kürassierregimentern 6 und von 12 Dragonerregimentern 4.

Die entscheidende Voraussetzung für die Bildung eines einheitlichen Offizierskorps wurde durch Friedrich Wilhelm I. dadurch geschaffen, daß er die Militärverfassung der preußischen Sozialverfassung anglich. Nach den Vorstellungen Friedrich Wilhelms sollte der preußische Untertan, namentlich die Agrarbevölkerung, die Soldaten stellen, der preußische Adel, namentlich der verarmte Kleinadel Pommern und Brandenburgs, die naturgegebenen Führer abgeben, denen eine derartige Funktion bereits in der Gutsverfassung vorgegeben war.

Damit wurde innerhalb der Armee ein Wandel in der Funktion des Offiziers vorbereitet, der bislang vor allem militärischer Vorgesetzter war, nunmehr aber diese seine Rolle zugleich auch aus seiner übergeordneten sozialen Stellung ableitete. Das hatte für die Armee zur Folge, daß sich der Offizier weitaus stärker als bislang von den Soldaten abhob, nunmehr scharfe Barrieren zwischen dem Offizierskorps an sich und dem Unterführerkorps, die bisher durchaus fließend waren, gezogen wurden. In erster Linie erfolgte diese Abgrenzung durch eine straff beobachtete Auslese künftiger Offiziersbewerber. Unter französischem Einfluß war bereits vor der Jahrhundertwende (1688) die Institution eines Kadettenkorps geschaffen worden, wo junge Leute von Adel, aber auch Bürgerliche, militärisch unterwiesen wurden. 1703 wurde in Kolberg für den pommerschen Adel ein derartiges Kadettenhaus neu gegründet, das dreißig Schüler zählte, von denen noch fünf bis sechs aus dem Bürgertum kamen. 1718 wurde das Kadettenkorps in Berlin gegründet, das 1721 schon 236 Schüler zählte und zu einem immer größeren Reservoir künftigen Offiziersnachwuchses wurde. Von 1718 bis 1740 wurden 1612 Kadetten ausgebildet, von denen 1400 der Armee überwiesen wurden. Aus ihnen rekrutierten sich in friderizianischer Zeit 39 Generale, darunter die im Siebenjährigen Krieg bekannt gewordenen Heerführer Bogislav von Tauentzien, Hans Christoph von Billerbeck, Joachim Friedrich von Stutterheim, Georg Dietrich von Pfuhl, Wilhelm Sebastian von Belling, Friedrich Wilhelm von Wartenberg, Friedrich Christoph von Saldern, Christoph Friedrich von Rentzell und Georg Wilhelm von Driesen.

Die Zustimmung des ostelbischen Adels für eine derartige Einrichtung hielt sich zunächst durchaus in Grenzen, stieß sogar auf vielfachen Widerstand, den Friedrich Wilhelm mit dem Einsatz von mehr oder weniger grober Gewalt brach, in dem er zeitweise zwangsweise junge Adlige in die Kadettenhäuser verbrachte. Bildete das Kadettenkorps eine wichtige Basis für den Offiziersnachwuchs, so bestand daneben die Praxis bei Hof, bei Generalen und hohen Offizieren tätigen Pagen in das Offizierskorps zu überführen, darüber hinaus bestand nach wie vor die Regel, daß die Regimenter nach königlicher Zustimmung selbst Offiziere oder Offiziersbewerber einstellen konnten, die zumeist aus bekannten Adelsfamilien kamen. Allerdings wurde den Regimentern nunmehr straff vorgeschrieben, wie sie mit dem Offiziersnachwuchs umzugehen hätten. Sie hatten als Gefreitenkorporale für die ersten drei Jahre – zwar in der Uniform des Unteroffiziers – Dienst wie gemeine Soldaten zu leisten, ehe sie zum Fähnrich und damit zum Offizier befördert wurden. Bei den Unteroffizieren befahl Friedrich Wilhelm I. am 23. Dezember 1715, daß von den elf Unteroffizieren jeder Kompanie mindestens zwei Edelleute sein müßten, die dann vorzugsweise für eine Offiziersbeförderung vorzusehen seien. Für die Kavallerie wurden die Forderungen ein wenig ermäßigt: hier sollten von zwölf Unteroffizieren nur einer von Adel sein und gleiches galt auch für die Artillerie.

Darüber hinaus ließ allerdings Friedrich Wilhelm I. auch die Möglichkeit offen, bewährte nichtadlige Unteroffiziere in den Offiziersstand zu befördern. Sie mußten allerdings eine mindest zwölfjährige erfolgreiche Dienstausübung nachweisen können, ehe sie dafür in Aussicht genommen wurden. Zieht man in Betracht, daß es für den einfachen Soldaten schon fast ein Jahrzehnt dauern konnte, ehe er den Status eines Unteroffiziers gewann, so verwundert es nicht, wenn nichtadlige Offiziere zumeist erst Offiziere wurden, da sie überaltert waren und meist über den Lieutnantstatus nicht mehr hinauskamen. Unter Friedrich Wilhelm I. war es noch keiner vorbedachten Bosheit, sondern eher biologischen Gründen geschuldet, wenn er derartig ältere nichtadlige Offiziere, zumeist über vierzig Jahre alt, zu Festungsbesatzungen und in Garnisonsbataillone steckte.

Die Voraussetzung, daß der preußische Offizier von Adel sein müßte, fand namentlich unter dem armen preußischen Adel relativ rasch und schnell Akzeptanz. Hier bestand eine wirtschaftliche Versorgungsmöglichkeit durch den Staat, die zwar über viele Jahre keine Reichtümer bescherte, doch gesellschaftliche Anerkennung und ein halbwegs gesichertes Auskommen bot, an deren Ende vielleicht die Übernahme einer Kompanie winkte, die fast gleichbedeutend mit den Erträgen eines Rittergutes war. Überdies verstand sich Friedrich Wilhelm I. als erster Soldat Preußens, der dem Offizier ein Sozialprestige verschaffte, das sie zum ersten Stand in der Monarchie machte. Was der Offizier wirtschaftlich lange entbehren mußte, wurde kompensiert durch seine gesellschaftliche Stellung, die ihn über alle anderen Minister, Räte und Beamte der Krone erhob. Gepaart war diese Sonderrolle mit den ununterbrochenen, fast mystisch klingenden Appellen der Krone, daß die Offiziere in einem besonderen Verhältnis zum Haus Hohenzollern ständen und ihnen moralische Eigenschaften wie Mut, Tapferkeit und Ehre zu eigen seien, die sie zu einer besonders hervorgehobenen Elite innerhalb der preußischen Lande machte. Für die Akzeptanz unter dem preußischen Kleinadel spricht, daß sich in Pommern bereits 1724 fast der gesamte männliche Teil des Adels aus ehemaligen oder aktiven Offizieren zusammensetzte. Wer die Geschlechtergeschichte preußischer Adelsfamilien durchmustert, etwa der Kleists oder Winterfeldts, stellt fest, daß fast alle männlichen Nachkommen der Armee Friedrichs II. dienten. Der reiche Adel indessen, Fürsten, Grafen oder Freiherren, stellten der Krone zu diesem Zeitpunkt noch sehr wenige Offiziere. Sie hielten sich noch frei von der Forderung, Adel und Offizierskorps müßten identisch sein.

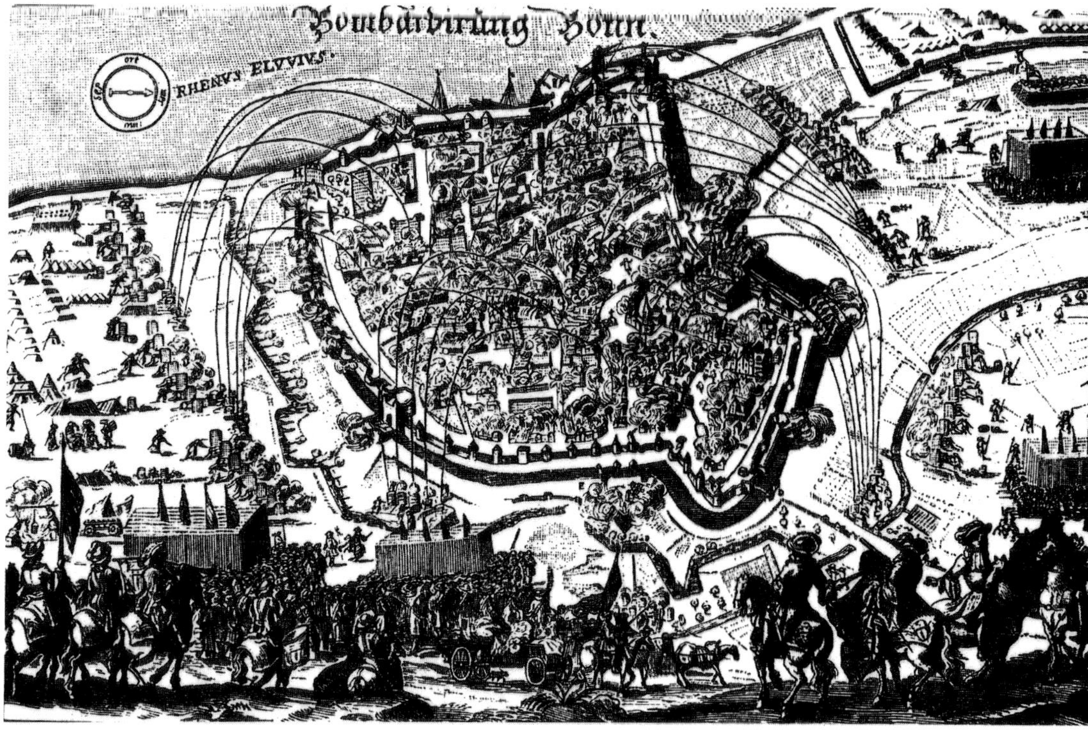

Beschießung von Bonn im Sommer 1689 nach einem Kupferstich von A. R.

Bei einer derartigen Bevorzugung des Adels nimmt es nicht Wunder, daß am Ausgang der Regierungszeit Friedrich Wilhelms die Führungsposition in der Armee eine adlige Domäne waren. Von den 34 Generalen der Armee waren 1739 alle adlig, von 57 Obristen nur einer nichtadlig, von 45 Oberstlieutnanten nur zwei und von 108 Majoren nur acht. Allerdings täuscht dieses Bild eine adlige Homogenität vor, die es in diesem Umfang nicht gab, weil lang dienende Offiziere bereits durch Friedrich Wilhelm I. nobilitiert wurden.

Allerdings wäre es abwegig, die Armee nur als eine Art Versorgungsanstalt für die Söhne des preußischen Kleinadels anzusehen. Bis zur Erlangung des Kapitänspatentes war der Offizier der altpreußischen Armee auf kargen Sold gesetzt, der ihm nur mit Müh und Not ein standesgemäßes Auskommen gewährte. Die preußische Armee war alles andere als ein Tummelplatz für verwöhnte Adelssprößlinge. Zwar lag der Lebensstandard des kleinadligen Offiziers erheblich über dem des gemeinen Soldaten, aber zugleich war dieser Offizier durch die seit der Regierungszeit Friedrich Wilhelms überkommenen Erlasse und Reglements in einer Art und Weise in die Pflicht genommen worden, die seine Tätigkeit zu einem Beruf machten. War die Disziplin und Ordnung gegenüber der Mannschaft unerbittlich und streng, so machte jedoch die Krone den Offizier für jegliche Unterlassung in Disziplin, Ordnung und Ausrüstung seiner Soldaten persönlich haftbar. Zwar wurde der Offizier niemals körperlich gestraft, war er ausdrücklich von den Bestimmungen der Kriegsartikel ausgenommen, die nur noch für Soldaten und Unteroffiziere galten, doch hielten es Friedrich Wilhelm I. und auch Friedrich II. für angemessen und pädagogisch, den Offizier für jede Nachlässigkeit durch Arrest zu strafen, und sie erachteten die Disziplin für lasch, wenn derartige Rigorosität nicht ständig zur Anwendung kam. Arreststrafen richteten sich nicht nur gegen niedere Offizierschargen, sondern auch gegen Obristen und Generale. Der Offizier der preußischen Armee war einem Pflichtenkatalog unterworfen, der ihm ständige und aufwendige Arbeit abverlangte. Der Zwang zur Professionalität war gegeben, befördert durch Karriereabsichten, die dadurch gegeben schienen, daß jeder Offizier jährlich in seinen Leistungen beurteilt wurde. Statt Ämterkauf galt im preußischen Offizierskorps weitaus stärker das demokratische Prinzip der Leistung, die im Frieden vornehmlich im Dienstalter Ausdruck fand.

Dessen ungeachtet stellte das Offizierskorps in seiner Gesamtheit alles andere als ein Ausbund an Tugend dar. Hohe Professionalität war keineswegs identisch mit einem entsprechenden Bildungsgrad und einer sittlichen Haltung. Im Gegenteil: unter Friedrich Wilhelm I. und Friedrich II. verlor das preußische Offizierskorps viel von seiner Weltläufigkeit, weil jeglicher Dienst unter fremden Fahnen zunehmend unmöglich gemacht wurde. Eine Auffrischung erfuhr das Offizierskorps durch die Einstellung vieler ungarischer Husarenoffiziere, die fast ein Viertel des Gesamtbestandes ausmachten. Von 76 ungarischen Offizieren wurden fünf zu Generalen und sieben zu Obristen befördert. Der öde Garnisons- und Exerzierdienst der Friedensjahre zwischen 1713 und 1740 bot überdies wenig geistige Abwechslung oder Anregung. Er beförderte vielmehr ein Eigenleben des Offizierskorps. Der Offizier grenzte sich gegenüber dem Bürger und Landmann deutlich und sichtbar ab. Behandelte sie als Staatsbürger minderen Wertes, denen gegenüber er sich mehr herausnehmen konnte und durfte, als das Reglement vorsah. Das Leben der Offiziere spielte sich vor allem auf den Wachtstuben ab und Entspannung fanden viele der Jüngeren von ihnen – angesichts zunehmend erzwungener und abverlangter Ehelosigkeit – in völlernden Gastgelagen, Glücksspielen und einer Trunksucht, die ein Krebsgeschwür dieses Offizierskorps war. Kein anderes Delikt fand in den Beurteilungen der Offiziere häufiger Erwähnung als ihre Liebe zum Branntwein.

Kompensiert wurde die Tristesse des täglichen Dienstbetriebes durch eine Ehrpusseligkeit der Offiziere, die gelegentlich groteske Züge annahm. Kein anderer Händel brach öfters zwischen den Offizieren aus, als der um irgendwelche Ehrenangelegenheiten. Hier fühlten sich alle Offiziere in einer durchaus demokratisch-aristokratischen Gleichstellung, die es auch einem hohen Vorgesetzten nicht verzieh, wenn er die Ehre eines niederen Offiziers in Zweifel zog. Die Folge war eine Duellierwut mit häufig tödlichem Ausgang, der zwar durch königliche Befehle immer wieder entgegengesteuert wurde, die aber im Prinzip nicht ausrottbar war, wenn man so lebhaft an die Bewahrung und Achtung der eigenen Ehre appellierte und sie auch der wichtigste innere Halt dieser Offiziere war.

Unter Friedrich Wilhelm I. fand auch die Spezifizierung der einzelnen Offizierskategorien seinen Abschluß. Auf der untersten Stufe der Hierarchie stand der Offiziersanwärter in der Gestalt des Gefreitenkorporals, der noch teilweise der Mannschaft bzw. dem Unteroffizierskorps angehörte, teilweise jedoch schon eine Sonderbehandlung als künftiger Offizier erfuhr. Namentlich Friedrich II. legte großen Wert darauf, daß sie weniger Umgang mit den Mannschaften als vielmehr mit den Offizieren pflegen sollten. In der Kompanie waren vier Offiziere für den Dienstbetrieb verantwortlich: der Fähnrich als jüngster Offizier, der Souslieutnant oder Secondelieutnant, der Premierlieutnant und der Kapitän. Die Einführung einer zweiten Leutnantstelle war seit 1704, in dem Maße wie die Kopfstärke der Fußkompanien anwuchs, etatisiert worden. Kavallerie und Dragoner hatten jeweils nur eine Leutnantsstelle zu vergeben. Bei der Reiterei hieß der Fähnrich Kornet und der Kapitän Rittmeister, während es die Offiziere der Dragoner wie bei der Infanterie hielten.

Den Leutnants oblag der praktische Dienst und die Überwachung der Exerzierausbildung in den Kompanien, während der Kapitän mehr für den inneren Dienst in der Kompanie zuständig war. Für die taktische Führung mehrere Kompanien bei der Ausbildung und im Gefecht war der einstige Oberstwachtmeister bzw. Major zuständig. An der Spitze des Regiments stand ein Oberst, als sein Stellvertreter wirkte ein Oberstlieutnant. Diese klare Befehlsstruktur in den Regimentern wurde dadurch vermischt, daß kein hoher preußischer Offizier auch nach seiner Beförderung seine wirtschaftliche Grundlage, nämlich die eines

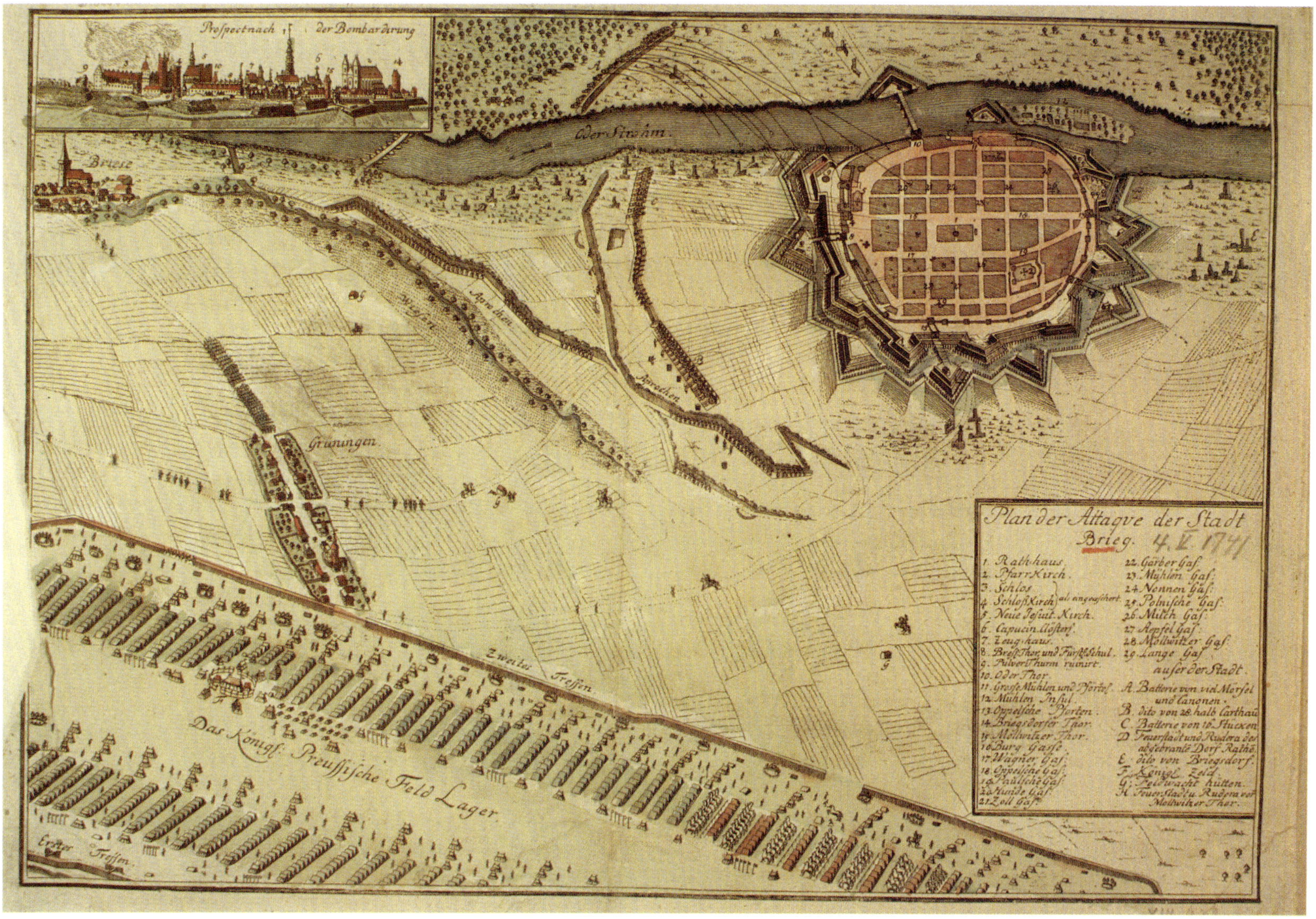

Kompaniechefs, aufgab. Er mochte zum Feldmarschall oder zum General befördert sein, die unverkürzten Einnahmen seiner einstigen Kompanie flossen ihm nach wie vor zu. Das Kommando über eine derartige Kompanie, meistens die Leibkompanie des Regiments, übernahm ein unglücklicher Stabskapitän, dem die Last der Kompaniewirtschaft aufgebürdet war, ohne ihre Früchte genießen zu dürfen. Auf diese Weise konnte ein Regiment zwei Vorgesetzte haben: den Regimentsinhaber und den tatsächlichen Dienstvorgesetzten.

Belagerung von Brieg 1741

Auf der Generalsebene der preußischen Armee waren zwei Ränge von wesentlicher Bedeutung: der Generalmajor und der Generalleutnant. Die Funktion des Generalmajors war die eines Brigadegenerals. In Preußen war es zwischen 1688 und 1697 abgelehnt worden, diesen Rang offiziell einzuführen. Er befehligte in der Schlachtordnung eine Brigade aus zwei bis drei Regimentern. Dem Generalleutnant unterstanden in der Schlachtordnung zwei Brigaden mit vier bis sechs Regimentern, die in der Regel einen Flügel in der Schlachtordnung bildeten. Die höchsten Ränge in der preußischen Armee waren die eines Generals der Infanterie bzw. der Kavallerie sowie der Generalfeldmarschall. Sie waren vorgesehen, selbständig Armeen im Feld zu führen.

Das Hauptinteresse Friedrich II. richtete sich bei der Ausbildung seines hohen Offizierskorps namentlich auf die Gruppe der Generalleutnante und Generalmajore. In ihnen sah er die wichtigsten militärischen Unterführer, deren Entwicklung er sorgsam beobachtete und förderte und von denen er hohe Leistungen forderte. Jene, die ihn in ihrer Leistungsbereitschaft und -fähigkeit enttäuschten, kamen außer Gnade oder wurden im Kriege durch Militärtribunale abgeurteilt.

Die zahlenmäßige Stärke des preußischen Offizierskorps war zwischen 1656 und 1739 noch relativ begrenzt. 1656 zählte es 183 Offiziere. Auf 95 Reiter bzw. Dragoner oder 110 Musketiere/Pikeniere kam ein Offizier. Im Zuge der Heeresausweitung bis 1739 vermehrten sich zwar die Offiziersstellen auf 492 bei der Infanterie und Kavallerie, doch insgesamt machte der Anteil der Offiziere am Gesamtbestand der Armee nur knapp ein Prozent aus. 1732 entfiel auf 129 Infanteristen bzw. 119 Dragoner oder 65 Kavalleristen ein Offizier.

Mit dem Regierungsantritt Friedrich II. weitete sich das Offizierskorps erheblich aus. 1740 zählte die Armee 2727 Offiziere. Sie machten damit über drei Prozent des Gesamtbestandes aus. Nunmehr entfiel ein Offizier auf 25 Kavalleristen bzw. auf 32 Infanteristen. Dieser radikale Anstieg kann wohl nur mit den gewachsenen Forderungen erklärt werden, die Friedrich an seine Armee stellte und deutete an, daß er dem Offizierskorps eine weitaus höhere Bedeutung für die Schlagkraft der Armee beimaß.

Die Verstärkung des Offizierskorps durch Friedrich II. von 492 Offizieren im Jahre 1731/1732 auf 2727 Offiziere im Jahre 1740 erfolgte vor allem durch eine noch stärkere Heranziehung des einheimischen Adels. Allein durch ihn war eine derartige Ausweitung möglich. Vor allem junge Adlige fanden Anstellung in der Armee, denn insgesamt war das höhere Offizierskorps durch die langen Friedensjahre überaltert. In der alten Armee hatte sich als Durchschnittswert ergeben, daß ein junger Offizier bis zu fünfzehn Jahre darauf warten mußte, ehe ihm eine Kompanie übertragen wurde. In dieser Stellung verblieb der Offizier im Durchschnitt acht Jahre, bis er zum Major befördert werden konnte. In dieser Stellung war seines Bleibens etwa sechs Jahre, um dann auf der Karriereleiter die Sprosse eines Obristlieutnants erklimmen zu können, auf der er wiederum zwei Jahre verblieb, um dann mit dem Rang eines Obersten belehnt zu werden. In der Regel war der Offizier dann hoch in den fünfziger Jahren, wenn er aus dem Dienst ausschied.

Die Altersstruktur der friderizianischen Armee am Vorabend des Siebenjährigen Krieges war dadurch geprägt, daß bereits die Fähnriche 20 bis 26 Jahre alt waren, die Secondelieutnants zwischen 26 und 36 Jahren, die Premierlieutnants zu den Enddreißigern zählten, die Kapitäne sich in einem Lebensalter zwischen 35 und 45 Jahren bewegten, während die Stabsoffiziere zumeist alle über vierzig Jahre alt waren. Bei der Kavallerie sah die Altersstruktur noch ungünstiger aus. Durch die bei der Kavallerie, namentlich bei den Husaren, begünstigte Praxis, altgediente Unteroffiziere in Offiziersstellen zu übernehmen, waren schon die Lieutnants weit in den Dreißigern, die Rittmeister über vierzig und die Stabsoffiziere zumeist über fünfzig.

Vor dem Siebenjährigen Krieg tat sich der Preußenkönig deshalb auch nicht sehr schwer, nichtadligen Offizieren ein Fortkommen in der Armee zu ermöglichen. Sie waren besonders in der Kavallerie stark vertreten, namentlich bei den Dragonern und insbesondere bei den Husaren, wo während Friedrichs Regierungszeit nicht weniger als acht Regimentsinhaber nichtadliger Herkunft waren, was Österreichs Aristokratie veranlaßte, vom preußischen Husarenpöbel zu reden. Aber auch bei den sich zu aristokratischen Eliteregimentern der Kavallerie entwickelnden Dragonern wurden für ihren schneidigen Einsatz bei Hohenfriedberg (4. Juni 1745) nicht weniger als vier bürgerliche Offiziere der Bayreuth-Dragoner mit dem

«Pour le Mérite» ausgezeichnet, die Offiziere Erdmann Gottlieb Borchard, Johann Andreas Köhler, Stephanus Foch und Phillip Christian Pfeiffer. In erheblichem Maße waren diese Offiziere noch ein Erbe Friedrich Wilhelms. Friedrich II. stand aber in der ersten Phase seiner Regierung nicht an, verdiente nichtadlige Offiziere, zumeist nach ihrer Nobilitierung, in den Generalstand zu erheben. Das betraf z. B. die Kavalleriegenerale Peter Meinicke, Johann Ernst Alemann, Ludwig Ferdinand Heising, Karl Wilhelm Büntig oder die Infanteriegenerale Hans Caspar Schultze, Johann August Voigt und Johann Georg Lehmann. Konzentriert waren indes nichtadliche Offiziere in den Garnisonsregimentern, bei der Artillerie und den technischen Truppen. Fast alle führenden Offiziere der Artillerie kamen aus nichtadligen Kreisen, wie Christian Linger, Johann Merkatz, die beiden Holtzmanns, Johann Heinrich und Johann Friedrich, Karl Moller, Georg Tempelhoff, Ludwig Regler u. a.

Vor 1756 war Friedrich II. bestrebt, vor allem die alten Feldregimenter der Infanterie von nichtadligen Offizieren freizuhalten. Doch selbst in einem so hochangesehenen Regiment der Armee wie dem Regiment Nr. 3 Anhalt traten zwischen 1741 und 1762 von 149 Offizieren immerhin noch 15 nichtadlige Offiziere aus.

Der Hauptweg Friedrich II., sich vor dem Siebenjährigen Krieg ein reinrassig adliges Offizierskorps heranzuzüchten, bestand darin, verdiente, fünfzehn bis zwanzig Jahre dienende Offiziere zu nobilitieren. 63 Offiziere dürfte Friedrich II. geadelt haben. Auf diese Weise verminderte sich die in den Ranglisten nachgewiesene Zahl nichtadliger höherer Offiziere immer mehr, bis sie bei den Stabsoffizieren 1778 völlig verschwunden waren. Sie geben indes keine verläßliche Auskunft über das tatsächliche Herkommen des preußischen Offizierskorps, deuten aber an, daß sich auch jene nichtadligen Offiziere, die Karriere in der Armee machten, zum aristrokratischen Ehrenkodex und zur Lebensauffassung des Adels bekannten, ohne auch nur den Versuch zu wagen, bürgerlichen Auffassungen das Wort zu reden.

Im Siebenjährigen Krieg war die Stärke des Offizierskorps nur dadurch aufrechtzuerhalten, daß die erledigten Offiziersstellen aus Mangel an Edelleuten auch an junge Leute bürgerlicher Herkunft gingen. Allerdings waren dies Kreise des Bürgertums, an deren Integration in die Armee Friedrich nicht interessiert war. Es waren vor allem junge Bürger aus gehobenen Kreisen, wie Prediger- und Förstersöhne, und viele Studenten, die sich während des Siebenjährigen Krieges als Offiziere bewarben. Das Kölnische Gymnasium zu Berlin hatte aus diesem Grunde mehrere Jahre keine Prima. Durchmustert man nämlich die Herkunft der früheren nichtadligen Offiziere, so konnten die wenigsten auf eine gediegene bürgerliche Familie verweisen, sondern waren allermeist die Söhne von nichtadligen Regimentsbediensteten, von Unteroffizieren, Regimentspredigern, Feldscheren usw. Die nichtadligen Offiziere des Siebenjährigen Krieges indes kamen zumeist aus wohlhabenden bürgerlichen Schichten, die Friedrich II. nach 1763 systematisch aus den Reihen der Linieninfanterie und der Schlachtenkavallerie vertrieb.

Reservate des nichtadligen Offiziers blieben die Garnisonsregimenter, die Husaren, die Artillerie, obgleich auch hier Friedrich II. anstrebte, den Anteil adliger Offiziere bei den technischen Truppen zu erhöhen. Beim Ingenieurskorps standen 1774 54 Offiziere, 16 von Adel und 34 bürgerliche Offiziere. Das Pontonierkorps mit seinen 24 Mann stand gar unter dem Kommando eines Bürgerlichen namens C. Baronsky. Auch in den Garnisons-Artillerie-Abteilungen überwog das nichtadlige Element. Von vierzehn Kompaniechefs waren 1784 immerhin neun nicht von Adel. Ein nichtadliger Offiziersaspirant hatte hier nur dann eine Chance zum Aufstieg, wenn er die unendlich lange Ochsentour des Unteroffiziersdienstes auf sich nahm, an deren Ende das Offizierspatent winken konnte. In der Regel waren sie dann die ältesten Leute im Regiment, die das Leutnantspatent niemals vor ihrem späten drei-

Zeitgenössischer Stich der Schlacht bei Hohenfriedberg 1745

ßigsten Lebensjahr erreichten, wozu Friedrich überdies seine Regimentskommandeure wiederholt strikt anhielt.

Nichtadlige Offiziere konnten unter Friedrich nur dann schnelle Karriere machen, wenn sie sich durch besondere Tapferkeit und hohes militärisches Verständnis auszeichneten. Er hat keinem einzigen nichtadligen Offizier je die Würde eines Feldmarschalls oder Generals der Infanterie bzw. Kavallerie verliehen. Ein erheblicher Teil der achzehn unter ihm dienenden Feldmarschälle stammten aus dem Hochadel. Gleiches gilt für die vierzehn Generale der Infanterie. Unter den 94 Generalleutnanten der Infanterie waren vier nichtadliger Herkunft, nämlich der am 16. Februar 1757 zum Generalleutnant beförderte Pour-le-Mérite-Träger Hans Caspar Schultze, der fähigste Freikorpsführer Friedrich Johann Jakob Wunsch (23. Mai 1771), der Generalinspekteur der Potsdamer Infanterie Friedrich Wilhelm Rohdich

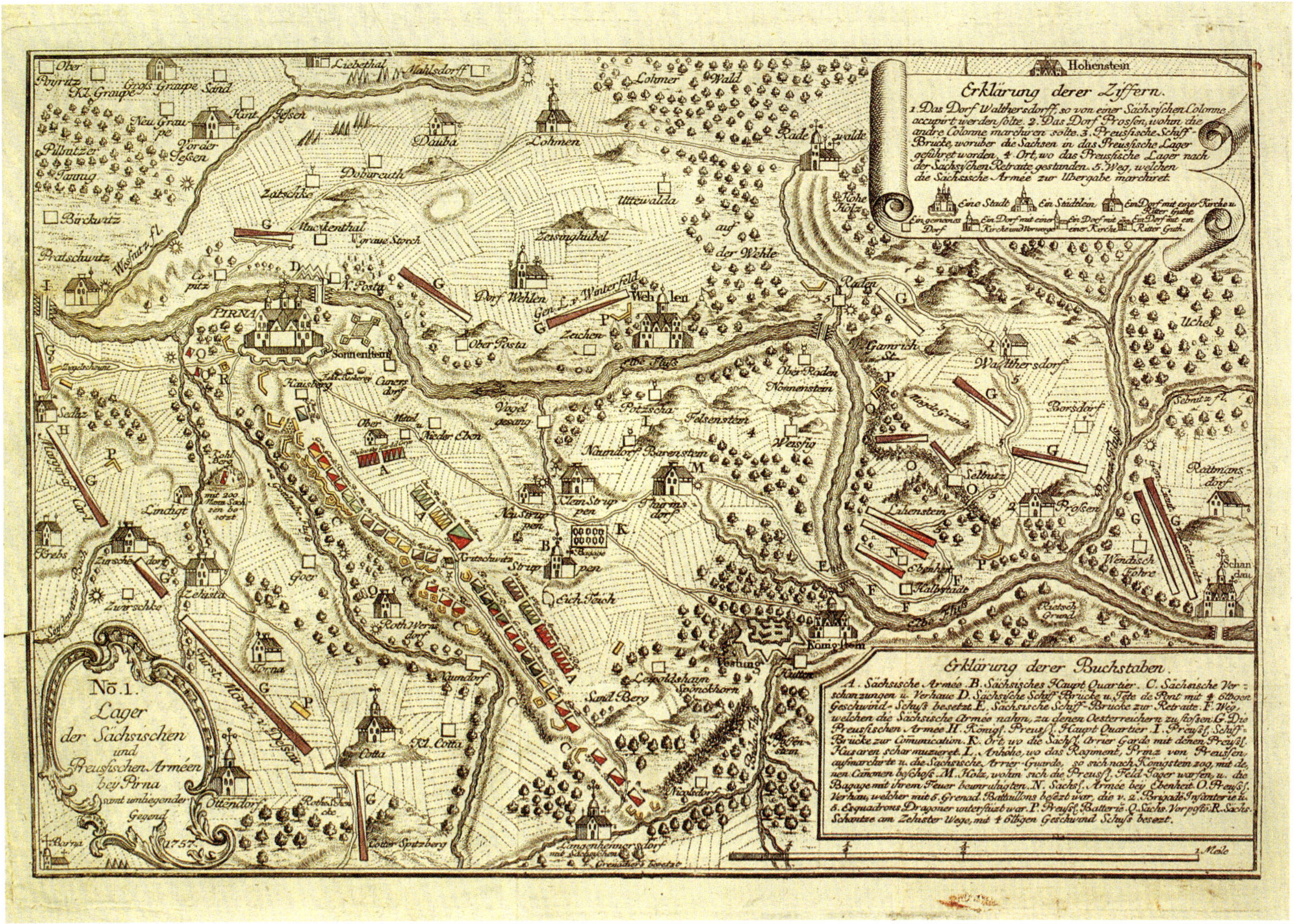

Zeitgenössischer Stich der Einschließung des sächsischen Heeres bei Pirna 1756

(9. März 1786) sowie der am 1. Juli 1774 zum Generalleutnant beförderte Nathanael Konstantin Salenmon, wohl eine der erstaunlichsten und einmaligsten Offizierskarrieren in der altpreußischen Armee. Salenmon, geboren 1710, war jüdischer Herkunft, war fast fünfzigjährig, 1756, in die preußische Armee eingetreten und hatte sich 1757 bei der Verteidigung von Geldern und 1760 bei der von Wittenberg ausgezeichnet, was seine außerplanmäßige Beförderung vom Obristlieutnant zum Generalmajor zur Folge hatte. Er war seit 1778 Militärkommandant von Wesel, der wichtigsten preußischen Festung im Westen und Befehlshaber aller preußischen Garnisonstruppen. Es zeugt von der Vorurteilslosigkeit Friedrichs, der in diesem Jahrhundert religiösen Antisemitismus und auch in Preußen geübter antijüdischer Diskriminierung, keinen Anstand daran nahm, Salenmon mit einem der höchsten preußischen Offiziersränge zu belehnen. Wie schwer sich die preußische Armee auch später nach 1806 mit jüdischen Offizieren tat, belegt das Schicksal des einzigen höheren jüdischen Offiziers im aktiven Korps, des Artilleristen Meno Burg, dessen Laufbahn bis zum Major seinerzeit schon als extraordinär galt und nur der Gunst preußischer Prinzen zuzuschreiben war. Vielleicht einziges Zeichen königlicher Zurückhaltung: Salenmon wurde trotz wiederholt

bewiesener militärischer Tapferkeit nicht in den Kreis der »Pour-le-Mérite«-Träger aufgenommen, was sonst für einen Generalleutnant fast die Regel war.

Von den 312 unter Friedrich II. ernannten Generalmajoren der Infanterie befanden sich neun Nichtadlige (knapp drei Prozent), bei der Kavallerie lag dieser Anteil mit acht Generalen, vor allem Husaren, noch etwas höher.

Insgesamt dominierte das adlige Element im Offizierskorps nach 1763 immer stärker und immer eindeutiger. Der König bevorzugte eher die Aufnahme sächsischer, mecklenburgischer oder französischer Adliger in sein Offizierskorps, als das preußische Bürgertum als ein Offiziersreservoir anzusehen. Überhaupt waren ausländische Offiziere häufig im Offizierskorps anzutreffen. Etwa ein Sechstel der preußischen Generalität zwischen 1740 und 1763 waren Nichtpreußen.

Das in langen Friedensjahrzehnten herangebildete Offizierskorps war im Siebenjährigen Krieg auf schlimme Weise dezimiert worden. 1755 verfügte Preußens Armee über 4276 Offiziere. Es ist geschätzt worden, daß sich die Offiziersverluste des Krieges auf über 1500 Mann beliefen. Nach 1763 mußte das Offizierskorps zum beträchtlichen Teil aufgefüllt werden. Der niedere preußische Adel war trotz schwerer Verluste stärker als je zuvor bereit, seine Söhne in den Dienst der Armee zu stellen. In der Kurmark waren gegen Ende des 18. Jahrhundert 68 Prozent aller männlichen Mitglieder des Adels aktive oder im Ruhestand lebende Offiziere. Selbst in Ostpreußen, wo sich der Adel erst langsam an die königlichen Forderungen gewöhnte, dienten 60 Prozent aller Adligen in der Armee. Das Kadettenkorps wurde 1769 durch eine Kadettenschule im pommerschen Stolp und 1774 durch eine im westpreußischen Kulm erweitert.

Der Adel im protestantischen und spartanischen Preußen, das weder Kirchen- noch Hofpfründe vergeben konnte, war bereits in einem Maße von der Armeeversorgung abhängig geworden, daß er widerstandslos die weitaus ungünstigeren Bedingungen in Kauf nahm, die nach 1763 das wirtschaftliche Geschehen in der Armee bestimmten. Das Karrieredenken des preußischen Offiziers war fast ein halbes Jahrhundert von der Überlegung bestimmt worden, daß er für die lange, karge Novizenzeit als Fähnrich oder Leutnant durch den Besitz einer Kompanie entschädigt werden würde. Sie allein sicherten dem Offizier ein ausreichendes Auskommen und vor allem Rücklagen für das Alter, da das Jahrhundert ein Pensionswesen nicht kannte und nur aus der Gnade des Königs heraus, Zulagen erwartet werden konnten.

Die Kompaniewirtschaft war das klarste Rudiment der alten Kriegsverfassung, das in die Zeit der stehenden Heere hinüberragte. Es beruhte auf dem Prinzip, daß der Kompaniechef eine Pauschalsumme von der Kriegskasse für den Unterhalt seiner Einheit erhielt. Davon mußte er die Zahl der Mannschaft, ihre Ausrüstung und ihre Bekleidung bestreiten. Da bis ins Detail festgelegt war, welche Kosten dabei anfielen, konnte langfristig daraus ein Militäretat angefertigt werden. Unsicher in ihrer Höhe waren nur die für die Werbung ausländischer Rekruten aufzubringenden Kosten. Durch die preußische Krone wurden den Regimentern und Kompanien jahrzehntelang gestattet, die Kosten für die teure Auslandswerbung durch Beurlaubung von Soldaten aufzubringen. Der eingesparte Sold und nicht gewährte Verpflegungskosten sollten in die Werbung fließen. Es lag nun im Ermessen des Kompaniechefs, wie er Ausgleich zwischen eingesparten Mitteln und Ausgaben für die Werbung schuf. War er in der Lage, eine schlagkräftige, gut gewachsene und vortrefflich ausgebildete und ausgerüstete Kompanie zur Revue zu führen, war es der Krone letztlich gleichgültig, wie der Kompaniechef seine Mittel im einzelnen verausgabte. Die Kompaniechefs waren deshalb bestrebt – bei strikter Verhinderung jeglicher Desertion, die ihren Fonds zwangsläufig schmälerten – die Zahl der Beurlaubten und der Freiwächter ständig zu erhöhen, einem Anliegen, dem Friedrich Wilhelm I. und auch in den ersten Jahren seiner Regierung Friedrich II. durchaus bereitwillig entsprachen. Erst auf diese Weise, nämlich einen Großteil des eingesparten Solds persönlich verwenden zu können, wurde die Kompanie ein ertragreiches Wirtschaftsunternehmen. Dabei galt eine solche Eigenerwirtschaftung von Mitteln keineswegs als bedenklich oder gar ehrenrührig, sondern war gutes Recht und anerkannte Gewohnheit.

Welche Bedeutung diesen aus der Kompanie gezogenen Einnahmen zukam, wird deutlich, wenn man sich die Besoldung des Offizierkorps vergegenwärtigt, die fast ein Dreivierteljahrhundert in Preußen konstant blieb. Nach den Reglements von 1743 erhielten die preußischen Offiziere und Soldaten monatlich folgenden Sold gezahlt:

	Infanterie			Dragoner			Husaren		
	Taler	Grosch.	Pfen.	Taler	Grosch.	Pfen.	Taler	Grosch.	Pfen.
Obrist	414	22	6	299	15	7	145	8	–
Obristlieutnat	73	10	6	123^{+}	20	–			
Major	63	23	2	112^{+}	14	–	83^{++}	–	–
Musketiercapitän	45	15	2						
Grenadiercapitän	48	22	10						
Dragonercapitän				74^{+}	16	–			
Rittmeister							45^{++}	8	–
Premierlieutnant	13	18	–	24	8	–	22	16	–
Souslieutnant	11	–	–	19	18	–			
Fähnrich/Kornet	11	–	–	19	18	–	17	16	–
Sergeant/Wachtmeister	4	–	–	6	–	–	5	–	–
Mittelunteroffizier	3	1	6						
Korporal	3	–	–	4	–	–	4	–	–
Tambour	2	–	–	2	12	–			
Pfeifer	2	–	–						
Trompeter							4	–	–
Fahnenschmied				4	–	–	3	–	–
Feldscher	4	3	–	6	14	–	6	14	–
Gefreiter	2	2	9						
Grenadier/Musketier/Dragoner/Husar	2	–	–	2	12	–	2	12	–

Angehörige des Unterstabes

Regimentsquartiermeister	23	23	–	23	18	–	17	18	–
Feldprediger	15	–	–	15	–	–			
Regimentsfeldscher	82	2	–	54	14	–	83	10	9
Regimentstambour	3	12	–	5	–	–			
Hautbois	4	–	–	4	–	–			
Büchsenmacher	4	9	9				4	9	9
Büchsenschäfter	4	9	9				4	9	9
Profoß	2	18	–	4	18	–	–	–	–

$^{+}$ Zulage von 37 Talern, 12 Groschen
$^{++}$ Zulage von 12 Talern, 16 Groschen, 9 Pfennig

Grenadier-Trommler des friderizianischen Heeres

Grenadier-Pfeifer des friderizianischen Heeres

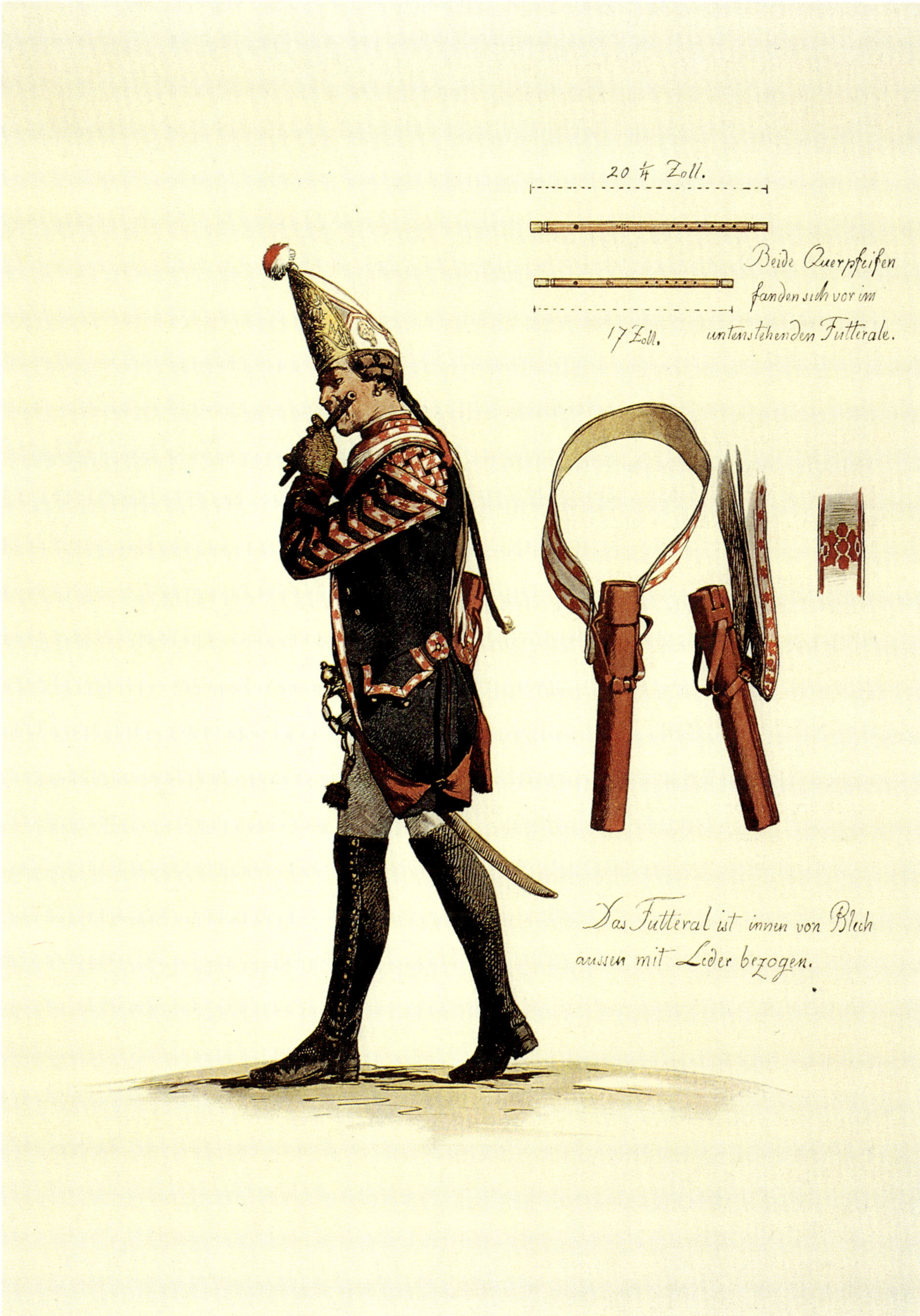

Für die Kompanie- bzw. Eskadronchefs war der durch Freiwächter und Beurlaubte einbehaltene Sold die wichtigste Einnahmequelle. Ein Kompaniechef bzw. Rittmeister verdoppelte bzw. verdreifachte auf diese Weise sein monatliches Einkommen und bezog jährlich etwa 2 100 bis 2 300 Taler aus seiner Kompanie oder Eskadron. Da auch die höheren Stabsoffiziere niemals ihre Kompanien aufgaben, sondern sie lebenslang als Pfründe behielten, betrugen die Einnahmen eines Majors aufgrund seiner höheren Bezüge jährlich etwa 2800 Taler, die eines Obristlieutnants fast 3000 Taler und die eines Obristen über 5000 Taler. Die Einkünfte eines Generalmajors können auf über 6000 Taler, die eines Generalleutnants auf mindestens 7000 Taler vermutet werden.

Dabei überflügelten in der Regel die Kavallerieoffiziere ihre Kameraden von der Infanterie bei weitem. Nicht nur weil der Kostenaufwand – allein für die Pferde – höher angesetzt war, verdienten Rittmeister erheblich mehr. Einige Kavallerieregimenter zogen besonderen Gewinn dadurch, daß sie sich ihre Naturallieferungen durch Geld ablösen ließen. Die Kürrasierregimenter im Magdeburgischen etwa sollten ihre Fouragelieferung aus dem Westfälischen beziehen, was den recht wohlhabenden Bauern dieser Gegend erhebliche Kosten verursachte. Sie lösten diese Verpflichtungen durch Geld ab, was den Regimentern nochmals Mehreinnahmen von über 6000 Talern jährlich bescherte. Die Hoffnung auf den Besitz einer Kompanie war für viele preußische Offiziere in der Tat Ansporn genug, um sich jahrelang mit schmalen Einkünften zu begnügen.

Eine eigentümliche Sitte des Offizierslebens dieser Zeit bestand z. B darin, daß patriarchalische Kompanieführer gemeinsames Mittagessen für ihre Offiziere hielten. Da die Offiziere je nach Einkommen nur unterschiedlich hohe Geld- oder Naturalbeiträge für die Kapitänsküche geben konnten, waren sie auch verpflichtet, unterschiedlich lange am Mittagstisch zu verweilen. Der jüngste Offizier, der Fähnrich, mußte sich vom Mittagstisch bereits empfehlen, ehe der Braten aufgetragen wurde, denn nur der durfte bis zum Schluß am Tisch verweilen, der seinen vollen Anteil gezahlt hatte.

Für die Mehrheit der Offiziere war es deshalb ein tiefer Einschnitt in ihre wirtschaftliche Lage, daß Friedrich II. nach dem Siebenjährigen Krieg die Einkünfte der Kompaniechefs dadurch arg beschnitt, in dem er ihnen die Auslandswerbung entzog und auf eigene Kasse betrieb. Das bislang einbehaltene Geld für Beurlaubte und Freiwächter mußte nun zum größten Teil an die Kriegskasse abgeführt werden. Von 52 Beurlaubten je Kompanie durfte der Kompaniechef nur noch den Sold von zehn einbehalten, der Eskadronchef von 40 nur noch den Sold von zwölf.

Nur wenigen Regimentern, die sich nach Ansicht Friedrichs im Siebenjährigen Krieg bewährt hatten, räumte er die alten Vorrechte ein. Die Kompaniechefs, die sich durch diese Maßnahmen in ihrer Einkommenslage schwer getroffen fühlten, suchten neue Einnahmequellen durch Vermehrung des Freiwächterwesens, durch unredliche Gewinne aus der Bekleidungs- und Fouragewirtschaft. Überdies erhielten die Regimenter durch die königliche Auslandswerbung nicht besseren, sondern schlechteren Ersatz, was sich wiederum auf die Neigung zur Desertion auswirkte. Das Streben, sich trotz königlicher Beschränkungen eine ähnlich günstige Ertragslage zu sichern, trug zu Korruption und elendem Geiz bei, machte die Offiziere zu wuchernden Krämern, mit der sie die militärische Leistungsfähigkeit der Armee ruinierten und schließlich vollends verdarben.

Das öffentliche Bild des Offiziers sank auch dadurch in Ansehen und Geltung, weil sich eine immer größere Kluft zwischen militärischem Anspruch und gesellschaftlicher Realität auftat. Das adlige Offizierskorps verkrustete immer stärker, betonte seinen konservativen Charakter und zeigte sich in seiner Gesamtheit unverhohlen ablehnend gegenüber allen

Neuerungen. Stets auf ein starkes Innenleben fixiert, das sich weitgehend von der Außenwelt abschirmte und seine Werte aus sich selbst zog, büßte es angesichts neuer geistiger, wirtschaftlicher und technischer Entwicklungen seinen Anspruch ein, als führende Elite des Staates zu gelten. Immer anachronistischer dünkten im Zeitalter heraufziehender Bürgerlichkeit die dem späten Mittelalter entlehnten Formen der Heereszucht und der drakonischen Disziplin, die dem Zeitgeist nicht mehr entsprachen. Hier eigentlich in der langjährigen Friedensperiode zwischen 1763 und 1795 – nur kurzfristig und ohne bleibende Wirkung durch den Bayrischen Erbfolgekrieg unterbrochen – begann die Degeneration des Offizierskorps, das sich aus sich selbst heraus nicht aus den starren, ihm übergestülpten Formen, Normen und Fesseln befreien konnte.

Den Herausforderungen der Zeit begegnete die Mehrheit des Offizierskorps nicht mit Offenheit und Flexibiliät, sondern mit noch schrofferer Abgrenzung und Abkapselung. Dazu trug in entscheidendem Maße bei, daß sich das Offizierskorps noch eindeutiger als zuvor als ein exklusives Korps der Edelleute verstand. Hatte man sich nach 1763 von allen Elementen bürgerlicher Herkunft getrennt, nur einige wenige von ihnen durch Nobilitierung integriert, so verschloß man nun auch den aus dem Mannschaftsbestand aufgestiegenen nichtadligen Offiziersaspiranten zunehmend die Möglichkeit, auch nach langen Dienstjahren Mitglied des Offizierskorps zu werden. Da die Armee seit 1763 je länger desto ausschließlicher zu einer gewaltigen Maschinerie zur Unterbringung und Versorgung des Adels verkam, besonders die Abfindung älterer Offiziere zu einem schwärenden Problem wurde, dessen die Krone allein schon durch die nunmehrige Größenordnung selbst durch Gnadenpension oder durch die Ernennung invalider Offiziere zu Landräten, Post- oder Forstmeistern, Kriegs- und Steuerräten usw. nicht Herr wurde, klebte ein immer größerer Teil der Offiziere zäh an seinen Posten.

Die Vertreibung nichtadliger Offiziere aus den Reihen der Armee war bis 1778 derart fortgeschritten, daß das höhere Offizierskorps – Generalität und Stabsoffiziere bis zum Major – keinen einzigen Nichtadligen mehr in seinen Reihen zählte. Es ergänzte sich fast reinrassig aus dem preußischen und deutschen Adel. Die preußischen Provinzen stellten zwar die Mehrheit des Offizierskorps und für Nichtpreußen war es nach 1763 offenkundig fast unmöglich, Generalspositionen in der Armee zu erlangen, doch im Kreis der Stabsoffiziere und des Truppenoffizierkorps dienten Offiziere aus fast allen deutschen Territorialstaaten und auch aus anderen europäischen Ländern. Ähnlich wie die Mannschaften war das Offizierskorps staatlich und national buntscheckig. Von 3258 Kadetten, die von 1740 bis 1786 in die Armee eingestellt wurden, kamen zwar fast 70 Prozent aus den preußischen Stammländern – an der Spitze Pommern mit 811 Kadetten, gefolgt von der Mark mit 549 sowie von Schlesien sowie Ost- und Westpreußen mit jeweils 515 Kadetten – doch kamen immerhin 545 junge Offiziersbewerber aus anderen deutschen Territorialstaaten, namentlich aus den sächsischen Ländern, sowie 264 Kadetten aus außerdeutschen Staaten.

Die Führungspositionen in der preußischen Armee lagen in der Hand eines kleinen elitären Kreises von etwa 660 Offizieren, deren Auswahl Friedrich II. selbst besorgte. Dazu gehörten am Ausgang seiner Regierungszeit über 100 Generale sowie fast ebenso viel Obristen, etwa 70 Obristlieutnante und fast 400 Majore.

Die Zahl der höchsten Offizierschargen war seit dem Siebenjährigen Krieg stetig gesunken. 1786 zählte die Armee nur noch einen Generalfeldmarschall, den Landgraf Friedrich II. von Hessen-Kassel, vier Generale der Infanterie, Prinz Heinrich von Preußen, Prinz Ferdinand von Preußen, den Herzog August Wilhelm von Braunschweig-Bevern sowie Bogislav Friedrich Graf von Tauentzien sowie einen General der Kavallerie, Hans-Joachim von Zie-

Musketier-Trommler des friderizianischen Heeres

Schlacht bei Maxen 1759 nach einem Gemälde von Findenigg

ten. Ihr Durchschnittsalter lag bei über 65 Jahren, was allerdings insofern irreführend war, als vier der höchsten Generale Vertreter der Hocharistokratie waren, die bereits seit Kindesbeinen in den Armeelisten geführt wurden. Das Durchschnittsalter der fünfzehn Generale der Infanterie lag ebenfalls bei 65 Jahren, der jüngste war 44 Jahre, der älteste 75 Jahre und war damit genauso hoch wie das der 36 Generalmajore der Infanterie, deren ältester Vertreter 76 Jahre und deren jüngster 34 Jahre alt war. Mit 52 Jahren erheblich niedriger lag das Durchschnittsalter der sieben Generalleutnants der Kavallerie und etwas unter dem Infanteriedurchschnitt mit 61 Jahren bei den fünfundzwanzig Generalmajoren der Kavallerie. Das höchste Durchschnittsalter wiesen der eine Generalleutnant der Garnisonsregimenter und die fünf Generalmajore dieser Truppe mit weit über 70 Jahren aus.

Für den Bestand der preußischen Armee viel bedenklicher wog indessen das hohe Durchschnittsalter der Obristen bei der Infanterie und Kavallerie. Die meisten standen am Ende des sechsten Lebensjahrzehnts. Der Älteste war 77 Jahre, der jüngste 42 Jahre. Nicht viel jünger waren die Obristlieutnants, deren ältester Vertreter auf 66 Lebensjahre kam und der jüngste auf 48 zurückschauen konnte. Ähnliches galt für die Majore, die sich zumeist in der Mitte der Fünfziger befanden und deren Jüngster immerhin schon 41 Jahre und der Älteste 65 Jahre zählte.

Interessant ist jedoch, daß es nichtadligen Offizieren in den letzten Lebensjahren Friedrich II. wiederum gelang, in untergeordnete Stabsfunktionen einzudringen. 1778 hatte die

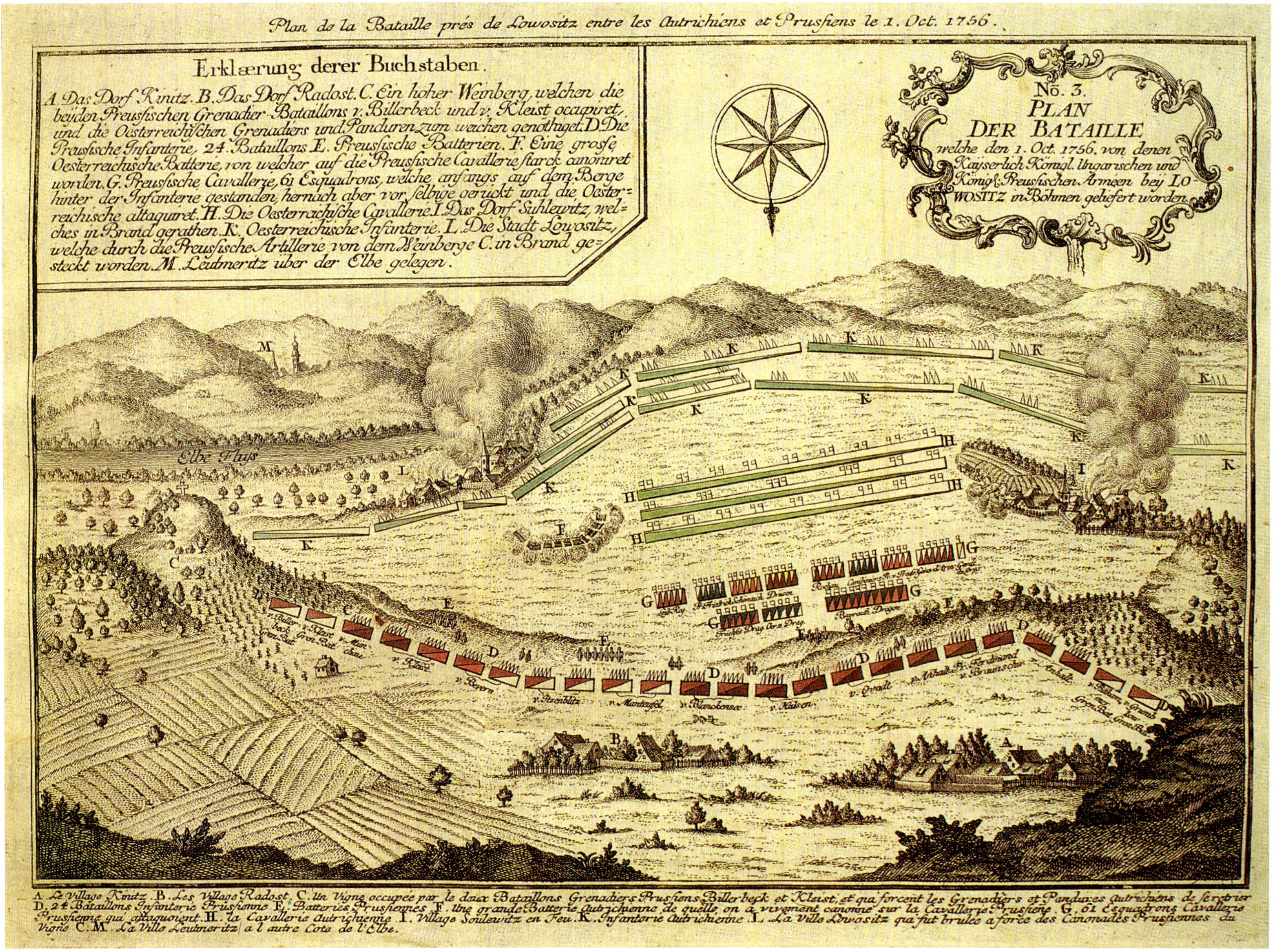

Zeitgenössischer Stich der Schlacht bei Lobositz 1756

friderizianische Armee keinen einzigen nichtadligen Stabsoffizier gekannt. 1784 wiesen die Ranglisten unter 664 Stabsoffizieren 16 nichtadlige Offiziere (2,4 Prozent) aus. Nur einer war Obrist bei der Artillerie, die anderen Majore standen bei den Garnisonsregimentern, den Husaren und der Artillerie.

Die Nachfolger Friedrich II., die Könige Friedrich Wilhelm II. und der III., zeigten sich wenig geneigt, diese soziale Basis des preußischen Offizierskorps anzutasten, ja schränkten sie weiter ein. Trotz erheblicher Erweiterung des Offizierskorps auf 7096 Offiziere bis zum Jahre 1806 befanden sich nur 30 Offiziere nichtadliger Herkunft in den Rängen des Stabsoffizierskorps. Und obgleich die Zahl aller bürgerlichen Offiziere in der Armee auf 659 angestiegen war, darf doch füglich bezweifelt werden, ob sie im Vergleich zur friderizianischen Armee damit einen wesentlich höheren Anteil am gesamten Offizierskorps ausmachten. Die Verteilung nämlich auf die einzelnen Truppengattungen blieb fast gleich: 83 nichtadlige Offiziere dienten in Garnisonsregimentern, 289 bei der Artillerie, 84 bei der Kavallerie, davon 78 bei den Husaren, 82 waren im Invalidenkorps angestellt, 76 bei der leichten Infanterie und

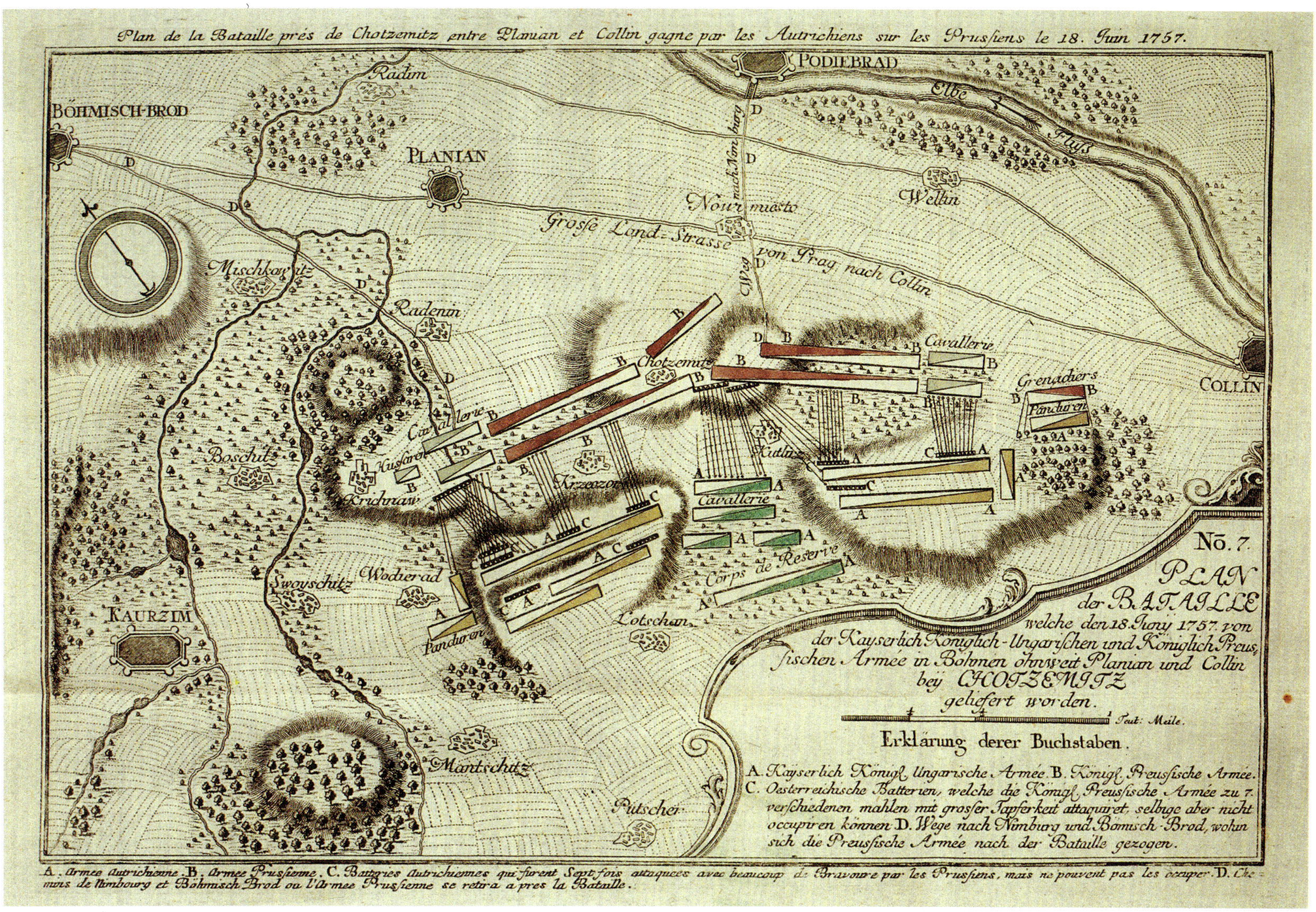

Zeitgenössischer Stich der Schlacht bei Kolin 1757

nur 9 war die Ehre angetan worden, in den altgedienten Linieregimentern der Infanterie stehen zu dürfen. Was also 1806 in der altpreußischen Armee als nichtadliges Offizierskorps galt, stand zum ganz überwiegenden Teil im Aussterbeetat der Armee, waren zumeist altgediente Unteroffiziere oder Feldwebel, die es an ihrem Lebensabend noch zum Offizier gebracht hatten.

Die Beschränkung des Rekrutierungspotentials auf den Adel und ihre Fortschreibung bei der Besetzung der Führungspositionen hatte zur Folge, daß die Armeeführung am Vorabend der Schlacht bei Jena-Auerstedt noch weitaus überalterter war als 1786. Von den 142 Generalen der Armee waren vier über 80 Jahre alt, 13 über 70 und 62 über 60. Auch bei den Stabsoffizieren von Obrist bis Major waren die meisten in einem Lebensalter, in dem sie den Ruhestand verdient hätten. Von 65 Regimentsobristen waren nur 38 unter 60 Jahren, von 281 Majoren nur 85 unter 50 Jahren. Nicht besser die Verhältnisse bei der Kavallerie: von 27 Generalmajoren waren 26 zwischen 54 und 70 Jahren, von 44 Obristen waren nur 6 unter fünfzig Jahren.

Dieses Offizierskorps war nicht nur alt, es dachte in seiner Mehrheit auch in überalterten Kategorien. Bei Jena und Auersted erlitt dieses genokratische Offizierskorps eine derart vernichtende Niederlage, die für Jahrzehnte zu einem Trauma des preußischen Offizierskorps werden sollte und wohl nur vergleichbar mit der des deutschen Offizierskorps nach der Wende im Zweiten Weltkrieg ist. Indes: auf den Schlachtfeldern von Jena und Auerstedt war ein bestimmter Offizierstypus untergegangen, der sich seit 1763 in der altpreußischen Armee ausgewuchert hatte. Positiv von Bestand blieb jedoch das Funktionsbild des preußischen Offiziers, wie es sich seit den ersten Jahrzehnten des 18. Jahrhunderts herangebildet hatte: vo allem die hohe Professionalität, die über 50 Prozent des Offizierskorps der alten Armee in die Lage setzte, den organisatorischen Kitt jener Armee abzugeben, die 1813/1815 die Befreiungskriege durchfocht.

ORDEN UND AUSZEICHNUNGEN IN DER ARMEE

Die preußische Armee kannte bis 1740 nur Orden, die zumeist nur an Vertreter der Hocharistokratie verliehen wurden. Der wichtigste war der von König Friedrich I. am 17. Januar 1701 gestiftete Schwarze Adlerorden, der nur demjenigen erteilt werden sollte, «der aus rechtem, aufrichtigem altem adligen rittermäßigen Geschlechte entsprossen und acht Ahnen beibringen kann.» Er ging deshalb nur an Fürsten, Minister, hohe Diplomaten und Generalleutnante der Armee. Der älteste preußische Orden «De la Générosité», am 8. Mai 1667 gestiftet, war in den Augen Friedrich II. durch seine ziemlich wahllose Verteilung auch an Werbeoffiziere, die Friedrich Wilhelm I. große Rekruten bescherten, derart entwertet, daß er ihn kurz nach seiner Thronbesteigung im Juni 1740 durch den Orden «Pour le Mérite» ersetzte. Das blauemaillierte Malteserkreuz sollte bis 1813 bzw. bis 1918 die wichtigste militärische Auszeichnung der preußischen Armee werden. Seine ersten Träger waren Friedrich Wilhelm Marquis de Varenne, der Minister Samuel von Marschall und der Obrist und spätere Stadtkommandant von Berlin Hans Christoph Hacke. Blieb der Schwarze Adlerorden zumeist der hohen adligen Generalität, preußischen Prinzen und wenigen Ministern vorbehalten – von 132 Verleihungen des Schwarzen Adlerordens von 1740 bis 1782 entfielen 98 auf hohe Generale – so stellte das «Pour le Mérite» die aristokratisch-demokratische Ergänzung dazu dar. Seine Verleihung erfolgte vornehmlich an Offiziere, doch berücksichtigte er eher als der Schwarze Adlerorden wirkliches Verdienst und tatsächlich bewiesene Tapferkeit. Wie der Verleihung von Orden zwar stets in mehr oder minder starkem Maße das Moment der Zufälligkeit anhaftet, durch Orden und Auszeichnungen zu keiner Zeit eine gerechte Würdigung aller Verdienste und Leistungen erfolgt, so war doch Friedrichs Auszeichnungspolitik in besonders hohem Grade von subtiler Subjektivität geprägt. Insgesamt verlieh Friedrich II. das «Pour le Mérite» fast eintausend Personen. Ihn erhielten zumeist Truppen- und Stabsoffiziere. Er war gleichsam der Orden für den mittleren Offizier der preußischen Armee, der sich besonderer Verdienste rühmen konnte. Allerdings mußte er sich zu einem Zeitpunkt auszeichnen, da auch der Monarch geneigt war, Außerordentliches anzuerkennen. In den meisten Fällen ging der «Pour le Mérite» wie ein warmer Regenguß über Regimenter und Bataillone nieder, die sich in Anwesenheit Friedrichs in Schlachten und Gefechten besonders hervorgetan hatten. Er wurde dann unabhängig vom persönlichen Anteil eines Offiziers nahezu ausgeschüttet. Zum ersten Mal war dies nach dem grandiosen Sieg bei Hohenfriedberg der Fall, als alle Stabsoffiziere und Hauptleute des 2. und 3. Bataillons Garde wie der Infanterieregimenter Hacke und Bevern mit dem «Pour le Mérite» ausgezeichnet wurden. Ähnliches geschah nach der Schlacht bei Kesselsdorf, als ebenfalls alle Offiziere des Infanterieregimentes Nr. 30 diesen Orden erhielten.

Standarte des Regiments zu Pferde Hennigs von Treffenfeld 1677 (Vorder- und Rückseite)

Fahne des Dragoner Regiments von Derfflinger 1680 (Vorderseite)

Der Orden Pour le Mérite

Friedrich Wilhelm von Seydlitz 1721–1773 nach einem Gemälde von Franke

Die nachgewiesen größte Ordensausschüttung geschah anläßlich der ersten Schlacht des Siebenjährigen Krieges, der Schlacht bei Lobositz am 1. Oktober 1756, als 52 Offiziere das «Pour le Mérite» erhielten. Bei anderen Bataillen des Krieges hielt sich Friedrich sichtlich zurück, denn selbst die noch für die Schlachten bei Roßbach, Leuthen, Liegnitz und Torgau verteilten Orden erreichten bei weitem nicht mehr die Zahl von Lobositz. Es kann geschätzt werden, daß für die drei schlesischen Kriege etwa 800 «Pour le Mérite» verliehen wurden. Kargte Friedrich II. in den ersten beiden schlesischen Kriegen und zu Anfang des Siebenjährigen Krieges nicht mit Auszeichnungen, so wurden im Laufe des Krieges immer weniger Orden ausgeteilt. Die größte Chance für eine Auszeichnung hatten Offiziere in jenen Regimentern, die sich in einer Schlacht vor den Augen Friedrichs besonders bemühten, bevorzugt waren dabei die märkischen und magdeburgischen Einheiten, sowie kühne Handstreiche kleiner Verbände, wovon besonders Husaren profitierten. Im Bayrischen Erbfolgekrieg, alles andere als ein preußisches Ruhmesblatt, wurden 82 Offiziere mit diesem Orden ausgezeichnet. Verleihungen im Frieden erfolgten bei erfolgreichen Revuen, für Denkschriften, Vorschläge (z. B. die Einführung des konischen Zündloches durch Leutnant Christian Wilhelm von Freytag 1781) u. ä. Ausnahmen waren die Verleihungen des «Pour le Mérite» an Zivilpersonen. Sie wurden an die Friedrich nahestehenden französischen Aufklärer Francois-Marie Voltaire (1750), Pierre Louis Morea de Maupertois und Francesco Algarotti vorgenommen, aber auch an seinen Minister Samuel von Marschall oder den Landrat von Eckwricht. Unter Friedrichs Nachfolgern verkam das «Pour le Mérite» zu einem Routineorden, der Dutzendweise für militärische Bagatellen verliehen wurde, offenbar 1813 mit ein Hauptgrund, durch das Eiserne Kreuz einen neuen, unbelasteten Tapferkeitsorden zu stiften.

Bei der Auszeichnung mit dem Schwarzen Adlerorden wurde indessen hocharistokratische Exklusivität gewahrt. Erfolgreiche Generale erhielten ihn üblicherweise bei ihrer Beförderung zum Generalleutnant oder wenn sie sich besonders hervortaten. Ausnahmen von der Regel stellten die erfolgreichen Kavallerieführer Friedrich Rudolph Graf von Rothenburg und Friedrich Wilhelm von Seydlitz dar, die für Chotusitz (1742) bzw. für Roßbach (1757) schon als Generalmajore mit dem Schwarzen Adlerorden beliehen wurden.

Eine andere Art der Belohnung militärischer Verdienste bestand darin, daß mit der Verleihung des «Pour le Mérite» gelegentlich auch Geldgeschenke bis zu 500 Talern verbunden waren. Bei einer überlieferten Gelegenheit erstreckte sich das Geldgeschenk auch auf Soldaten, nämlich die des Infanterieregiments Nr. 31, die sich bei Kunersdorf so ausgezeichnet hatten, daß der König jedem Soldaten acht Groschen auszahlen ließ.

Die höchste Ehrung, die Friedrich seinen Generalen angedeihen ließ, bestand nach ihrem Tode in der Errichtung von Denkmalen, mit der er den Wilhelmsplatz in Berlin in ein preußisches Walhalla umwandelte. Diese Auszeichnung wurde 1769 dem Feldmarschall Kurt Christoph von Schwerin zuteil, 1777 dem General Hans Karl von Winterfeldt, 1784 Friedrich Wilhelm von Seydlitz und 1786 dem Feldmarschall Jakob von Keith.

ORGANISATION DER PREUSSISCHEN ARMEE

Struktur und Organisation der Infanterie

Die organisatorischen Formen der brandenburgisch-preußischen Armee bildeten sich in einem langwierigen Prozeß heraus und fanden wesentlich ihren Abschluß durch die Reglements von 1713, 1726 und 1743, die nur noch geringfügig durch die friderizianischen Reglements von 1766 und 1773 ergänzt wurden. Die nach dem Tode Friedrich II. vorgenommenen Neugliederungen von 1788 waren nur von kurzem Bestand, ehe sie dann am 1. Juni 1799 wieder auf den überlieferten Stand des Großen Königs zurückgeschraubt wurden.

Entsprechend der Kriegsgepflogenheiten des Dreißigjährigen Krieges, bei denen die Regimentsinhaber die entscheidende militärische Bezugsgröße darstellten, übernahm Kurfürst Friedrich Wilhelm zunächst buntgescheckte, ganz unterschiedlich starke Regimenter zu Fuß oder zu Pferd, deren Kompaniegrößen sich beim Fußvolk zwischen acht bis zwölf Kompanien, bei den Regimentern zu Pferd zwischen sechs bis acht Kompanien bewegten. Als Durchschnittsgröße bei den Infanteriekompanien ergab sich eine Zahl von etwa 100 Mann, eine in Preußen offenbar magische Größe, innerhalb deren über Jahrhunderte der Umfang einer Kompanie schwankte. Erst in den achtziger Jahren des 17. Jahrhunderts bildeten sich in Brandenburg-Preußen feste organisatorisches Formen innerhalb der Regimenter heraus, wesentlich bedingt durch die Finanzierung und Planung der Geldmittel durch den Kurfürsten.

Ein Regiment setzte sich nunmehr aus acht bis zehn Kompanien zusammen, deren Mannschaftszahl etwa 100 Soldaten betrug. Zu einer festen Organisationsform kam es insofern nicht, als die häufigen Kriege, in die Brandenburg-Preußen zwischen 1690 und 1713 verwikkelt war, jeweils die Abweichung von der Norm nahezu zur Regel machte. Das Regiment und die Kompanie bildeten dabei jeweils die juristische, admistrative und wirtschaftliche Grundeinheit jedes militärischen Verbandes. Beim Gefechtseinsatz wurden mehrere Kompanien – zwei bis vier – bis 1677 in sogenannte Eskadrons, später in Bataillons eingeteilt.

Von Anfang an bestand zwischen der administrativen und der taktischen Organisation ein widersprüchliches Verhältnis, das mitunter zu grotesken Konsequenzen führte.

Die erste organisatorische Normierung der preußischen Armee wurde am 18. Mai 1713 durch eine neue Verpflegungsordonanz angeordnet, die ergänzt wurde durch das am 28. Februar 1714 erlassene Reglement für die Infanterie. Seinen Abschluß fand es mit dem erweiterten Reglement für die Infanterie vom 26. April 1717.

Die Stärke eines Infanterieregiments wurde darin auf 1390 Mann festgelegt. Ein Regiment bestand aus zwei Bataillonen und zehn Musketierkompanien. Es zählte 40 Oberoffiziere, 110 Unteroffiziere, 30 Tambours, 130 Grenadiere und 1080 Musketiere. Es war ferner gegliedert in den Unterstab, der einen Regimentsquartiermeister, einen Feldprediger, einen Auditeur,

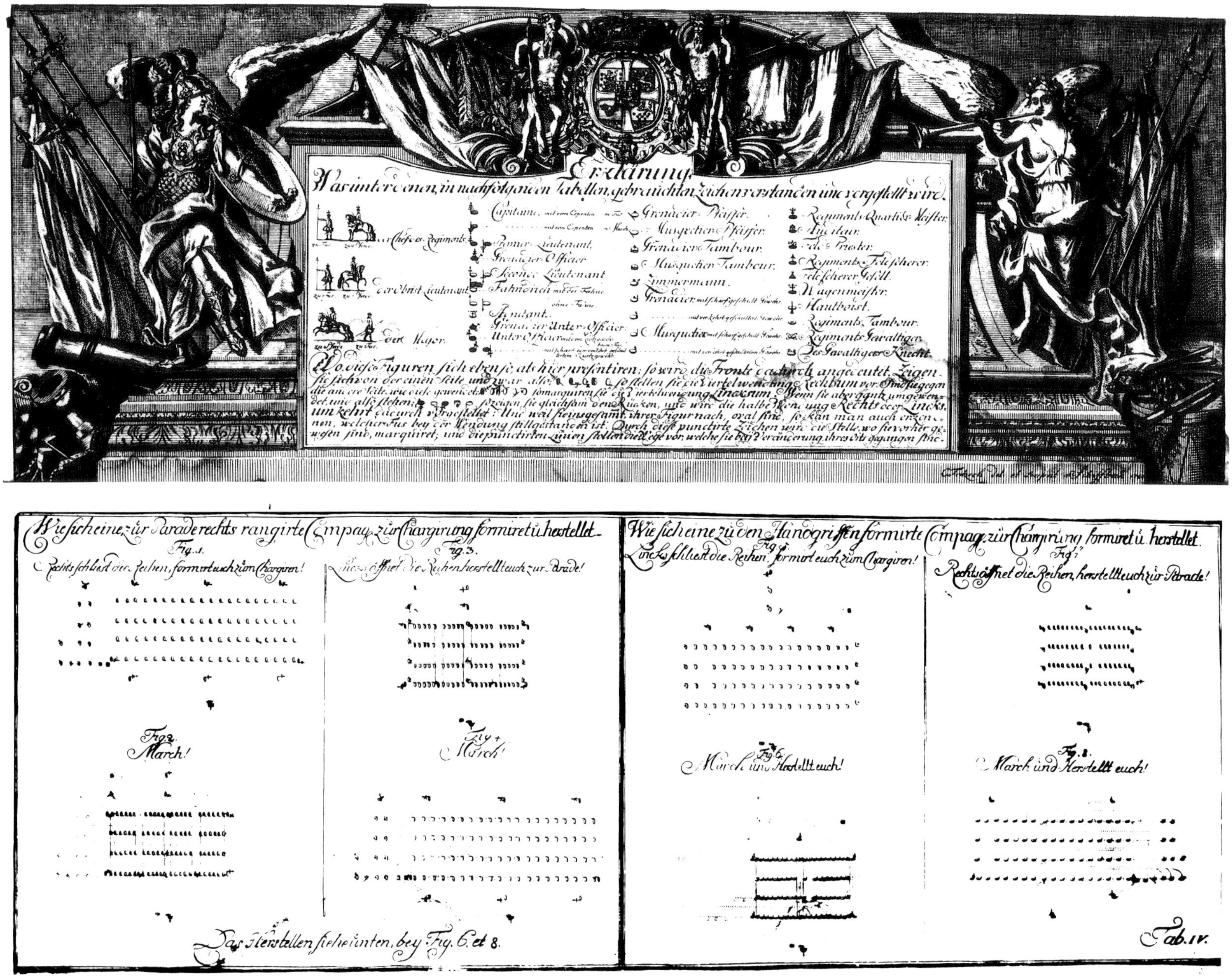

Rangierung und Chargierung einer preußischen Kompanie Musketiere zur Ausbildung und zur Parade nach dem Exerzierreglement von 1743

einen Regimentsfeldscher, zehn Kompaniefeldschere, sechs Pfeifer, einen Regimentstambour, sechs Hautbois, einen Büchsenmacher, einen Schäfter und einen Profoß umfaßte. Jedes Bataillon zählte 20 Offiziere, 55 Unteroffiziere, 15 Tambours, 3 Pfeifer, 65 Grenadiere und 540 Musketiere. Die Musketierkompanie schließlich setzte sich aus vier Oberoffizieren (einem Kapitän, einem Premierlieutnant, einem Secondlieutnant und einem Fähnrich), elf Unteroffizieren (vier Sergeanten, drei Mittelunteroffizieren und vier Korporalen), drei Tambours, einem Feldscher, dreizehn Grenadieren, darunter einem Zimmermann, und 108 Musketieren zusammen. Die Kompaniestärke betrug 140 Mann.

Die Kompanie war in vier Züge unterteilt und innerhalb der Züge in Kameradschaften, die sich meist aus der Zeltgemeinschaft von sechs bis sieben Mann zusammensetzte. Die Aufstellung der Kompanie erfolgte strikt nach der Größe. Dazu waren die Kompaniechefs ange-

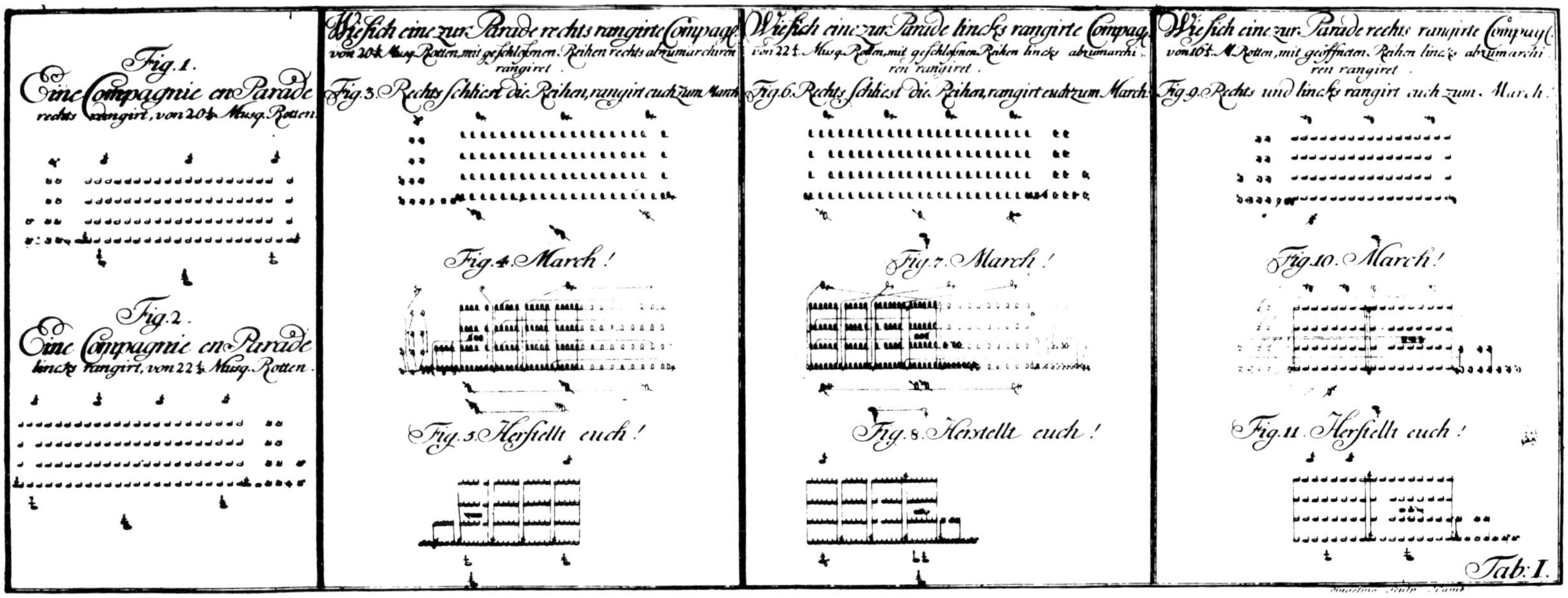

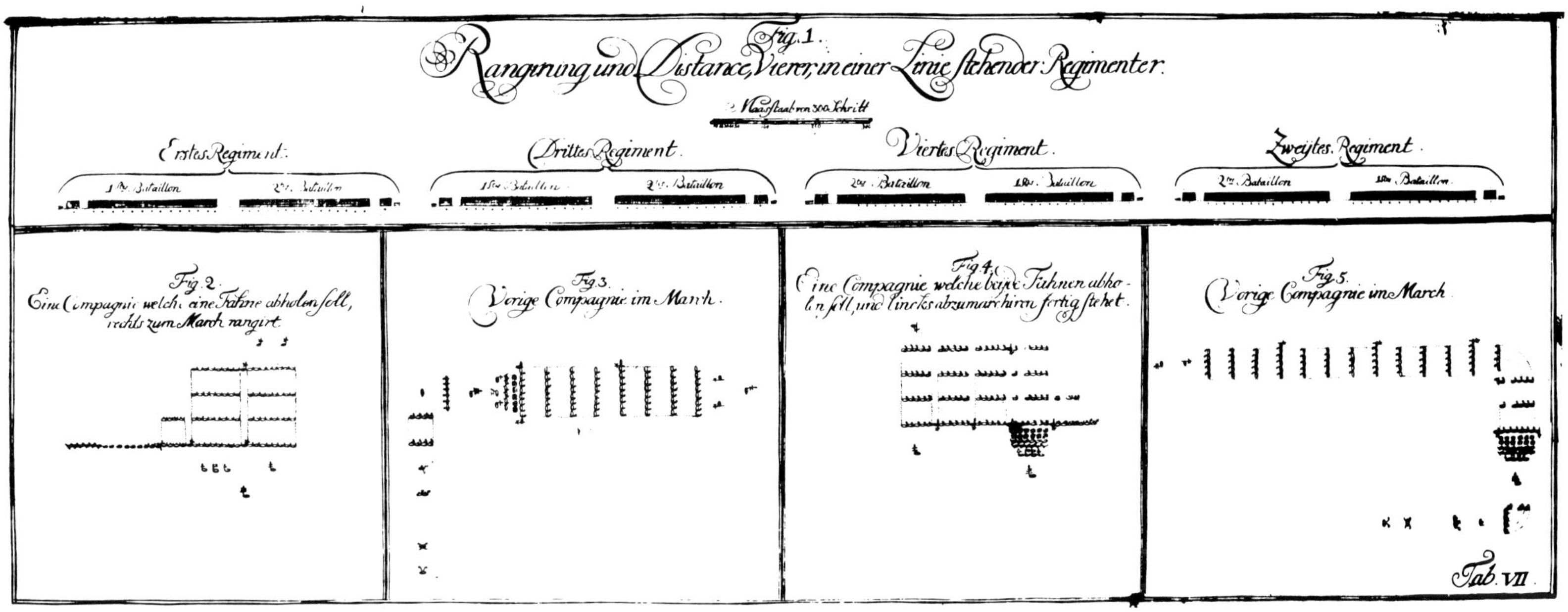

halten, eine Rangierrolle führen zu lassen und den Soldaten dementsprechend einzugliedern, «damit ein jeder Kerl sein Glied, Vorder-Mann und Neben-Mann wissen, und sich selbst rangiren kan.»

Die größten Soldaten wurden ins erste Glied gestellt, die zweitgrößten ins vierte Glied, die drittgrößten ins zweite Glied und die Kleinsten ins dritte Glied. Aus diesem dritten Glied wurden die Grenadiere ausgesucht, bei denen der König sich ausbedungen hatte, sie müßten gut marschieren können und nicht über 35 Jahre alt sein. Auch die Unteroffiziere wurden entsprechend ihrer Größe auf die Züge aufgeteilt. Die Größten standen jeweils auf dem rechten Flügel der vier Züge, vier hinter den Zügen und der Kleinste befand sich bei den Grenadieren. Auch der Standort der Offiziere war genau festgelegt: der Kapitän stand vor dem ersten Zug, der Fähnrich vor dem zweiten, der Secondlieutnant vor dem dritten und der Pre-

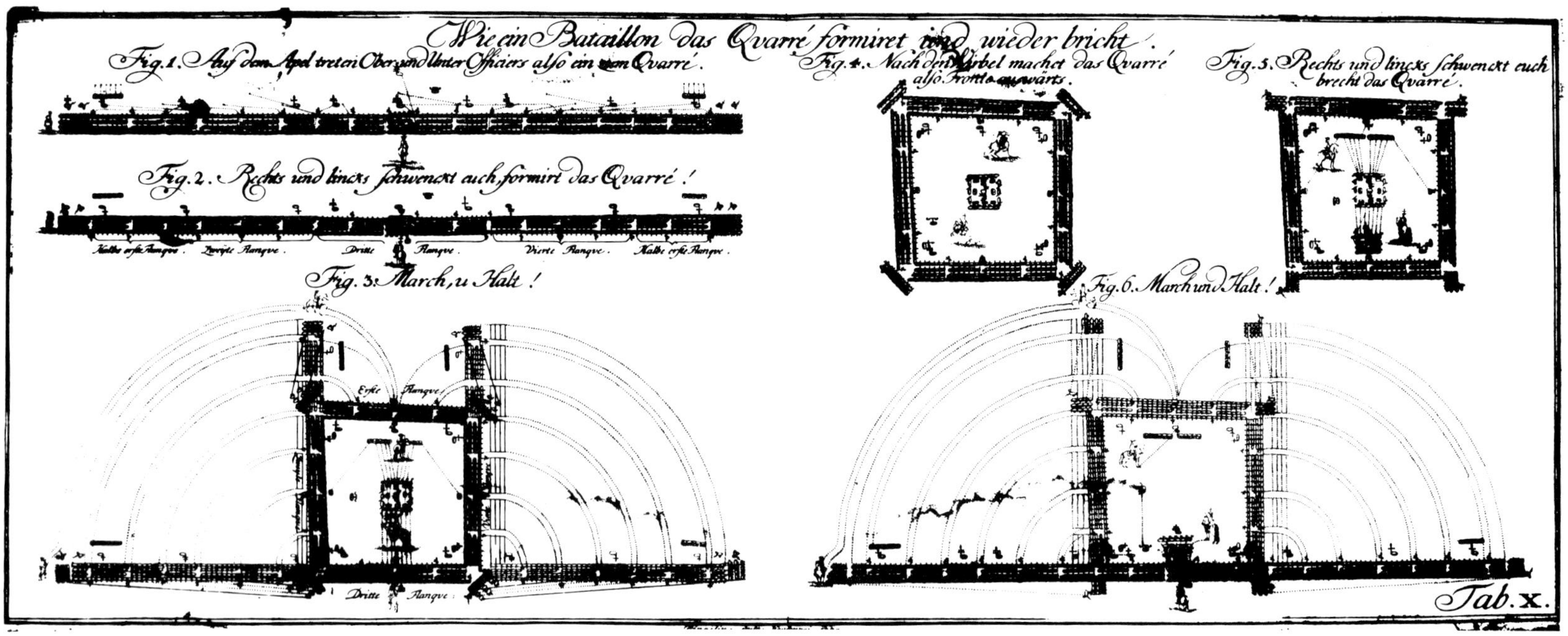

Formierung eines Bataillonskarres nach dem preußischen Exerzierreglement von 1743

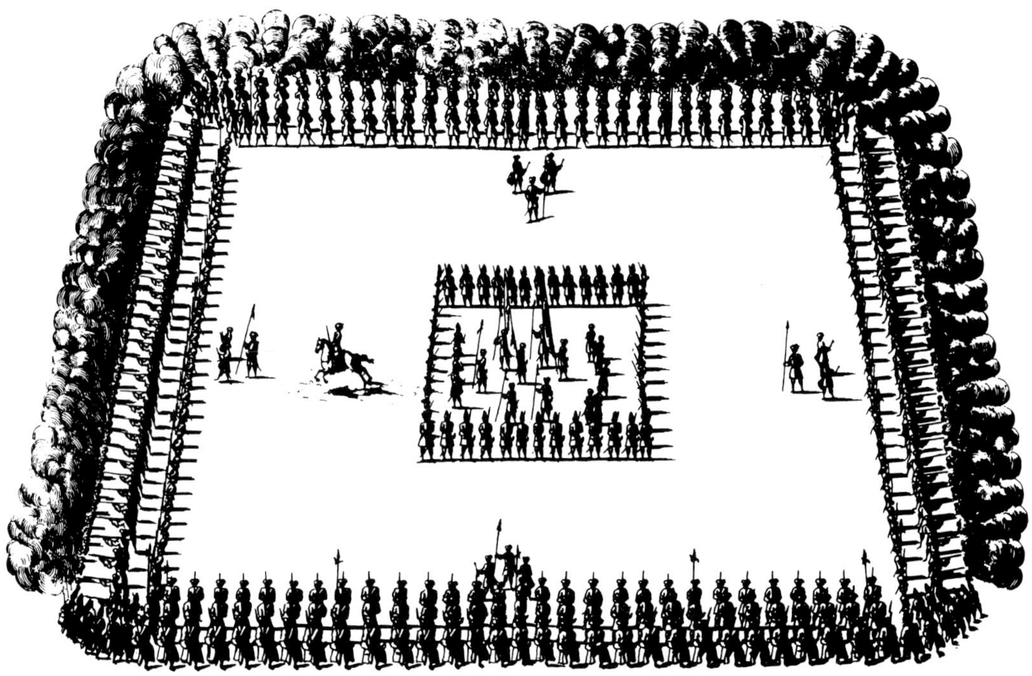

Formierung eines Bataillonskarres nach Fleming 1726

mierlieutnant vor dem vierten Zug. Formierten sich die Kompanien zum Bataillon, so mußten sich die Soldaten und Unteroffiziere ebenfalls jeweils nach der Größe rangieren, was den Kompanieverband auflöste.

Diese Grundgliederung der preußischen Infanterie blieb bis 1735 bzw. bis zum ersten friderizianischen Reglement von 1743 gültig. Der wichtigste Einschnitt, den das neue Reglement von 1735 brachte, war die Bildung von je zwei Grenadierkompanien im Regiment, die

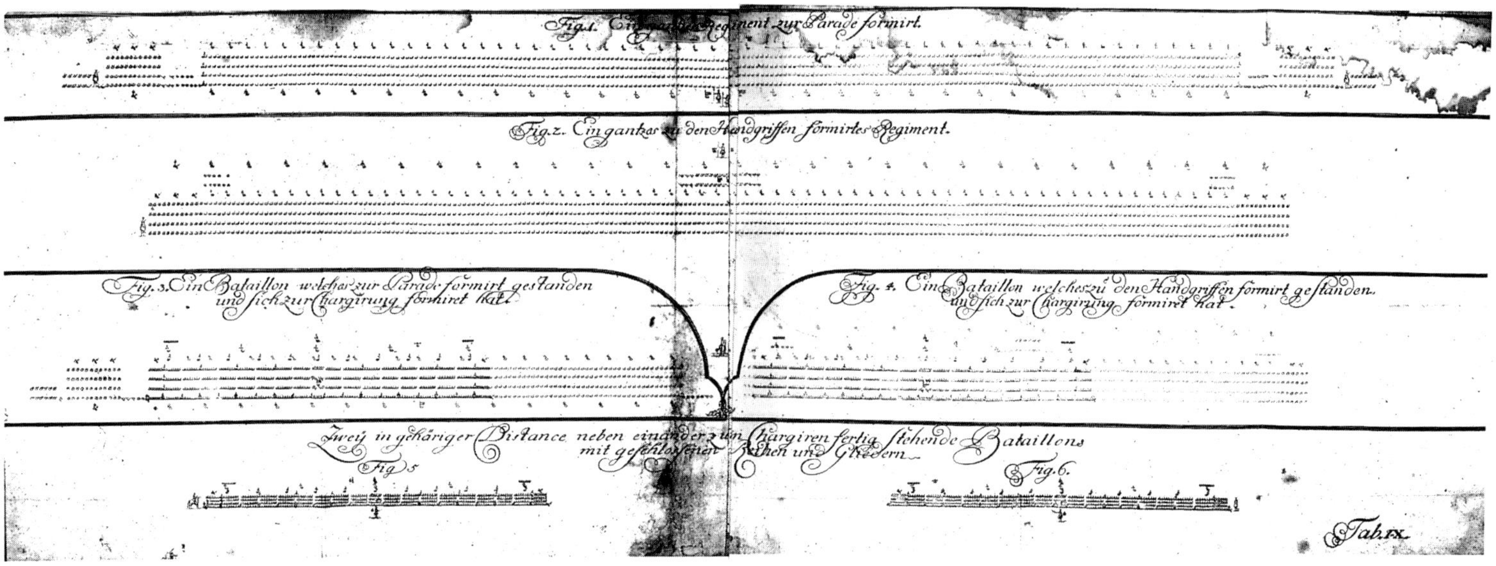

Formierung und Chargierung eines preußischen Infanterie-Regiments zur Parade und zur Ausbildung nach dem Infanteriereglement von 1743

Aufstellung eines Infanterie-Regiments zur Parade und seine Lagerordnung nach Fleming 1726

jeweils auf ein Bataillon aufgeteilt wurden. Außerdem wurde die Aufstellung in vier Glieder durch eine dreigliedrige ersetzt. Die größten Soldaten standen weiterhin im ersten Glied, die zweitgrößten im dritten Glied und die Kleinsten im zweiten Glied. Die Stärke eines friderizianischen Infanterieregimentes erhöhte sich auf 1597 Mann sowie einen Unterstab und setzte sich aus 50 Oberoffizieren, 118 Unteroffizieren, 37 Tambours, 252 Grenadieren und 1 140 Musketieren zusammen. Eine Grenadierkompanie zählte 145 Mann, eine Musketier-

Aufstellung eines Bataillons Infanterie zum Feuergefecht nach Fleming 1726

kompanie 132 Mann. Die Musketiere standen zu vier Zügen dreigliedrig in 38 Rotten, die Grenadiere ebenfalls in vier Zügen zu 40 Rotten.

Wurde das Regiment zum Bataillon formiert, so gruppierte der damit beauftragte Offizier die fünf Musketierkompanien in vier Divisionen zu je zwei Zügen um, so daß nunmehr eine völlig neue Formation von acht taktischen Zügen entstand, die die Bezeichnung Peletons trugen, die eine Bataillonsfront bildeten. Jeder taktische Zug zählte 72 bzw. für die letzten beiden Züge 69 Musketiere, die sich in drei Gliedern zu 24 bzw. 23 Mann formierten. Auf diese taktischen Züge wurden die Ober- und Unteroffiziere neu eingeteilt. Die Offiziere nach dem Dienstalter, die Unteroffiziere nach der Größe, was zur Folge hatte, daß die Soldaten im Gefecht nicht dem Vorgesetzten unterstanden, von dem sie ausgebildet wurden.

Die Grenadierkompanien dagegen schieden bei Manövern oder im Krieg aus dem Regimentsverband aus und bildeten mit zwei Kompanien eines anderen Regimentes ein selbständiges Grenadierbataillon. Die Ursprünge der Grenadiere lassen sich in der preußischen Armee bis 1681 zurückverfolgen, wo jede Kompanie aufgefordert wurde, je sechs Mann für das Werfen von Handgranaten abzustellen. Diese Handgranaten waren zwei Kilogramm schwere gußeiserne Hohlkugeln, deren Gebrauch nicht nur erhebliche Kraft, sondern auch großen Mut erforderte. Die Grenadiere nahmen insofern eine Sonderstellung in der preußischen Infanterie ein, als man bei ihrer Rekrutierung nicht so sehr auf Größe sah, als auf kräftige Konstitution des Soldaten achtete. Um Größenersatz zu schaffen, gehörte zu ihrer Ausrüstung eine hohe Grenadiermütze. Ihr zahlenmäßiger Anteil an der preußischen Infanterie stieg von rund zehn Prozent (1729) auf durchschnittlich achtzehn bis siebzehn Prozent (1755–

1763) an. Durchschnittlich standen 16000 Grenadiere während des Siebenjährigen Krieges in der preußischen Armee. In den Schlachten des schlesischen Krieges bildeten Grenadiere häufig den Stoßtrupp der Infanterie, der in der Avantgarde zusammengefaßt war.

Ihre Herauslösung aus dem jeweiligen Regimentsverband, militärisch nicht die glücklichste Lösung, veranlaßte den Nachfolger Friedrich II., Friedrich Wilhelm II., 1788 die Infanterieregimenter um jeweils ein Grenadierbataillon aufzustocken. Doch diese Regelung blieb nur knapp zehn Jahre in Kraft. Friedrich Wilhelm III., ganz im Banne des friderizianischen Militärerbes, ordnete zum 1. Juni 1799 wiederum die Auflösung der Grenadierbataillone zugunsten von Kompanien an, die sich erneut erst bei drohender Gefahr mit den Kompanien anderer Regimenter zu selbständigen Bataillonen formierten.

Gliederung und Stärke der Musketiereinheiten der preußischen Armee blieben für nahezu hundert Jahre relativ konstant. Auch 1799 zählte die preußische Musketierkompanie 120 Soldaten und die Grenadierkompanie 150 Mann. Insofern veränderte sich auch die Bataillonsstärke zwischen 1726 und 1806 nur unbeträchtlich.

Stärke eines preußischen Musketierbataillons

	1726	1743	1806
Offiziere	20	25	23
Unteroffiziere	55	59	61
Feldschere	5	6	5
Spielleute	18	22	16
Artilleristen	-	-	17
Schützen	-	-	50
Musketiere	540	570	600
Grenadiere	60	126	-
Zimmerleute	5	6	10
	703	814	782

Grenadiere und Musketiere bestimmten das Bild der preußischen Infanterie in den drei schlesischen Kriegen. Ihnen zur Seite traten seit 1723 zwei vor allem aus Garnisonsregimentern umgebildete Füsilierregimenter. Ihre Entstehung verdankten sie ausschließlich der Tatsache des preußischen Größenwahns, was die Stattlichkeit der Soldaten anging. Sie durften nämlich Soldaten einstellen, die von der Größe her sonst keine Gnade vor den Regimentsinhabern der Linieneinheiten gefunden hätten. In ihrer Stärke und Ausrüstung unterschieden sie sich von den übrigen Infanterieregimentern in keiner Weise. Um indes ihre geringere Körpergröße ein wenig auszugleichen, erhielten sie den Grenadiermützen ähnelnde hohe Kopfbedeckungen. Friedrich II. fügte der Armee im Zuge ihrer Ausweitung weitere Füsilierregimenter hinzu. 1743 entstanden zwei, 1744 vier weitere. 16 der 23 von Friedrich II. aufgestellten neuen Infanterie-Regimenter wurden Füsilierregimenter genannt. Im Jahre 1756 zählte das Füsilierregiment Nr. 35 42 Oberoffiziere, 100 Unteroffiziere, 38 Spielleute und 1320 Füsiliere, die in zehn Kompanien gegliedert waren. Statt zwei Grenadierkompanien verfügte es über ein selbständiges Grenadierbataillon, das in seinen vier Kompanien 18 Oberoffiziere, 36 Unteroffiziere, 20 Spielleute, 28 Zimmerleute und 560 Grenadiere zählte. Da sie kleinere Leute hatten, erhielten sie vor dem Siebenjährigen Krieg Gewehre, die eine Handbreit kürzer waren, als die der alten Regimenter. Aufgrund dieser Tatsache sowie des Umstandes, daß sie ihre Rekruten zumeist über die Auslandswerbung bzw. aus den neueroberten schlesischen Provinzen zogen, galten die Füsilierregimenter Friedrich II. als zweit-

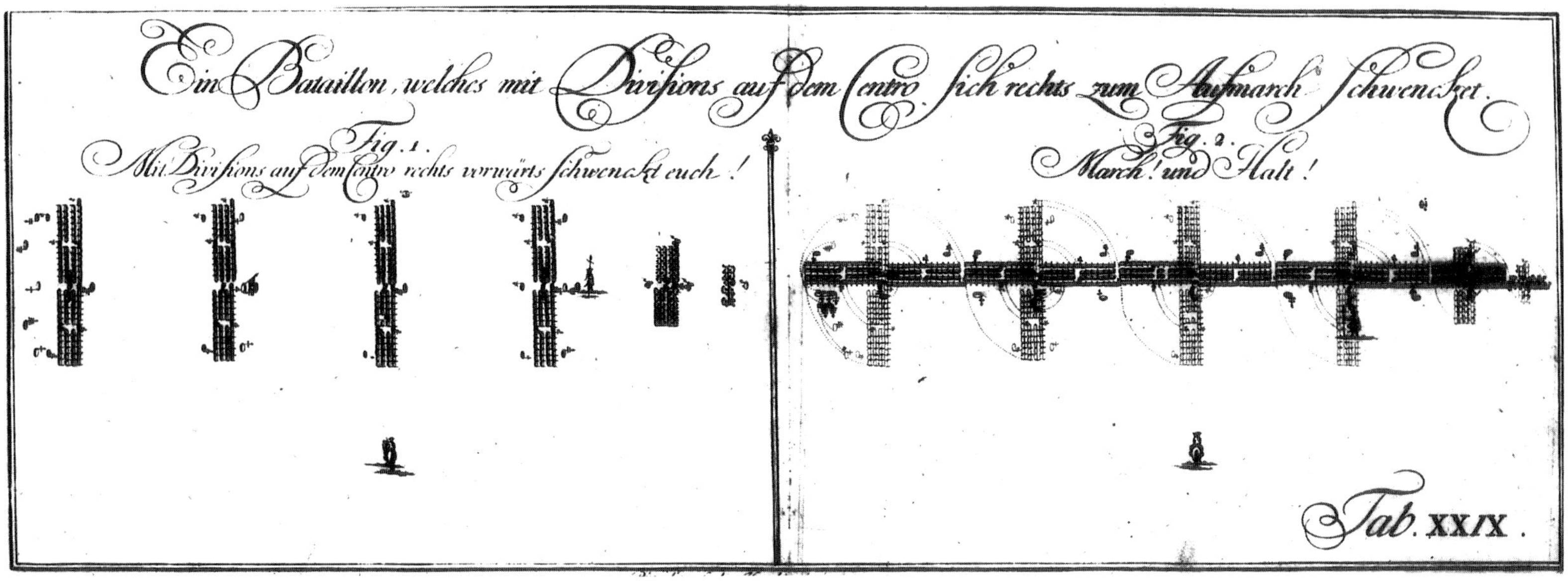

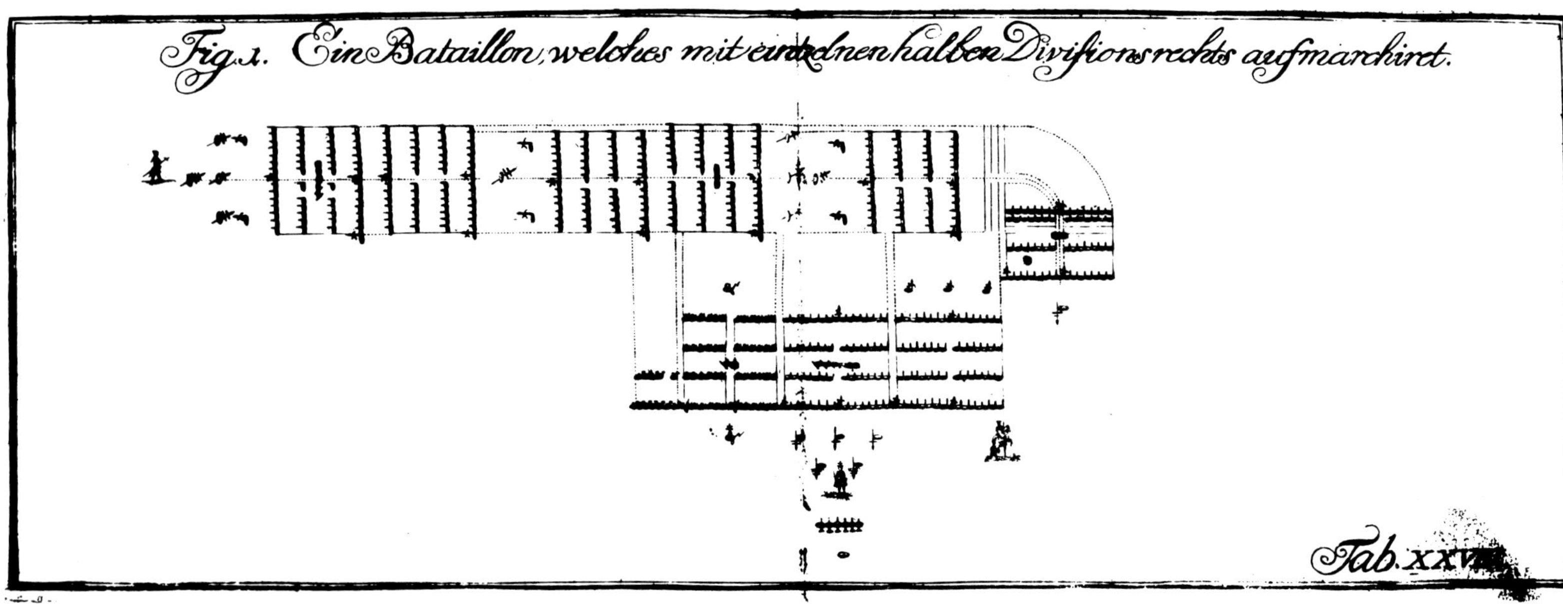

Bewegungsformen der preußischen Infanterie bei Übergang von der Marschordnung zur Schlachtordnung nach dem Infanterie-Reglement von 1743 (s. auch S. 81)

rangig. In der Schlachtordnung erhielten sie zu Beginn des Siebenjährigen Krieges zumeist einen Platz im zweiten Treffen.

Die Füsiliere der preußischen Infanterie wurden von Friedrichs Nachfolger aufgewertet. Unter ihrer Regierung wurden 1787 vor allem aus den zuverlässig angesehenen Mannschaften der Garnisonsregimenter 20 Füsilier-Bataillone gebildet, die den Kern einer leichten Infanterie abgaben. Vorwiegend aus Freiwilligen gezogen, mit höherer Besoldung bessergestellt und mit gezogenen Gewehren ausgerüstet, sollten sie durch Postenketten die Desertion einschränken, Patrouillengänge machen, Überfälle übernehmen, Flanke und Rücken der Armee decken und in der Schlacht die Avant- oder Arrieregarde bilden.

Das am 24. August 1788 eigens für sie erlassene Reglement sah zur besseren Ausnutzung der Feuerwaffe eine zweigliedrige Aufstellung vor, eine für die in friderizianischen Traditionen erzogene Armee revolutionäre Neuerung. Alle Füsiliere wurden für das Schützengefecht ausgebildet, aber nur ein Teil von ihnen dafür eingesetzt, weil man sich noch nicht völ-

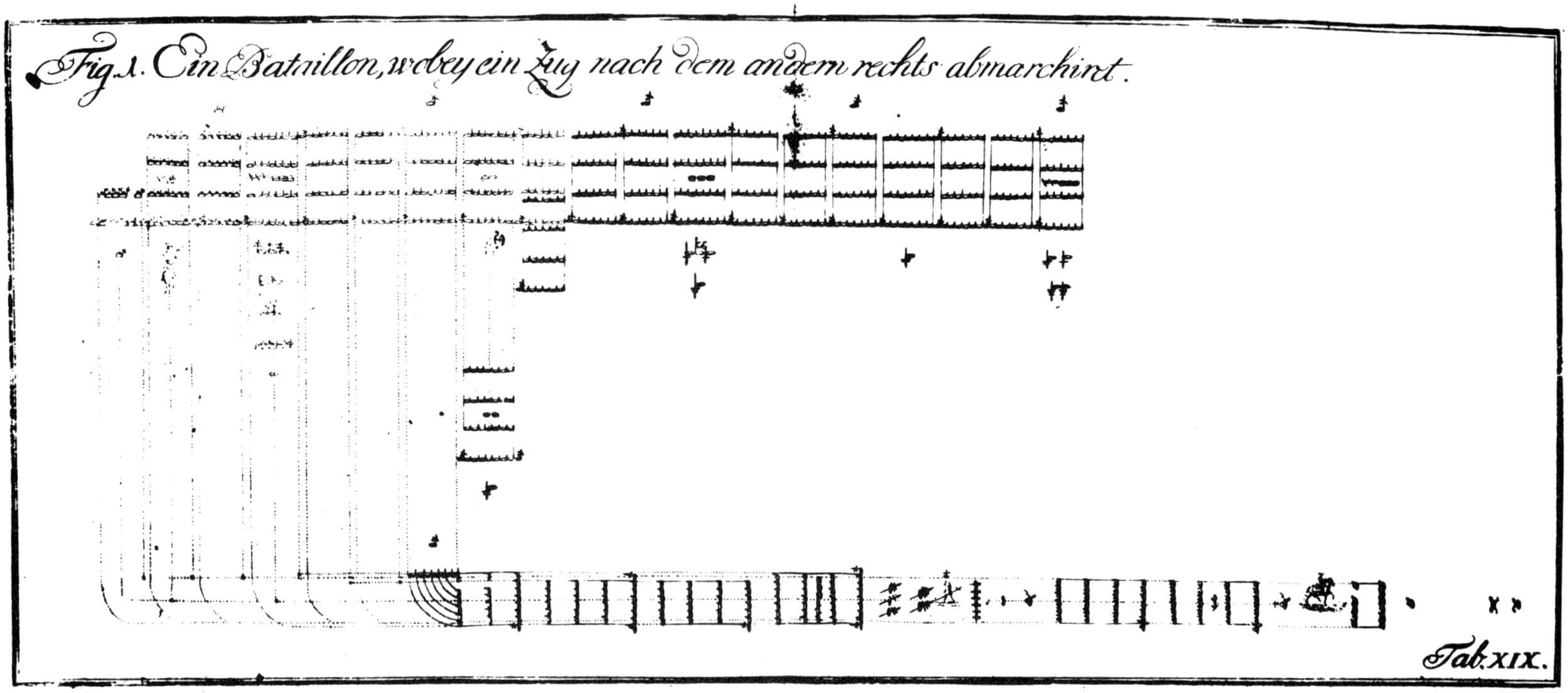

lig vom Erbe der festen Linie freimachen konnte. So teilte man etwa die Hälfte der Füsiliere für das Schützengefecht ein, während der andere Teil in der zweigliedrigen Linie Feuerunterstützung gab. Mit ihrer Kampfesweise waren sie fast die einzigen Infanterieeinheiten der preußischen Armee, die sich gegenüber der französischen Tirailleurtaktik behaupten konnten. Sie bildeten nach der großen Heeresreform von 1806 die neuen Eliteeinheiten der preußischen Infanterie.

Als eine zeitweilige Erscheinung der preußischen Armee entstanden während des Siebenjährigen Krieges sogenannte Freibataillone oder Freikorps, die der Preußenkönig als Gegengewicht gegen die weit überlegene leichte österreichische Infanterie aufstellen ließ. Rekrutierten sich die vier Freibataillone des Jahres 1756 noch in erheblichem Maße aus jungen Leuten, für die eine freie Kampfweise die Chance für Auszeichnung und Abenteuer bot, so sank mit dem immensen Bedarf der preußischen Armee an immer neuen Mannschaften das militärische Niveau der Freibataillone immer stärker ab. Die zehn zwischen 1757 und 1760 aufgestellten neuen Freibataillone bedienten sich hauptsächlich österreichischer, französischer, ungarischer und kroatischer Kriegsgefangener. Nach den Schlachten von Prag, Roßbach oder Leuthen wurden den Freikorpsführer Hunderte derartiger Gefangener überstellt, aus denen sie ihre Einheiten bilden sollten. Die Folge war, daß ein Großteil dieser Freibataillone bei erster und bester Gelegenheit der preußischen Fahne entwich. Am schlimmsten war es indes um die Soldaten bestellt, aus denen die preußische Armee seit 1761 ihre Freibataillone rekrutierte. Übrig geblieben war an «Menschenmaterial» nur ein häufig zwischen den Armeen und Fronten pendelndes militärisches Gesindel, das gleichwohl von Freikorpsführern genutzt wurde, um aus ihnen Einheiten zu bilden, denen in der preußischen Armee im Falle einer Schlacht allerdings zumeist das Schicksal zukam, als Kanonenfutter in der ersten Linie zusammenkartäscht zu werden. Die neun zwischen 1760 und 1763 entstandenen Freibataillone setzten sich vor allem aus französischen Deserteuren, aus den Deserteuren der französischen Schweizerregimenter und Deserteuren der Reichsarmee zusammen. Ihre Stärke wechselte von Einheit zu Einheit. Einzelne Freikorps erreichten doppelte Regimentstärke mit über 2 500 Mann, andere zählten nur einige Hundert Infantristen, wieder andere stellten sich als gemischte Einheiten von Kavallerie, Infanterie und Artillerie dar. Nach Beendigung des Siebenjährigen Krieges wurden alle Freibataillone aufgelöst, indes der größte Teil ihrer Mannschaften in Garnisons- und Feldregimenter der regulären preußischen Armee untergebracht. Auf ihr Konto gingen im Krieg entsetzliche Grausamkeiten und unbarmherzige Plünderungen, mit denen sie sich durchaus ebenbürtig jener Kriegsgreuel machten, die von Panduren, Kroaten und Kosaken während des Krieges ausging. Friedrich II. bezeichnete 1766 die Freibataillone, einige wenige ausgenommen, als «exerrables Geschmeiß», das für wenig Dienste enormes Geld genommen habe. Trotz dieser Erfahrungen stellte er 1778 im Bayrischen Erbfolgekrieg wiederum zwölf Freibataillone auf. Eines der härtesten Urteile über die Freiheitsbataillone fällte 1783 der Flügeladjudant Friedrichs, Generalleutnant Friedrich von Gaudi. Er nannte sie «in allem Betracht untauglich; denn sie bestehen aus Leuten, die in Eil zusammengerafft werden müssen, und wobei folglich keine Wahl stattfindet. Sie sind weder exerziret noch zur Ordnung gewöhnt. Sie sollen die Desertion der regulierten Truppen verhindern und sind selbst so unsicher, daß sie scharenweise davonlaufen.»

Stärke und Gliederung der preußischen Armee 1776

	Offiziere	Unteroffiz.	Spielleute	Soldaten
110 Musketierbtl.	2310	5500	1650	89 100
32 Grenadierbtl.	512	1152	640	22 656
36 Garnisonsbtl.	720	1800	540	21 690
1 Fußjägerbtl.	15	40	---	600
6 Feldartilleriebtl.	162	1230	30	4950
Neue Artilleriebtl.	34	60	--	2360
11 Garnisons-Komp. Artl.	44	451	11	1650
60 Eskadrons Kürrassiere	420	840	180	8640
3 Eskadrons Garde du Korps	24	48	6	522
70 Eskadrons Dragoner	490	980	210	10080
90 Eskadrons Husaren	450	990	90	11 880
10 Eskadrons Bosniaken	50	110	10	1320
1 Eskadron reit. Jäger	7	--	-	165
1 Leibkomp. Grenadiere	8	9	5	177
2 Kompanien Mineurs	8	18	6	274
Corps Kadetts	7	24	6	220
Corps Pontoniers	2	2	-	24
Corps des Invalides	13	37	6	586
Corps Ingenieurs	56	-	-	--
Insgesamt	5332	13 291	3390	176 894

Eine ansehnliche leichte Infanterie in der preußischen Armee zu bilden, erwies sich angesichts der Heeresverfassung und der ihr zugrundeliegenden Normen als unmöglich. Nur kärglichen Ersatz stellte das 1740 von Friedrich II. in Stärke von 60 Mann gebildete Feldjägerkorps zu Fuß dar. Seine Aufgabe bestand in der Erkundung und Aufklärung. In ihm dienten vor allem königliche Forstbeamte und Waldhüter, die vor der Gefahr der Desertion gefeit schienen. Im Juli 1744 setzte man die Feldjäger auf ein Etat von zwei Kompanien zu je 100 Mann, im Laufe des Siebenjährigen Krieges wuchsen sie zu Bataillonsstärke von 800 Mann an und wurden am 1. Januar 1784 zu einem Regiment mit zehn Kompanien zu je 120 Mann

Offizier und Mannschaft des österreichischen Infanterie-regiments 23 Baden-Baden 1762

Offizier und Mannschaft des österreichischen Kürassier-regiments Sachsen-Teschen 1762

formiert. Bewaffnet mit einem leichten Bajonettgewehr bzw. einer großkalibrigen Jägerbüchse mit gezogenen Läufen stellten sie in der preußischen Armee das taktische Idealbild einer leichten Infanterie dar. Indes waren sie zahlenmäßig so schwach, daß von ihnen keine wirksame Abwehr der allein schon numerisch weit überlegenen leichten Infanterie der Habsburgermonarchie erwartet werden konnte.

Struktur und Organisation der Kavallerie

Die preußische Kavallerie unter Kurfürst Friedrich Wilhelm entwickelte sich aus der Reiterei des Dreißigjährigen Krieges. Dieser Krieg hatte vier Hauptgattungen von Bewaffneten zu Pferd erlebt: Die Lantzierer, eine schwer gerüstete Schlachtenkavallerie, deren Hauptwaffe eine lange Lanze war und die am ehesten an die Ritteraufgebote des Mittelalters erinnerten. Sie überlebten sich in diesem Krieg, waren zu teuer und militärisch zu wenig wirksam. Daneben traten auf den Schlachtfeldern sogenannte Kührissierer auf, ebenfalls eine schwere und somit für jede Kriegskasse teure Kavallerie, deren Hauptwaffe indes der Degen war. Ferner kannte der Dreißigjährige Krieg die Harquebusirer oder Bandelier-Reiter, die mit Pistole und Degen bewaffnet waren sowie die Dragoner, die eigentlich nichts anderes als zu Pferd gesetzte Infantristen waren, deren Hauptwaffe die Muskete bildete.

Für die kurfürstliche Armee in Brandenburg-Preußen erwiesen sich aus Kostengründen nur die mit Pistolen und Degen bewaffneten Reiter sowie die Dragoner als bezahlbar. Als eigentliche Kavallerie wurden nur jene mit Degen und Pistolen bewaffneten Einheiten angesprochen, bei denen allerdings das Feuergefecht noch eine große Rolle im Kampf spielte. In den ersten Jahren der brandenburgischen Armee bildeten diese Reiter das Rückgrat des brandenburgischen Heeraufgebotes. Reiter und Dragoner machten 1656 noch 54 Prozent der Armee aus. Mit der Verbesserung der Feuerwaffen, der Ablösung der Pikeniere durch Musketiere und besonders nach Einführung des Steinschloßgewehres verlor jedoch die Kavallerie zunehmend an Bedeutung in allen europäischen Armeen. Ihr Anteil an den Gesamtstreitkräften sank im siebzehnten Jahrhundert in der brandenburgischen Heeresmacht auf ein Viertel, zu Beginn des achtzehnten Jahrhunderts sogar auf ein Fünftel der Gesamtstreitkräfte.

Noch stärker als bei der Infanterie galt für die Kavallerie die Buntheit in Ausrüstung, Bewaffnung, Bekleidung und Organisation. Die Grundstruktur der kavalleristischen Einheit, ebenfalls nur administrativen Zwecken dienend, war die Kompanie, die im siebzehnten Jahrhundert ganz unterschiedliche Stärken von 60 bis 100 Mann kannte. Eingesetzt wurden die Reitereinheiten stets in der Form von Eskadronen, die aus je zwei Kompanien zusammengestellt wurden. Erst seit den achtziger Jahren setzte sich auch hier allmählich eine strukturelle Vereinheitlichung durch, die allerdings für Besonderheiten noch jeweils so viel Platz ließ, daß selbst unter Friedrich II. sich die einzelnen Regimenter in der Stärke noch erheblich unterschieden. 1686 setzte man den Etat eines Dragonerregimentes auf drei Oberoffiziere, den Obrist, den Oberstlieutnant und den Generalwachtmeister, einen Unterstab von acht Offizieren und Beamten sowie von 117 sonstigen Offizieren und Unteroffizieren an sowie sechs Kompanien in Stärke von je 80 Reitern. Die Gesamtstärke eines Dragonerregimentes belief sich auf 660 Reiter.

Von wesentlicher Bedeutung für die Normierung der preußischen Kavallerie waren die Reglements und Vorschriften, die unter Friedrich Wilhelm I. auch für diese Waffengattung eingeführt wurden. Besonders die 1718 eingeführte Verpflegungs-Ordonnanz und das Einquartierungs-Reglement sowie das Exerzier-Reglement vom 1. März 1720 stülpten auch der Kavallerie einheitliche Vorschriften über. Das betraf sowohl die Uniformierung, die bei der Reiterei in gelb bzw. weiß gehalten war, bei den Dragonern in hellblau, die Bewaffnung, die Exerzierübungen, die Organisation sowie die Unterbringung der Kavallerie in Landstädten seit 1718/1719. Ein Reiterregiment umfaßte nunmehr 10 Kompanien mit je 66 Reitern, das sich taktisch in fünf Eskadrons gliederte, die jeweils vom ältesten Kompaniechef kommandiert wurden. Ferner zählte ein Regiment zehn Rittmeister, zehn Leutnante, zehn Kornetts, zehn Wachtmeister, vierzig Korporale, zehn Trompeter, fünf Feldschers und zehn Fahnenschmiede. Zum Regiment gehörten ferner Obrist, Obristlieutnant und Major sowie ein Unterstab von zehn Mann, der u.a. einen Prediger, einen Auditeur, einen Regimentsfeldscher, einen Pauker, einen Stabstrompeter, einen Sattler, einen Bereiter und einen Profoß umfaßte. Ein Regiment zählte 728 Mann sowie 742 Dienstpferde. Auf jede Eskadron entfielen 148 Dienstpferde.

Die Stärke der Dragonerregimenter schwankte dagegen erheblich. Die Zahl ihrer Reiter in den Eskadrons betrug zwischen 150 und 120 Mann, ein Dragonerregiment zählte etwa 730 Mann. 1725 wurde bei den Dragonern die Einteilung in Kompanien abgeschafft. Ein Dragonerregiment mit fünf Eskadrons zählte seit 1743 32 Offiziere, 60 Unteroffiziere, 20 Spielleute, fünf Fahnenschmiede und 660 Dragoner sowie 60 Überkomplette mit 745 Pferden (ohne Offizierspferde). Ferner gehörte zu ihm ein Unterstab mit 12 Personen. Die Eskadron umfaßte 6 Offiziere, 12 Unteroffiziere, 3 Spielleute, 132 Dragoner sowie je einen Fahnenschmied und Feldscher. Betrug die Stärke des Dragonerregimentes zehn Eskadrons, so gehörten ihm 64 Offiziere, 120 Unteroffiziere, 36 Spielleute, 10 Fahnenschmiede, 1320 Dragoner und – ohne Offizierspferde – 1486 Dienstpferde an. Ferner gehörten 100 Überkomplette zum Regiment sowie ein Unterstab mit 17 Personen.

Die Ausbildung der Dragoner war stark dem Infanterie-Reglement angepaßt. Fußexerzieren und Feuergefecht waren hier wichtiger als Reiten. Es war vorgeschrieben, daß die Dragonereskadrons bei Kampf zu Fuß sich in Divisionen formieren sollten, die je zwei Peletons bildeten. Fünf Eskadrons zu Fuß sollten je ein Bataillon bilden. Für die Ausbildung des Dragoners galt der Grundsatz, daß erst seine vollkommene Dressur zum Infanteriedienst diesen in

Die vier Kavalleriearten des Dreißigjährigen Krieges nach Wallhausen 1621

die Lage versetzt, eine Reiterausbildung erhalten zu können. Friedrich Wilhelm I. verordnete seiner Kavallerie jeden dritten Tag Infanteriedienst, der indes nicht länger als vier Stunden dauern durfte.

Der Dienst bei der Kavallerie war ungemein angespannt, da der Pferdepflege erhebliche Sorgfalt geschenkt und der Reiter streng angewiesen wurde, die Pferde nicht nur jeden Tag auf das sorgfältigste zu striegeln, sondern sie pünktlich um fünf Uhr in der Früh, um acht Uhr, zwölf Uhr, vier Uhr und acht Uhr zu füttern und zu tränken.

Auch die Kavallerie wurde streng nach der Größe der Soldaten und der Pferde rangiert. Bei der Werbung von Soldaten war die Kavallerie offenbar bevorzugt, nicht nur durch die größeren Werbegelder, die sie auswerfen konnte, sondern auch aufgrund des höheren Solds, den die Reiterregimenter zahlen durften. Gegenüber zwei Taler, zwölf Groschen, die unter Friedrich I. gezahlt wurden, erhöhte Friedrich Wilhelm I. den Sold bei der Schlachtenkavallerie auf drei Taler. Dragoner erhielten zweieinhalb Taler. Es wurde bei der Einstellung in die Regimenter, namentlich bei den Regimentern zu Pferd, rigoros darauf geachtet, keine Deserteure aus anderen Armeen einzustellen und keinen Soldaten, so er nicht woanders bereits gedient, der unter 25 Jahre alt war. Trotz der strikten Disziplin, der die Kavallerie unterworfen war, stellte sie innerhalb der preußischen Armee doch nach Auswahl, Besoldung und Lebensalter eine Art Elite dar, die weit weniger desertionsanfällig als die Infanterie war.

Österreichischer Überfall auf ein preußisches Lager

Offizier und Mannschaft des österreichischen Husarenregiments Hadik 1762

Bis 1752 kannten die Kavalleristen auch nicht die Bestrafung durch den Spießrutenlauf. Dagegen wurde die Beurlaubung von Kavalleristen weitaus strenger gehandhabt.

Laut Anordnung von 1720 durften bei den Dragonereskadrons von 130 Mann nur 21, bei den Kompanien der Regimenter zu Pferd von 71 Mann nur 16 beurlaubt werden.

Die Kavallerie stellte in der preußischen Armee einen der kostspieligsten Teile der bewaffneten Macht dar. Im Verhältnis zwischen Reiterregimentern und Dragonern kam der berittenen Infanterie ein immer größerer Stellenwert zu. Dragoner liefen der Schlachtenkavallerie gegen Ausgang der Regierungszeit Friedrich Wilhelm I. fast den Rang ab.

Die Kavallerie Friedrich Wilhelm I. litt unter der Überbetonung der Infanterietaktik. Das fand neben der Exerzierausbildung seinen Ausdruck darin, daß sich auch bei der Reiterei die

Offizier und Mannschaft des österreichischen 2. Banal Grenzinfanterieregiments 1762

Offizier und Mannschaft des österreichischen Sappeurkorps 1762

Tendenz durchsetzte, großgewachsene Rekruten und hochgewachsene Pferde einzustellen. Das Pferd wurde immer weniger als Angriffsmittel, denn als rasches Transportmittel aufgesessener Infanteristen angesehen. Anstelle der Schwungkraft der Kavallerie setzte die Armeeführung auf die Druckkraft ihrer Angriffe mit schweren, grobschlächtigen und großen Pferden. Der kaiserliche Gesandte am preußischen Hof, Friedrich Heinrich Graf von Seckendorff, belustigte sich 1725 in einem Brief an Prinz Eugen über die «entsetzlich großen Pferde», die in der preußischen Armee dienten, aber auch über die entsetzlich großen Kerls, die diesen Pferden aufsaßen. Dabei widmete der König der Ausstattung seiner Kavallerie mit stattlichen Pferden erhebliche Mittel. Die Kosten eines schweren Reiterpferdes wurden 1736 mit 75 Talern veranschlagt, die eines Dragonergauls mit 55 Talern. Für die Reiterei wurden die holsteinisch-niedersächsischen Pferderassen bevorzugt, wobei man anstrebte, die schwere Reiterei völlig auf Rappen zu setzen, während bei den Dragonern schwarzbraune Pferde geduldet wurden.

Nur für die seit dem 1. November 1721 aufgestellten Husareneskadrons, eine Folge der Auswertung der Erfahrungen aus dem Spanischen Erbfolgekrieg, die bis 1740 auf zwei Husarenkorps mit 1879 Mann verstärkt worden waren, bezog man Schimmel und Schecken aus den polnischen und russischen Gebieten. Bei der Aufstellung von Husareneinheiten, die in immer stärkerem Maße in Preußen die leichte Kavallerie für den Vorposten- und kleinen Krieg ausmachten, bevorzugte man zunächst ungarische Soldaten, weil Preußen die Eignung für diese Art von Kriegführung abgesprochen wurde.

Friedrich II. übernahm 1740 die preußische Kavallerie in Stärke von 22344 Mann mit 19801 Dienstpferden. Die stärkste Gattung war die schwere Kavallerie, für die sich zwar nicht offiziell, aber umgangssprachlich die Bezeichnung Kürassiere eingebürgert hatte, mit 10319 Kavalleristen, gefolgt von den Dragonern mit 10133 Reitern und den beiden Husarenkorps mit 1879 Mann. Kürassiere und Dragoner hielten sich nunmehr fast die Waage. Nach dem Versagen der preußischen Kavallerie im ersten schlesischen Krieg reformierte der Preußenkönig namentlich durch seine Reglements vom Juni 1743 für Kürassiere und Dragoner sowie im Dezember desselben Jahres für die Husaren deren Ausbildung und taktische Prinzipien. Kürassier- und Dragonerregimenter wurden in ihren Ausbildungsrichtlinien weitgehend vereinheitlicht und ein neuer Etat vorgeschrieben, der das Kürassierregiment auf 833 Reiter, das Dragonerregiment auf 847 Soldaten und das Husarenregiment auf 1172 Mann setzte.

1743 befohlene Etatstärke eines preußischen			
	Kürassierregimentes	Dragonerregimentes	Husarenregimentes
Oberoffiziere	32	32	36
Unteroffiziere	60	60	80
Spielleute	12	20	10
Gemeine	660	660	1020
Fahnenschmiede	10	5	10
Überkomplette	60	60	-
Unterstab	6	6	6
Feldschere	6	6	6
Gesamt:	846	849	1168
Dienstpferde	742	740	1130

Die Kürassiere waren in zehn Kompanien bzw. fünf Eskadrons gegliedert, die Dragoner in fünf Eskadrons und die Husaren in zehn Schwadrone.

Jedes Kürassiereskadron zählte 132 Reiter, die in vier Zügen unterteilt waren. Das Eskadron stand in drei Gliedern zu 44 Rotten. Während des Siebenjährigen Krieges wurde die dreigliedrige Aufstellung zur Verlängerung der Linien durch eine zweigliedrige ersetzt. Obgleich durch Reglement bis 1787 nicht bestätigt, behielt die Kavallerie diese Aufstellung auch in Friedenszeiten bei. Die Husaren waren in zehn Schwadronen zu je 102 Mann formiert, die drei Züge in drei Gliedern mit elf bis zwölf Rotten bildeten.

Friedrich II. versuchte aus Kürassieren und Dragonern eine einheitliche schwere Schlachtkavallerie zu formieren, ließ aber auch nach 1743 Unterschiede im Exerzieren zwischen Kürassieren und Dragonern zu. Während die Kürassiere den Dienst zu Fuß nur in Ausnahmefällen versehen sollten, wurde er für die Dragoner nach wie vor für verbindlich erklärt. Jedoch wurde als Norm ausgegeben, daß die Kavallerie täglich reiten sollte. Fünfmal in der Woche sollte sie zu Pferd und einmal zu Fuß exerzieren. Bei Kampf zu Fuß war für die Dragoner ebenfalls eine zweigliedrige Aufstellung vorgesehen.

Die hohen Anforderungen an die Rekruten wurden beibehalten, die Kavallerie verpflichtet, keinen Mann unter fünf Fuß, sechs Zoll (173 cm) einzustellen und keinen der jünger als dreißig Jahre alt war. Bei den Husaren wurden keine bestimmten Größen gefordert, nur hingewiesen, daß keiner jünger als achtundzwanzig Jahre sein sollte und am besten ein Jäger, Schlächter oder Bauernknecht wäre. Im Durchschnitt war der preußische Kavallerist also noch älter als der Infantrist. Bedacht wurde darauf genommen, die Kavallerie erst für den Infanteriedienst zu schulen, ehe man sie reiten ließ. Für die Dressur eines Kavalleristen wurde eine Mindestzahl von zwei Jahren angenommen. Beurlaubungen vom Dienst wurden nach wie vor viel strenger als bei der Infanterie gehandhabt. Auf 132 Mann eines Eskadrons durften höchstens 24 Urlauber kommen.

Bei der Remonte strebte Friedrich II. eine erhebliche Kostenminderung an. Für die 70 Pferde, die Kürassier- und Dragonerregimenter jährlich neu einstellen durften, sollten für Rappen statt 75 Taler nur noch 61, für die Schwarz-Braunen statt 55 nur noch 52 Taler gegeben werden. Friedrich schrieb vor, die Kürassierpferde müßten vier Jahre alt und fünf Fuß, drei Zoll (165 cm), die Dragonerpferde fünf Fuß, zwei Zoll (162 cm) groß sein. Nur die Husaren durften auf Remonte nach Osten, nach Polen und Rußland gehen, wo sie große Herden zusammentrieben. Die Pferde waren zwischen vier Fuß, elf Zoll (154 cm) bis vier Fuß, zehn Zoll (152 cm) hoch, vier bis sechs Jahre alt und kosteten im Durchschnitt 31 bis 37 Taler. Allerdings krepierten bei dem weiten Transport nach Preußen bis zu einem Fünftel der Pferde.

Während der Regierungszeit Friedrichs erhöhte sich die Zahl der Dragonerregimenter von sechs auf zwölf. Die Zahl der Husaren verzehnfachte sich von neun auf 82 Husarenschwadrons und elf Eskadrons Bosniaken. Von 1740 bis 1742 bestand auch ein Ulanenregiment. Als die preußische Armee 1763 auf Friedensetat gebracht wurde, zählte sie 32930 Kavalleristen, darunter 10859 Kürassiere (33 Prozent der Kavallerie), 11990 Dragoner (36,3 Prozent), 9740 Husaren (29,5 Prozent), 225 Bosniaken (0,7 Prozent) und 176 reitende Jäger (0,5 Prozent). Die Dragoner stellten nunmehr den Kern preußischer Kavallerie.

Den Kavallerieregimentern, die in der zweiten Hälfte des Siebenjährigen Krieges weitaus weniger Verluste als die von der Infanterie erlitten hatten, wurden nach 1763 nur noch rund 600 Dienstpferde zugestanden und ihnen Verhältniszahlen vorgegeben, wie sich die Anzahl der In- zu denen der Ausländer verhalten sollte. Für eine Kompanie Kürassiere war vorgeschrieben, 42 Inländer und 30 Ausländer einzustellen, bei den Dragonern war das Verhältnis noch ungünstiger: auf 84 Inländer sollten 60 Ausländer kommen, bei den Husaren auf 60 Inländer 42 Ausländer. Im Vergleich zur Infanterie, wo ein Verhältnis von 1:2 angestrebt wurde, lagen die Relationen zwar günstiger, doch verschlechterte sich durch die königliche Auslandswerbung die Ersatzgestellung erheblich, so daß auch bei der Kavallerie eine immer rüdere Behandlung der Soldaten einsetzte. Nur einzelnen Kavallerieführern gelang es, dieser Tendenz entgegenzutreten. Bei den schlesischen Kavallerieregimentern, die unter der Inspektion des Generals Friedrich Wilhelm von Seydlitz standen, galt die Prügelstrafe als verpönt. Zum Niedergang der Schlagkraft der Kavallerie trug auch bei, daß Friedrich nach dem Siebenjährigen Krieg die Futterration für die Pferde drastisch herabsetzte. Waren jedem Kavalleriepferde unter Friedrich Wilhelm I. täglich zweieinhalb Metzen Hafer gereicht worden, so hatte Friedrich II. diese Rationen vor dem Siebenjährigen Krieg auf drei Metzen erhöht, senkte sie jedoch ab 1763 auf zwei Metzen, nach 1778 sogar auf nur eineinhalb Metzen. Eine reguläre Kavallerieausbildung war unter diesen Bedingungen kaum noch möglich, da die Pferde nicht einmal jeden zweiten Tag geritten werden konnten. Hinzu kam, daß der König von allen Gattungen der Kavallerie forderte, sich in der Taktik des kleinen Krieges zu schulen.

Als Friedrich II. 1786 starb war etwa jeder fünfte preußische Soldat Kavallerist. Ihre Schlagkraft war jedoch derart unzureichend, daß die Reformen Friedrich Wilhelm II. vorzüglich die Kavallerie betrafen. In seiner Regierungszeit wurde endgültig der nur noch künstliche Unterschied zwischen Kürassieren und Dragonern beseitigt, die nunmehr beide die schwere Schlachtenkavallerie ausmachten. Die noch immer bestehenden Kompanien bei den Kürassieren wurde beseitigt. Die Pferderationen hob man auf drei bis dreieinhalb Metzen Hafer an. Erstmals wurde auch für Kavalleristen der lebenslängliche Dienst aufgehoben und durch die Einführung einer zwölfjährigen Dienstpflicht begrenzt.

Die Stärke eines Kürassier- bzw. Dragonerregiments wurde auf 15 Oberoffiziere, einen Adjutanten, 16 Leutnante, 5 Kornets, 16 Spielleute, 660 Reiter, 60 Überkomplette, 5 Feldschere (nunmehr auch Chirurgen) und 5 Fahnenschmiede festgesetzt, insgesamt also 783 Mann. Innerhalb einer Eskadron sollte laut königlicher Order vom 1. Februar 1787 ein Verhältnis von 66 Inländern zu 96 Ausländern bestehen, von denen jeweils 56 Soldaten beurlaubt werden durften. Um diese Zahl der Ausländer zu erreichen, galt auch jeder Rekrut, dessen Vater Soldat war, als Ausländer. Frühere Schlagkraft und innerer Wert der Kavallerie konnten auf diese Weise nicht mehr wiedergenommen werden, obgleich die Kavallerie 1806 als die beste aller preußischen Waffengattungen angesehen wurde.

Struktur und Organisation der Artillerie

Keine andere Waffengattung hatte es derart schwer, sich in die Organisation der stehenden Heere einzufügen wie die Artillerie. Das war zunächst keine preußische Besonderheit, sondern ein Vorgang, der alle stehenden Heere des 17. und 18. Jahrhunderts berührte. Er gründete sich auf die Spezifik dieser Waffe. Sie beruhte zum Teil auf dem ritterlichen Vorurteil, fernwirkende Geschütze wären eine heimtückische Waffe, die dem standesgemäßen Kampf von Mann gegen Mann auswich. Sie fußten aber auch auf dem ursprünglich durchaus eigentümlich städtebürgerlichen Charakter dieser Waffe. Sie fand ihren Ausdruck darin, daß sich die Artilleristen nicht als eine militärische Truppe, sondern eher als eine bürgerliche Zunft empfanden, die sorgsam Bedacht darauf nahmen, nur Eingeweihte in ihrer Kunst zu unterweisen, Geheimnisse sorgfältig hütete und die hartnäckig sperrig stets ihre Sonderrolle betonten.

Hinzu kam, daß die Artillerie zunächst auf einem eng begrenzten militärischen Feld wirksam wurde: bei der Verteidigung und Belagerung von Festungen und festen Plätzen. So

Das grobe Geschütz nach einem Stich von Johann Wilhelm Meil 1761

Österreichische Feldartillerie 1762

zeichnete sich bei der Integration der Artillerie in die Truppenverbände des stehenden Heeres sofort ein Dualismus ab, der sie über Jahrzehnte begleitete: sie war zum überwiegenden Teil zur Armierung von Festungen bestimmt, also weitgehend stationär und unbeweglich. Ihre dauerhafte Unterbringung in befestigten Plätzen bedingte auch, daß sie im Frieden einen nur geringen Personalbedarf hatten, der sich vorzüglich darauf beschränkte, die Kanonen in den Festungen oder Zeughäusern zu warten und zu pflegen, wobei in der Frühzeit der Artillerie die Herstellung und der Einsatz der Artillerie vielfach in einer Hand lag. Kam es zu Belagerungen, so wurden die schweren Kanonen zumeist auf dem Wasserweg aus dem Bestand der Festungen entnommen. Der wichtigste Mann bei der Kanone war der gelernte zünftlerische Büchsenmacher, der sich im Felde angeworbener Handlanger bediente. Eifersüchtig auf ihre Sonderstellung bedacht, verweigerten die Büchsenmacher in der Regel jegliche anderen Befehle, die nicht von ihresgleichen erteilt wurden. Angesichts des beträchtlichen Gewichts der Kanonen, deren Herstellung überdies kostspielig war und sie zum teuersten Teil jeder Armee machte, war ihr Einsatz auf dem Schlachtfeld jederzeit ein Wagnis. Eine Niederlage in offener Schlacht bedeutete nämlich in der Regel auch den Verlust aller Kanonen. Im Verlaufe des Dreißigjährigen Krieges waren seit 1625 durch den Schwedenkönig Gustav Adolf leichtere drei- bis vierpfündige Regimentsstücke auf das Schlachtfeld gebracht worden, die nur noch vier- bis fünfhundert Pfund wogen. Sie waren auf die einzelnen Regimenter aufgeteilt worden. Dies diente den brandenburgischen Kurfürsten als Vorbild, um seit 1656 jedem Regiment, namentlich den berittenen Fußvölkern der Dragoner, vier Kanonen beizugeben. Allerdings war die Zahl der Geschütze noch überaus gering. 1656 rückte das brandenburgische Heereskontingent mit sechs Drei- und achtzehn Vierpfündern ins Feld. Darüber hinaus wurde für Belagerungszwecke eine schwere Artillerie für den Einsatz vorbereitet, die aus vier Sechspfündern (gezogen von sechs Pferden), vier Achtpfündern (gezogen von acht Pferden), zwei Zwölfpfündern (gezogen von zehn bis zwölf Pferden) und vier sechszehnpfündigen Haubitzen (gezogen von vier Pferden) bestand.

Noch der am 1. Januar 1672 für die Artilleristen erlassene Articulusbrief klang mehr wie eine Zunfterklärung, denn wie ein militärisches Reglement. Eine genaue Arbeitszeit war vorgeschrieben, die nicht mehr als neun Stunden des Tages währen sollte und auch die Strafen sahen zwar das Anbinden an die Kanone, aber auch noch Geldstrafen vor.

Den wichtigsten Weg, aus der Artillerie eine Waffengattung zu machen, sahen die brandenburgischen Fürsten darin, die Ausbildung der Artilleristen zu normieren und in Berlin zu konzentrieren. Seit November 1687 erging Befehl, alle Feuerwerker nur noch in der Residenz zu schulen. Befördert wurde das Interesse am Artilleriewesen darüber hinaus durch den Ausbau verschiedener brandenburgischer Städte zu Festungen modernen Gepräges. Das traf seit 1679 vor allem auf die Hauptstadt Berlin zu, aber auch auf Orte wie Küstrin, Frankfurt/Oder, Löcknitz, Magdeburg, Pillau, Memel, Königsberg, Minden, Kolberg, Oderberg und Wesel.

Am 26. Oktober 1697 wurde in der brandenburgischen Armee der entscheidende Schritt zur organisatorischen Formierung der Artillerie unternommen, indem sie von der ausschließlichen Anbindung an die Festungen abgelöst und ein eigenes Artilleriekorps gebildet wurde, das im Jahre 1700 neun Kompanien und eine Bombardierkompanie zählte. Sein Mannschaftsbestand war mit nur 409 Mann für die Gesamtstärke der Armee unbeträchtlich, aber es war gleichsam ein Rahmen geschaffen worden, in dem sich die Artillerie entfalten konnte. Der Etat der neun Kanonierkompanien wurde auf je drei Korporale und 41 Kanoniere festgesetzt. Eine Sonderstellung nahm die in Berlin stationierte Feuerwerker- und Bombardierkompanie ein, die 20 Feuerwerker, drei Korporale, 39 Bombardiere, fünf Hautbois, einen Pfeifer und zwei Tambours zählte.

Wie geringschätzig indes die Artillerie in den Augen der führenden Befehlshaber der brandenburgisch-preußischen Armee angesehen wurde, erhellt sich allein schon daraus, daß in den Kriegen zwischen 1688 und 1697 sowie im Spanischen Erbfolgekrieg von 1701 bis 1713 die preußischen Truppenkontingente kaum mit Kanonen ausgestattet wurden. Dem Korps des Fürsten Leopold von Anhalt-Dessau, das in Süddeutschland und in Italien eingesetzt war, waren überhaupt keine Kanonen beigegeben.

Die Erfahrungen des Erbfolgekrieges jedoch, wesentlich durch Leopold dem neuen preußischen König Friedrich Wilhelm I. vermittelt, bewirkten eine neue Einstellung zur Artillerie.

Das Problem bestand nicht in der Zahl der zur Verfügung stehenden Geschütze, sondern nach wie vor in ihrer Feldverwendungsfähigkeit. 1712 zählten Preußens Festungen und Zeughäuser 2003 Kanonen, Haubitzen und Mortiers. Bis zum 1. Januar 1722 war deren Zahl sogar auf 2510 Artilleriestücke angewachsen, darunter befanden sich 732 metallne Kanonen, 171 metallne Mortiers und 27 metallne Haubitzen sowie 1425 Eisenkanonen, 128 Eisenmortiers und 27 eiserne Haubitzen. Die Mehrzahl von ihnen war jedoch Festungsgeschütz, konzentriert in den 18 stärkeren preußischen Festungen. Hauptstandorte der Artillerie waren Berlin (540 Artilleriestücke), Stettin (429), Wesel (316), Magdeburg (255) und Küstrin (194).

Die Hauptbemühungen Friedrich Wilhelm I. richteten sich darauf, eine feldverwendungsfähige Artillerie zu schaffen. Zu diesem Zweck ließ er am 20. Juli 1716 die zehn Kompanien starke Artillerie in ein Feldbataillon Artillerie mit fünf Kompanien sowie in drei bzw. (ab 1717) vier Festungskompanien Artillerie umbilden. Garnison des Feldbataillons war Berlin, Hauptsitz der vier Festungskompanien waren Magdeburg, Wesel, Pillau und Stettin. Jede Feldkompanie wurde mit einem Etat von drei Offizieren, sechs Feuerwerkern, vier Korporalen, elf Bombardieren, siebzig Kanonieren und zwei Tambours festgesetzt. Der Etat der Festungskompanien lag bei drei Offizieren, drei Korporalen, einem Feuerwerker und einem Bombardier sowie sechzig Kanonieren. Das Artilleriekorps zählte nunmehr einschließlich der acht Pontonniers und fünf Mineure 805 Soldaten. Die Trennung von Feld- und Festungsartillerie begann sich vorzubereiten.

Seit 1731 betrug die Stärke der Feldartillerie durch Aufbau einer 6. Kompanie 785 Mann, die der Garnisonsartillerie, einschließlich der Mineure und Pontonniers, 423 Mann. Der Geschützbestand belief sich 1740 auf 912 Metallkanonen, 124 Metallmortiers und 29 Metallhaubitzen. An eisernem Gerät waren 1513 Kanonen, 128 Mortiers und 25 Haubitzen vorhanden, insgesamt also 2741 Stück Artillerie.

Nach wie vor hob sich die Artillerie von Infanterie und Kavallerie durch einige Besonderheiten ab. Zunächst waren hier in reichlichem Maße noch bürgerliche Offiziere tätig, ganz in der Tradition der brandenburgischen Kurfürsten, die ihre ersten Artilleriekommandeure aus dieser sozialen Gruppe gezogen hatte. Nach wie vor herrschten in den alten Eliteregimentern auch die Vorurteile gegenüber der Artillerie. Da half auch wenig, daß sie König Friedrich I. 1704 zu einer Art königlichen Leibtruppe erklärt hatte. Am wichtigsten für die Zusammensetzung des Artilleriekorps erwies sich jedoch die Tatsache, daß mit der Einführung der Kantonsverfassung vom 1. Mai 1733 das Feldbataillon angewiesen wurde, ausschließlich preußische Untertanen in Dienst zu nehmen. Schon aus Furcht vor Geheimnisverrat untersagte man für sie jegliche ausländische Werbung. Die Artilleriekompanien erhielten zunächst als Werbegebiete nur Städte zugewiesen. 1733 wurden ihnen dreizehn kurmärkische und sieben neumärkische Ortschaften als Kantons überlassen. Als Regel galt, nur kleine Männer für die Artillerie zu rekrutieren. Ihre Mindestgröße sollte fünf Fuß, vier Zoll sein (167 cm), Soldaten über elf Zoll (also über 185 cm) waren an die Infanterie abzugeben.

Das Artilleriekorps stellte somit der preußischen Armee die kleinsten Soldaten, war indes von Herkunft und Landsmannschaft wohl die geschlossenste Einheit innerhalb dieser Armee.

Der Ausbildung auch der Kanoniere waren vor allem infantristische Grundsätze übergestülpt worden. Es galt wichtiger, tadellose Infanterieformationen einzunehmen, wacker zu exerzieren und zu paradieren, denn seine Waffe zu beherrschen. Der Dienst fand zumeist ohne Geschütze statt, nur im Sommer wurde an einigen Geschützen praktisch geübt. Auch bei größeren Manövern war die Artillerie meist nur mit wenigen Kanonen mehr symbolisch als praktisch vertreten.

Für Friedrich II. bedeutete die Artillerie ein unkonventionelles Kriegsmittel aus doppeltem Grund: einerseits dünkte sie ihm als Inkarnation bürgerlicher Kriegshandwerkerei, andererseits scheute er vor ihr zurück, weil ihr schneckenhaftes Marschtempo seiner auf rasche Bewegung abgestellten Kriegführung widersprach. Nur unter dem Zwang der Umstände, der ihm im wesentlichen von österreichischer Seite diktiert wurde, die unter der Leitung des Fürsten Joseph Wenzel von Liechtenstein eine vorzügliche Artillerie heranbildete, veränderte und modifizierte er seine Einstellung zu dieser Waffengattung. Sie stand jedoch bis weit in den Siebenjährigen Krieg im Schatten, verglichen mit der Aufmerksamkeit, die er der Infanterie und der Kavallerie schenkte. Bereits die Erfahrungen des ersten schlesischen Krieges lehrten Friedrich jedoch, wie unzureichend die Stärke seiner Feldartillerie war. Bereits 1741 wurde ein zweites Feldartilleriebataillon mit fünf Kompanien und 566 Köpfen gebildet, das im August 1744 zum ersten Feldartillerie-Regiment avancierte. Seine Bewaffnung bestand aus 140 Dreipfündern, 20 Zwölfpfündern, 12 Vierundzwanzigpfündern und 14 Haubitzen. Ferner entstand ein Artilleriekorps für Belagerungszwecke, das 36 schwere Geschütze umfaßte.

Die größte Aufmerksamkeit richtete Friedrich II. auf die Normierung seiner Artillerie in einheitliche Kaliber, ein Grundzug der Artillerieausrüstung, der sich bei allen Armeen durchsetzte, und auf das Bemühen, ihre Beweglichkeit zu erhöhen. Innerhalb der preußischen Artillerie vollzog sich eine weitere organisatorische Zellteilung: neben der Festungsartillerie, die ein Eigenleben neben der Feldarmee führte, entstand die den Regimentern und

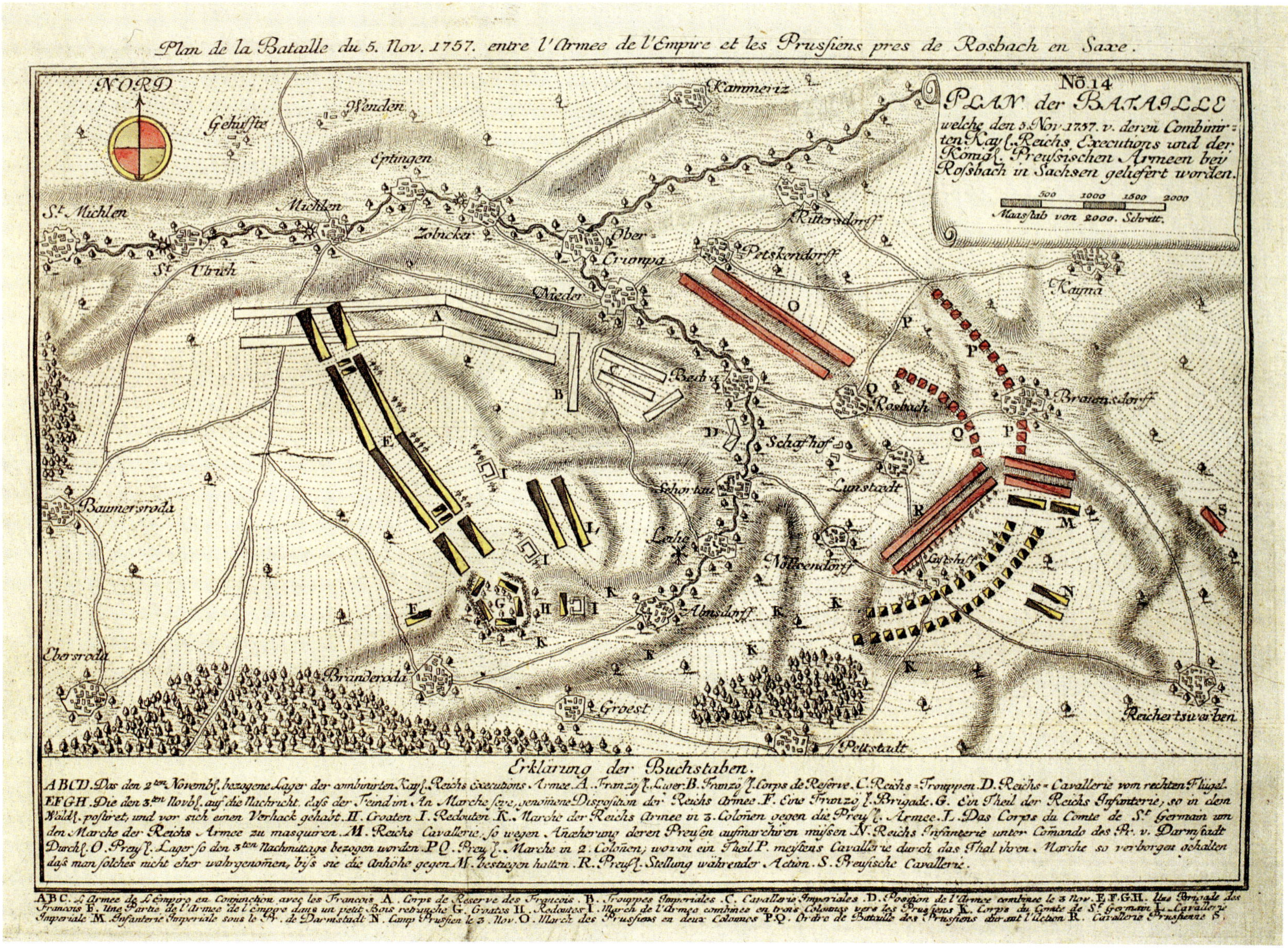

Zeitgenössischer Stich der Schlacht bei Roßbach 1757

Bataillonen im Kriegsfall beigegebene leichte Artillerie, ausschließlich Drei- und Sechspfünder, die mit den Linienformationen vorrückten, die schwere Positionsartillerie, die in der Feldschlacht in Batterien zu je zehn Stück zusammengefaßt wurde, und die Belagerungsartillerie für den Festungskrieg.

Bis 1756 war das Feldartillerie-Regiment auf eine Stärke von 1709 Mann gebracht worden, das mit 360 Feldgeschützen ausrücken konnte. Es war vorgesehen, daß 236 Dreipfünder an die Bataillone gegeben werden sollten, während aus den 59 Zwölfpfündern, 24 Vierundzwanzigpfündern, 13 zehnpfündigen Haubitzen, 8 zehnpfündigen Mortiers und 20 fünfzigpfündigen Mortiers die schweren Schlachtbatterien zusammengestellt werden sollten. Das 1. Feldartilleriebataillon zählte sechs Kompanien mit 903 Köpfen, das 2. 806 Mann in fünf Kompanien. Die Kanonenkompanie im 1. Bataillon zählte zehn Unteroffiziere, zehn Bombardiers, 120 Kanoniere und drei Tambours, die des 2. Bataillons zehn Unteroffiziere, 122 Kanoniere und einen Tambour. Die einzig bestehende Bombardierkompanie, vor allem bestimmt für die Bedienung der Haubitzen und Mortiers, hatte neun Unteroffiziere, 98 Bombardiere, sechs Zimmerleute und einen Tambour.

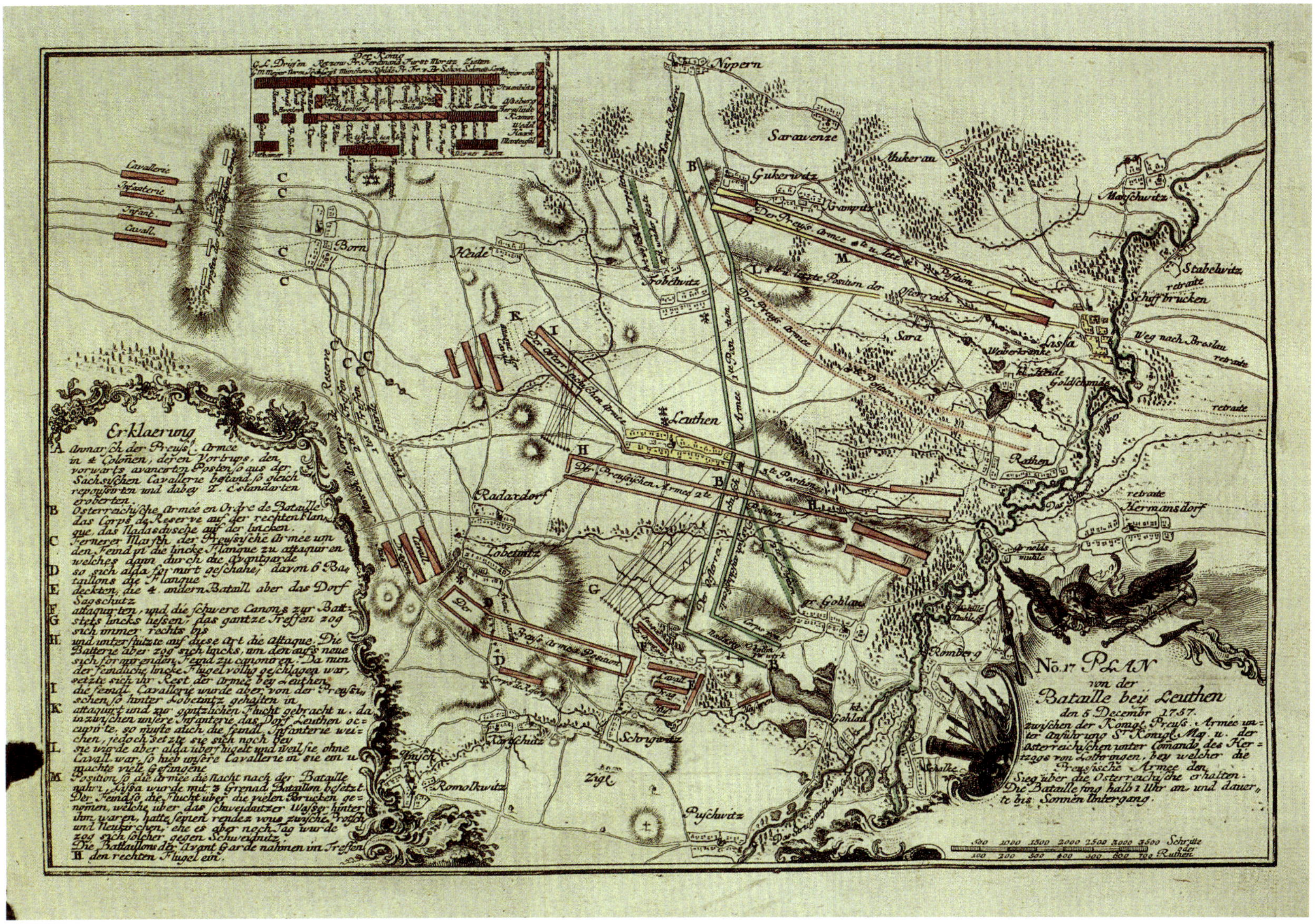

Zeitgenössischer Stich der Schlacht bei Leuthen 1757

Es handelt sich hier um das klassische Beispiel der sogenannten schrägen Schlachtordnung im 18. Jahrhundert. Die Aufstellung der preußischen Seite ist in hellrot und die der österreichischen in dunkelrot gehalten. Die Anfangslage war dadurch gekennzeichnet, daß die österreichische Seite bei Ankunft der preußischen bereits Aufstellung genommen hatte und einen preußischen Frontalangriff erwartete. Sein Feldherrngenie ließ Friedrich II. dieser Erwartung der österreichischen Seite nicht entsprechen, sondern mittels eines doppelten Schwenks den österreichischen Flügel durch einen Schrägangriff umfassen.

Die Hauptschwäche der friderizianischen Artillerie bestand einerseits in der Trennung zwischen Friedens- und Feldarmee. Erst im Kriegsfall bzw. auf dem Schlachtfeld wurde die leichte Artillerie auf die Regimenter und Bataillone – je Bataillon zwei Stück – aufgeteilt, deren Bedienung nur zur Hälfte aus regulären Artilleristen, zum anderen Teil aus kurzfristig abgestellten Musketieren bestand. Die Beweglichkeit der Artillerie wurde ebenfalls nur zum Teil durch reguläre Soldaten sichergestellt, den größten Teil, 1753 über zweitausend, stellten sogenannte Artillerieknechte, die zwar ebenfalls von den Kantons gestellt werden mußten, ohne daß sie den Status eines Kriegsmannes innehatten. Sie bildeten bei der Artillerie den unzuverlässigsten Teil der Mannschaft, der sich häufig bei drohender Gefahr auflöste und verschwand.

Eine Abhilfe, um die Artillerie rascher vor Ort einsetzen zu können, sah der Preußenkönig darin, sie bereits in Friedenszeiten in Hauptfestungen zusammenzuziehen. Hauptartilleriedepots wurden nach den beiden schlesischen Kriegen in Berlin, Breslau, Königsberg, Stettin und Magdeburg angelegt, von wo aus jeweils auch ein Transport auf dem Wasserwege – namentlich auf Elbe und Oder – sichergestellt war.

Zur Sicherung der eroberten schlesischen Provinz bildete Friedrich seit 1742 eine neue Breslauer Artillerie-Garnisonskompanie, die auf Breslau, Glogau, Brieg, Neiße und Glatz verteilt wurde. Aus ihr wurde 1753 das schlesische Artilleriekorps formiert. Insgesamt erhöhte sich die Stärke der Garnisonsartilleriekompanien zwischen 1745 und 1756 von ursprünglich vier auf acht: die vier alten Kompanien standen in Königsberg, Wesel, Stettin und Breslau, die vier neuen – in einem Artillerie-Garnisons-Bataillon zusammengefaßt – in den neuen Festungen Neiße, Glatz und Schweidnitz sowie in Magdeburg.

Entwicklung der Anzahl der Feldgeschütze
in der preußischen Armee zwischen 1756 und 1763

	1756	1758	1759	1760	1761	1762
Dreipfünder	178	-	-	160	138	127
Sechspfünder	62	238	238	130	146	186
Zwölfpfünder	60	117	221	174	184	264
Vierundzwanzigpfünder	26	-	1	-	-	-
Haubitzen/Mortiers	34	38	76	59	64	85
Insgesamt	360	393	536	523	532	662

Der Siebenjährige Krieg zwang Friedrich II. besonders seit 1759, der Vermehrung der Artillerie sein Augenmerk zuzuwenden. Ohne eine entsprechende Artillerievorbereitung war kein Erfolg auf dem Gefechtsfeld mehr möglich, besonders nachdem die österreichische Heeresführung ihre Stellungen geländemäßig immer stärker ausbaute. Zwischen 1756 und 1763 verdoppelte sich die Zahl der Feldgeschütze und verdreieinhalbfachte sich die Kopfzahl der Artilleristen.

Stockte Friedrich in den ersten Kriegsjahren nur die Kopfzahl in den Kompanien auf, so erhöhte er 1758 die Stärke des Artillerieregimentes auf drei Bataillone, so entstanden erst 1762 zwei Artillerieregimenter, die nach Beendigung des Krieges in drei kleinere zu je zwei Bataillonen umgewandelt wurden, von denen das 1. und 3. in Berlin, das 2. in Königsberg Garnison bezog. Kurzzeitig existierte in der preußischen Armee seit April 1759 eine berittene Artillerieabteilung unter einem Hauptmann von Anhalt als schnelle Eingreiftruppe mit sechs Sechspfündern. Trotz wiederholter Zerschlagung, so bei Kunersdorf und Maxen, wurde diese Einheit bis 1763 immer wieder neu aufgestellt, dann verschwand sie aus dem Heeresetat.

Die Erfahrungen des Siebenjährigen Krieges veranlaßten die preußische Krone, einen hohen Artilleriebestand beizuhalten. 1763 wurde die Feldartillerie mit 732 Geschützen angesetzt, 1768 sogar mit 820 Geschützen und 54 leichten Haubitzen. 358 leichte Geschütze waren zur Unterstützung der Bataillone vorgesehen, aus 320 schweren Kanonen und 88 schweren Haubitzen sollten die Positionsbatterien gebildet werden. Die Stärke einer Kompanie

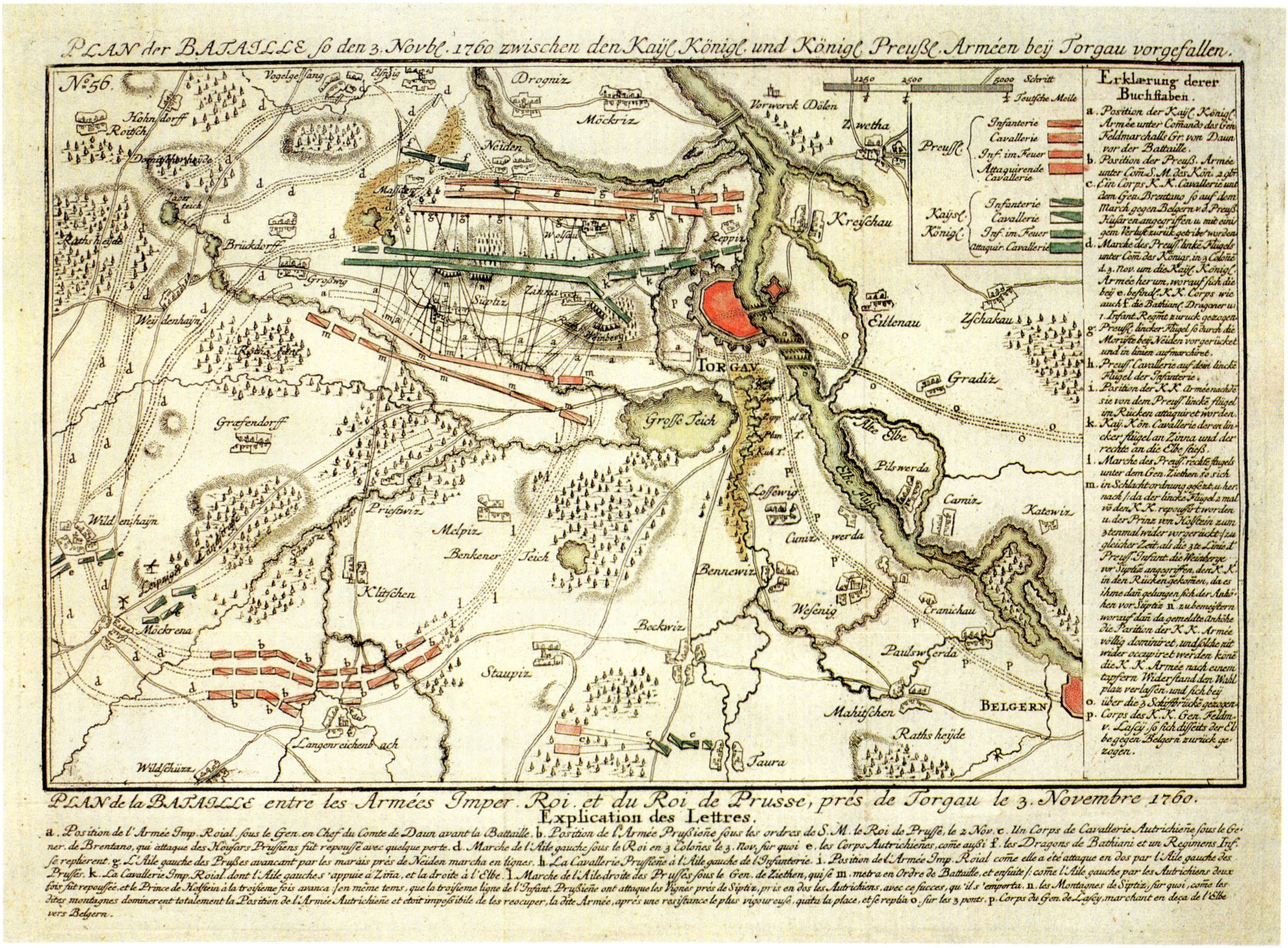

Zeitgenössischer Stich der Schlacht bei Torgau 1760

Die Aufstellung des preußischen Truppenkörpers, hellrot ausgezeichnet, in zwei Abteilungen links und rechts vom österreichischen, dunkelgrün ausgezeichnet, verkörpert den Höhepunkt wie auch die Grenzen der Lineartaktik, weil sich die parallele frontale Aufstellung angesichts der gestiegenen Feuerwirkung der Artillerie überholt hatte und sich die preußische Armee gezwungen sah, gleichsam die spätere Taktik vorwegnehmend, in zwei selbständig handelnden Kolonnen unter Friedrich II. und Husarengeneral Zieten den Angriff zu wagen.

wurde seit 1763 auf vier Offiziere, einen Oberfeuerwerker, vier Feuerwerker, 15 Unteroffiziere, 21 Bombardierer, 155 Kanoniere, drei Tambours und einen Feldscher angesetzt. Die Kopfzahl der Artillerie betrug nunmehr 6309 Mann in den Feldregimentern, 453 Mann in den alten Garnisonskompanien und 693 Mann im schlesischen Artilleriekorps.

Bei der Rekrutierung des Mannschaftsbestandes brach Friedrich II. mit der alten Ordnung, nur Inländer einzustellen. Nunmehr sollte sich die Mannschaft zu 5/6 aus Inländern und zu einem Sechstel aus Ausländern rekrutieren. Ungeachtet dessen lag der Prozentsatz von rekrutierten Ausländern damit noch weit unterhalb des Niveaus der übrigen Armee. Mit diesem Prinzip schien Friedrich erst im Oktober 1772 zu brechen, als das 4. Feldartillerieregiment aufgestellt wurde, dessen 2360 einfache Soldaten sich aus 1160 Landeskindern und 1200 Ausländern zusammensetzen sollte. Jedoch bestand die Hauptaufgabe der Soldaten dieses Regimentes weniger im Geschützdienst, denn in Batteriebau, Sappenarbeit und Wegeverbesserung, für die über 95 Prozent der Soldaten herangezogen wurden. Es bildete somit eher ein Bau- als ein Artillerieregiment.

Im Zuge des Ausbaues des schlesischen Festungsringes erhöhte sich auch die Zahl der Garnisonskompanien. Als Friedrich II. starb, bestanden vierzehn derartige Kompanien und zwar in Wesel, Magdeburg, Schweidnitz, Neiße, Silberberg, Glatz, Glogau, Brieg, Kosel, Breslau, Stettin, Kolberg, Königsberg und Graudenz. Hauptstandort der Artillerie blieb Berlin, wo die Artillerie im Sommer zu regelmäßigen Schießübungen ausrückte. Jedoch reichten die beiden in Berlin und Breslau garnisonierten Exerzierbatterien nach 1763 nicht mehr aus, um das Zusammenwirken aller Waffengattungen zu erproben. Der Anteil der Artillerie an den Gesamtstreitkräften hatte sich während der Regierungszeit Friedrichs II. von etwa zweieinhalb Prozent auf fünfeinhalb Prozent im Jahre 1786 erhöht. Von den Nachfolgern Friedrichs II. wurde zwar durch organisatorische Neustrukturierung versucht, die Artillerie stärker in die Feldarmee zu integrieren, doch blieb der Wert aller derartigen Versuche begrenzt: Es gelang der preußischen Artillerie nicht, eine wirksame Feldartillerie auf das Schlachtfeld zu führen, weil ihr Material zu schwer und sie nach wie vor schlecht bespannt war. Die Regimentsartillerie indessen litt unter der künstlichen Trennung von Friedens- und Kriegsorganisation, die ihre Schlagkraft und Ausbildung erheblich einschränkte. Am ehesten entsprach noch die reitende Artillerie, die 1773 von Friedrich II. wiederbelebt worden war, den Anforderungen des Kriegswesens. Trotz großer numerischer Überlegenheit erwies sich die preußische Artillerie von ihrer Organisation und ihrem Material her 1806 nicht imstande, der französischen Artillerie in der Wirkung auch nur einigermaßen gleichzukommen.

Festungen, Garnisonen und technische Truppen

Friedrich II. bezeichnete Festungen als die Nägel, die das Königreich zusammenhielten. Angesichts der territorialen Streulage des brandenburgisch-preußischen Staates wurden derartige Nägel zu unterschiedlichen Zeiten geschmiedet. Viele von ihnen verkamen zu rostigen Stümpfen, wenn sich das politische Hauptinteresse des Staates in andere Himmelsrichtungen konzentrierte. Im sechzehnten Jahrhundert waren die Befestigungen einiger märkischer Städte modernisiert worden, so geschehen in Küstrin seit 1537, in Peitz seit 1547 und in Spandau seit 1560. Der von Frankreich ausgehende Innovationsschub im militärischen Festungsbau, vor allem mit dem Genie von Sebastien le Prêtre und Marquis de Vauban verbunden, führte auch in Brandenburg zur Erneuerung von Befestigungsanlagen, wovon seit 1658 namentlich Berlin als Residenz betroffen war. In der Frühzeit der stehenden Heere fielen Garnison und Feldtruppe zumeist zusammen. Im Kriegsfall blieb häufig nur ein Restbestand von Soldaten zurück, der die befestigten Orte verteidigte.

Derartige Garnisonen waren 1713 von Friedrich Wilhelm I. völlig zur Neuaufstellung von Regimentern verbraucht worden. Erst seit 1717 ging man in Preußen dazu über, zweitklassigen Soldaten die Verteidigung von festen Plätzen zu übertragen. Geboren war diese Idee zunächst aus der Not, invalide Soldaten zu versorgen. Die zunächst als Invalidenbataillone und erst später als Garnisonsbataillone bezeichneten Einheiten setzten sich ganz überwie-

Festungskämpfe nach Fleming 1726 (Bilder S. 99 und 100)

gend aus Invaliden, alten Soldaten und solchen Rekruten zusammen, die aufgrund ihrer kleinen Statur nicht Aufnahme in die Linienregimenter fanden. Von Anfang an haftete damit den Garnisonseinheiten der Ruch von Zweitklassigkeit an, der in dem Maße zunahm, wie die preußischen Könige die Garnisonsregimenter als Abstellgleis für gescheiterte Offiziersexistenzen oder auch unter Friedrich II. für mißgeliebte bürgerliche Offiziere ansah, die sich immerhin so verdient gemacht hatten, daß man sie nicht schnurstracks der Armee verwies. Von Anfang an nahm die Krone darauf Bedacht, ihre wichtigsten Festungen mit einer notdürftigen Besatzung zu versehen. Unter Friedrich Wilhelm I. galten als die wichtigsten Festungen zunächst einmal jene unmittelbar das preußische Kernland deckenden Orte wie Berlin, Küstrin, Spandau und seit den zwanziger Jahren besonders Magdeburg, das zur Hauptfestung des Königreiches ausgebaut wurde. Besondere Bedeutung kam ferner den im Westen gelegenen Festungen zu, die den preußischen Streubesitz dort zusammenhalten sollten, vor allem Geldern, Minden, Lippstadt und Wesel, das zur preußischen Hauptfestung im Westen werden sollte. Einen dritten Festungsriegel bedeuteten die das ostpreußische Territorium schützenden Festungen Pillau, Memel, Kolberg und Königsberg, wozu seit 1715 auch das die Odermündung beherrschende Stettin hinzutrat. Diese Orte waren die bevorzugten Plätze für die Unterbringung der Garnisonseinheiten, die 1726 bereits eine Stärke von über 7000 Mann erreichten.

Bei der Befestigung vor allem von Magdeburg und Stettin suchte man sich der tonangebenden französischen Festungslehre zu bedienen. Das preußische Ingenieurkorps stand fast anderthalb Jahrhunderte im Banne französischen Ideengutes, das in Brandenburg-Preußen seit 1688 vor allem durch die Einwanderung der Hugenotten eine Blutzufuhr erfahren hatte, die

Österreichische Pontoniers 1762

besonders im Ingenieurkorps einen dauerhaft majorisierenden französischen Einfluß hergestellt hatten. Bereits unter Kurfürst Friedrich Wilhelm hatten Offiziere französischer Herkunft die beste Chance, in das Ingenieurkorps aufgenommen zu werden, die im Kriege für die Belagerung, für die Anlage von Feldlagern und für die Marschrouten verantwortlich zeichneten, im Frieden den preußischen Festungsbau leiteten und zugleich als Landvermesser tätig waren.

Erst Friedrich Wilhelm I. schuf jedoch die feste Institution des Ingenieurkorps, auch hier wieder ganz eindeutig unter dem Einfluß des kriegserfahrenen Leopold von Dessau-Anhalt, der dem König auch den ersten Korpschef anwarb, den Holländer Gerhardt Cornelius von Walrave, unter dessen Leitung seit dem 21. März 1729 vier Majoringenieure, zwölf Kapitäningenieure, 21 Leutnants und 11 Konductors dienten.

Auf Leopolds Einfluß ging auch die Aufstellung der ersten technischen Truppenteile in der preußischen Armee zurück: für den Pommernfeldzug des Jahres 1715 entstand vorübergehend ein Korps der Mineure, das unter dem Kapitän Leonard de Bauvrye vier Unteroffiziere und zwanzig Mann umfaßte, indes nach Beendigung des Krieges auf drei Mann reduziert wurde.

Im selben Jahr entstand das Pontonier-Korps unter Kapitän Lambertus de Rep, das zwei Unteroffiziere, zwanzig Soldaten, einen Klempner, einen Stellmacher zählte und über zwanzig blecherne Pontons zum Brückenbau verfügte. Auch das Pontonier-Korps wurde 1716 auf nur sieben Mann zurückgestutzt, 1726 wieder auf 24 Mann erhöht. Organisatorisch wurde es der Artillerie angegliedert.

Die technischen Truppen Preußens muten im Vergleich zur Gesamtarmee zwergenhaft an und um so bedeutsamer erschien der Versuch Friedrich II., im November 1741 alle technischen Truppen unter einer Regimentsfahne zu vereinen. Das Kommando über das zwischen November 1741 und November 1742 aufgestellte Regiment übertrug er den zum Generalmajor beförderten Walrave. Unter dem Dach dieses Regimentes fand sich das Ingenieurkorps, das auf 27 Soldaten verstärkte Pontonier-Korps unter de Rep, zwei neu errichtete Mineur-Kompanien und zehn Kompanien Fußvolk wieder. Für die Aufstellung der Mineur-Kompa-

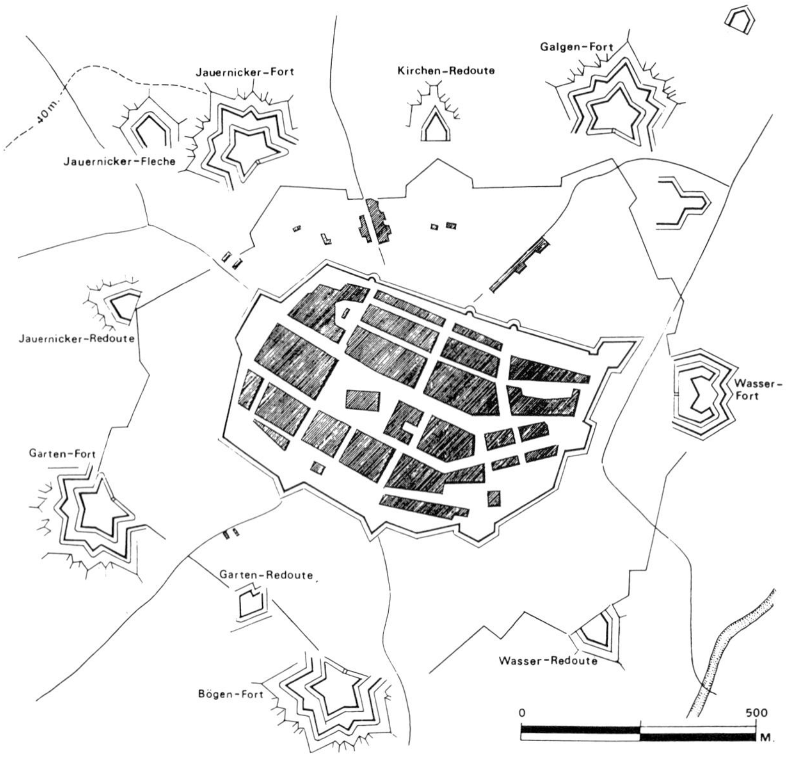

Anlage der Festung Schweidnitz

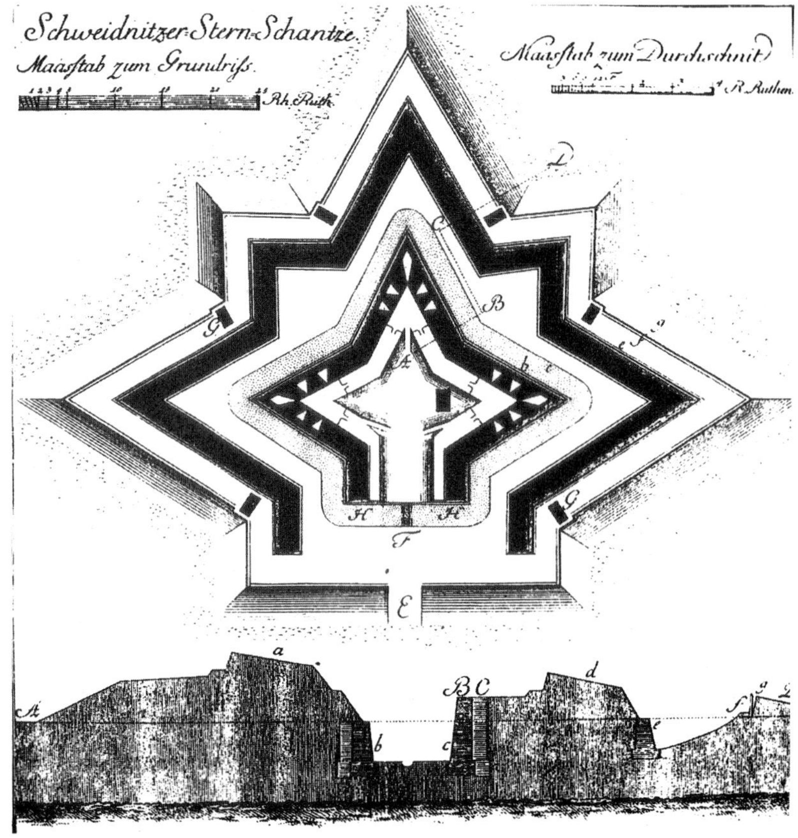

Sternschanze der Festung Schweidnitz

nien hatte Friedrich Leopold von Anhalt-Dessau am 25. November 1741 ersucht, Bergleute aus dem Halberstädtischen und dem Harz anzuwerben, die sich am 17. April 1742 von Berlin aus auf den Weg nach Schlesien machten. Die übrigen zehn Kompanien, zumeist als Bausoldaten eingesetzt, rekrutierten sich aus Oberschlesien und Mähren.

Walraves Hauptaufgabe sollte darin bestehen, die schlesische Provinz durch einen Festungsgürtel zu decken. Hatte Friedrich II. zu Beginn der schlesischen Kriege den Wert von Festungen gering erachtet, so sah er in ihnen nunmehr sowohl einen Rückhalt für eine verzögernde Kriegsführung als auch – und dieser Gedanke war für ihn beherrschend – als Ausfalltore für künftige Auseinandersetzungen mit der Habsburgermonarchie. Für den Preußenkönig waren die Festungen zugleich große Magazinplätze, die ihm von der schlesischen Grenze aus eine offensive Kriegsführung nach Böhmen und Mähren hinein gestatten sollten.

Der Festungsbau unter Friedrich II. verlagerte sich schwerpunktmäßig eindeutig nach Schlesien, während den anderen festen Orten kaum noch Geldmittel zur Verfügung standen. Mit dem Ausbau von Neiße zur Festung, die gekrönt wurde durch die Grundsteinlegung des Fort Preußen im Mai 1743, der von Glatz ab 1743 sowie von Kosel und besonders von Schweidnitz ab 1747 entstand eine grenznahe erste Festungslinie. Besonders die Anlage der Festung Schweidnitz, der wichtigsten schlesischen Festung Preußens, war bemerkenswert, weil erstmals im europäischen Festungsbau im Vorfeld des eigentlichen Festungsgürtels fünf selbstständige Forts und fünf Werke errichtet wurden, die die Abwehrtiefe wesentlich erweiterten und die Dauer eine Belagerung erheblich verlängerten.

Als eine zweite befestigte Verteidigungslinie, die allerdings mehr der Sicherung freier Versorgungsschiffahrt auf der Oder als langwieriger Verteidigung diente, wurden die Befestigungen von Brieg, Breslau und Glogau verbessert. Am 10. Februar 1748 wurde der in königliche Ungnade gefallene Walrave, war es vermuteter Verrat, war es seine dogmatische Rechthaberei oder war es sein zwielichtiger Lebenswandel, verhaftet und bis zu seinem Tode (1773) auf der von ihm erbauten Sternschanze von Magdeburg eingekerkert.

Die technischen Truppen Preußens hatten damit ihren stärksten Advokaten verloren. Keiner der Nachfolger Walraves konnte sich lange in der Gunst des Königs halten. Der an Stelle Walraves tretende Obrist Loth von Sers verlor Friedrichs Vertrauen nach dem Verlust der Festung Schweidnitz im Herbst 1757. Damit war auch das Schicksal des ersten technischen Regimentes der preußischen Armee besiegelt. Es wurde am 26. November 1758 in ein schlichtes Füsilierregiment umgewandelt. Das Pontoniers-Korps und die beiden Mineur-Kompanien wurden ebenso wie das Ingenieur-Korps verselbständigt, das Friedrich II. besser in französischer oder italienischer Obhut sah als in preußischer.

Der Chronist der preußischen Armee, Curt Jany, bescheinigte diesem Korps, es habe unter Friedrich II. wenig geleistet und wenig gegolten.

Die Kriegsnot zwang Friedrich während des Siebenjährigen Krieges, auch die wenig geschätzten Garnisonsregimenter im Felddienst zu verwenden, wo nur die wenigsten in der Lage waren, die ihnen übertragenen Aufgaben zu erfüllen. Garnisonsregimenter stellten in den Augen Friedrichs deshalb Einheiten dar, wo entweder alte oder mißliebige Offiziere abgeschoben werden konnten, eine Vorstufe von Bewährungsregimentern. Eine Quittung erhielt die Monarchie dafür 1806, als die meisten preußischen Festungen kampflos vor Napoleons Truppen kapitulierten, zumeist geschuldet der Vergreisung unfähiger Kommandanten.

Nach dem Siebenjährigen Krieg stagnierte die Entwicklung der technischen Truppe. Das Ingenieurkorps zählte nicht mehr Offiziere als vor dem Krieg, und das zeitweilig selbständige Pontonier-Korps wurde 1773 wieder der Artillerie unterstellt.

Nur die Mineure erfuhren eine Aufstockung ihres Personals. 1763 hatte Friedrich eine Reihe kleiner Festungen wie Draheim, Driesen, Geldern, Minden, Mörs, Peitz, Regenstein, Memel und Pillau aufgelöst. Sein Hauptinteresse konzentrierte sich auf den weiteren Ausbau des schlesischen Festungsgürtels. 1765 wurden die Arbeiten für die Festung Silberberg auf-

Bau einer Pontonbrücke nach Fleming 1726

Proviantoffizier und Feldbäckerei der österreichischen Armee 1762

Proviantfuhrwesen der österreichischen Armee 1762

genommen, das als Sperrfort diente. Zu Hauptfestungen wurden Schweidnitz, Neiße, Glatz, Kolberg, Stettin, Küstrin und Magdeburg erklärt, während Spandau nur noch als befestigter Magazinplatz galt. Das Mineur-Korps wurde 1772 um eine Kompanie und 1783 um eine vierte Kompanie verstärkt. Sie war aus den sogenannten Neuen Mineuren hervorgegangen, die seit 1778 Graudenz zur Festung umgewandelt hatten. Der Etat einer Mineur-Kompanie betrug vier Offiziere, neun Unteroffiziere, einen Feldscher, sieben Zimmerleute und neunzig Mineure, von denen mindestens fünfzig Bergleute, der Rest Maurer, Schmiede, Schlosser und Zimmerleute sein sollten.

Auch unter den Nachfolgern Friedrichs erfuhren die technischen Truppen nicht jene Förderung, die der Zeit angemessen war. Zwar setzte Friedrich Wilhelm II. im Dezember 1788

Ludwig Wilhelm von Regler unter Beförderung zum Generalmajor zum Chef des Ingenieurkorps ein, wurde im Mai 1788 eine Ingenieurakademie in Potsdam eröffnet, doch der friderizianische Zopf war zu lang, als daß binnen kurzer Zeit im alten Offizierskorps eine völlige Neubesinnung gegenüber den technischen Truppen hätte eintreten können.

Spielleute

Nach Mannschaften, Unteroffizieren und Offizieren bildeten die Spielleute die viertstärkste Kategorie der preußischen Armee. Bei ihnen erhielt sich am längsten die bunte Farbigkeit des Uniformkleides. Sie wurde als letzte Gruppe noch in die preußische Armee integriert, war doch ihr Status über Jahrhunderte abhängig von Gunst oder Ungunst des jeweiligen Regimentsobristen. Innerhalb des Korps der Spielleute hoben sich zwei Gruppen deutlich voneinander ab: Die seit 1426 durch Kaiserliches Edikt privilegierten Feld- und Hoftrompeter, die sogenannten Caroliner, eine noble Musikerzukunft, die den Offizieren gleichgestellt war und im Dreißigjährigen Krieg wiederholt als Parlamentäre dienten, eine Funktion, die sich im 18. Jahrhundert auf alle Regimentstamboure übertrug. Entsprechend ihrer zünftigen Herkunft dienten die Trompeter in den Reihen der schweren Schlachtenkavallerie, namentlich den Kürassierregimentern. Jedes Kürassierregiment zählte um die Jahrhundertwende etwa zehn bis fünfzehn Trompeter, je Eskadron in der Regel zwei. Sie standen unter dem Kommando eines Stabstrompeters. Kavalleriemusik war in erster Linie Signalgebung. Die Trompeter ritten deshalb die Attacken ihrer Regimenter mit. Sie signalisierten den Angriff, sein Ende und die Sammlung der Reiter.

Daneben entwickelte sich aus den Spielleuten der Landknechtsfähnlein die nichtzünftige Militärmusik. 1680 standen bei jeder brandenburgischen Musketierkompanie zwei Trommler und zwei Pfeifer. Daneben entstanden innerhalb der Infanterieregimenter sogenannte Chöre, die sich aus mehreren Schalmeien- und Oboenbläsern zusammensetzten. Es lag im Ermessen des jeweiligen Regimentsinhabers, wie stark er sein Musikkorps stellte und wie er es bekleidete. Sie waren nicht Bestandteil des Regimentsetats. Selbst Friedrich Wilhelm I., der sonst für eine regelmäßige Gleichförmigkeit seiner Armee strenge Sorge trug, stellte es seinen Regimentskommandeuren zunächst anheim, wie sie die Spielleute ihrer Regimenter bekleideten. Auf der anderen Seite rechneten die Spielleute seit der Jahrhundertwende zum Etat des Regimentes. 1726 sollte jedes Infanterieregiment 43, 1743 50 und 1763 48 Militärmusiker zählen. Im preußischen Infanteriereglement von 1743 waren die 50 Spielleute wie folgt aufgeteilt: Bei jeder Musketierkompanie standen drei Tambours, bei der ältesten Musketierkompanie darüber hinaus ein Pfeifer. Insgesamt standen 36 Tambours und 6 Pfeifer in den Infanteriekompanien. Die eigentliche Regimentsmusik, der Regimentstambour und die sechs Hautboisten, befanden sich bei der Leibkompanie des Regiments, also jener Kompanie, deren Inhaber der jeweilige Regimentskommandeur war. Die Dragoner galten bis 1771 hinsichtlich ihrer Militärmusik mehr der Infanterie denn der Kavallerie verwandt. Zu ihrem Musikkorps gehörten ein Kesselpauker, vier Hautbois und 15 Tambours, je Eskadron drei Tambours. Die neuaufgestellten Husarenregimenter indessen mußten auf eine Regimentsmusik völlig verzichten. Sie erhielten je Schwadron nur einen Trompeter, der jedoch nicht mehr den zünftigen Carolinern angehörte.

Bunteste Exotik leisteten sich preußische Könige beim Musikkorps der Artillerie. Zunächst bescheiden mit Tambour und Trompeter versehen, erhielten sie unter Friedrich Wil-

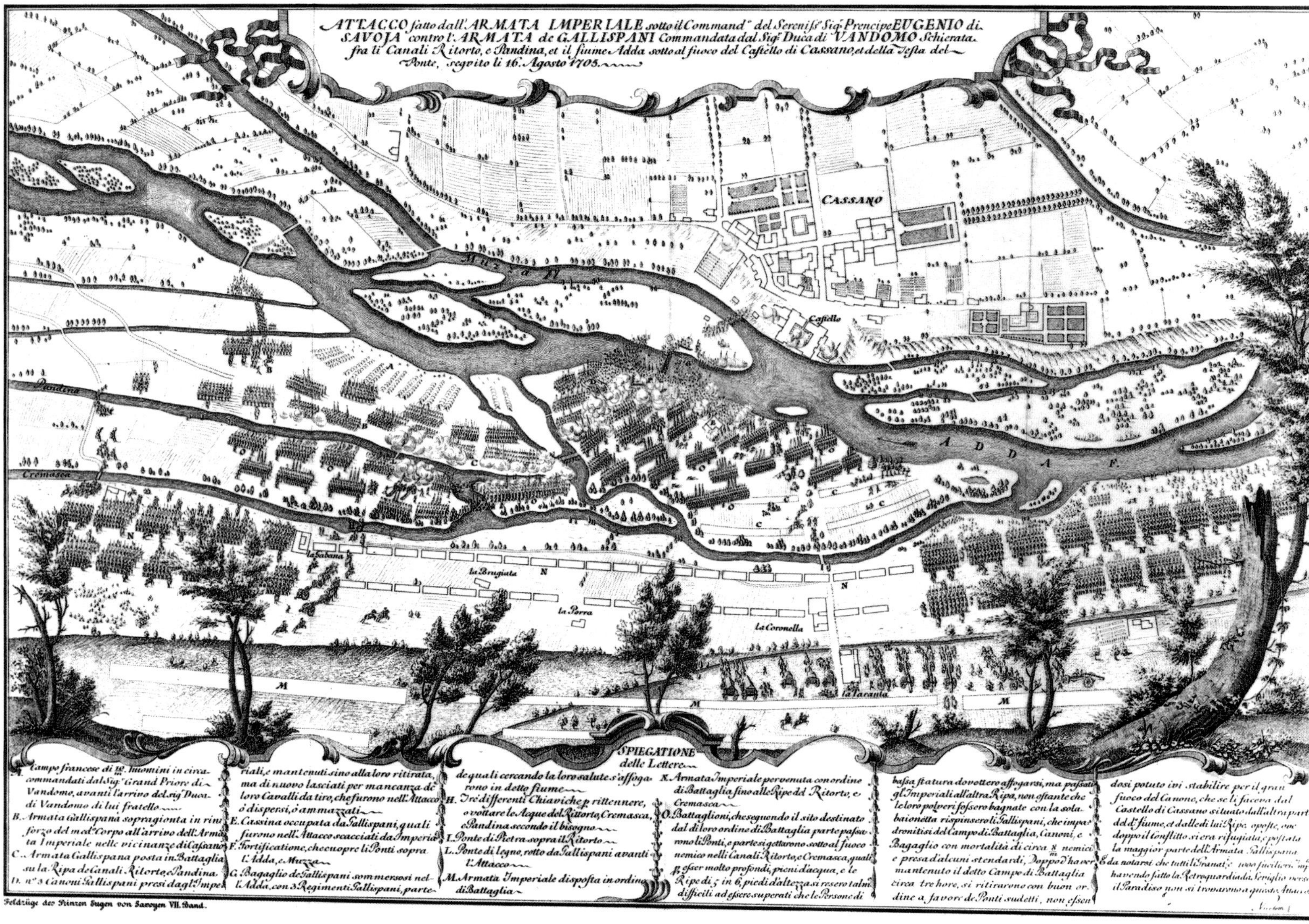

Plan der Schlacht von Cassano am 16. August 1705

helm I. 1731 anstelle von vier Schalmeien- und vier Bockpfeifern acht Dudelsackpfeifer und einen Paukenwagen. Friedrich II. entzog ihnen 1740 zwar die Dudelsackpfeifer, ersetzte sie aber durch ein zehnköpfiges Janitscharenmusikkorps mit Trommeln und verschiedenen Schlagzeugen wie Becken, Triangel und Schellenbaum. Exotik ließ Friedrich Wilhelm I. auch bei seiner Garde walten. Den «langen Kerls» gehörten als Pfeifer junge Afrikaner an, Erinnerung an die westafrikanische Kolonie Preußens, die 1718 an die Niederlande abgetreten wurde.

1713 zählte die preußische Armee 1044 Spielleute (etwa 2,7 Prozent des Personalbestandes), 1755 schon 2955 Köpfe und nach Beendigung des Siebenjährigen Krieges 3575 Regimentsmusiker. In der Bezahlung verloren die meisten Spielleute ihren fast dem Offizier angenäherten Rang und pendelten sich in der Position eines Corporals ein.

Ihre Bedeutung indes für den militärischen Dienst im Frieden und im Krieg wuchs beständig an. Seit Einführung der Exerzierreglements gab es keine wichtige militärische Verrichtung oder Zeremonie mehr, an der die Militärmusik nicht wesentlich beteiligt gewesen wäre. Das betraf sowohl den geschlagenen Grenadier- und Musketiermarsch beim Avancieren auf dem Schlachtfeld, was namentlich für Friedrich II. unverzichtbar war. Der Generalmarsch wurde beim Aufbruch geschlagen. Musik wurde gegeben bei der Vergatterung, beim Wachtaufzug, bei der Reveille, beim Zapfenstreich, beim Kirchgang und bei der Beerdigung. Alarmmärsche schlug man nicht nur bei Feuerbrünsten, sondern auch bei Desertionen. Das Leben des Soldaten war tagtäglich von militärischen Signalen oder Märschen bestimmt. Sie beruhten zumeist auf dem rhythmischen Schlagen der Trommel oder kurzen Fanfarensignalen. Die Harmoniemusik trugen ausschließlich die Hautbois, in den Infanterieregimentern zumeist drei Oboen und drei Fagotts – später ab 1770 auch Klarinetten –, die neben der traditionellen Feld– und Signalmusik die eigentlichen Begründer der Marschmusik wurden. Im Kampf hatte man für die Hautboisten, den ausgebildeten Regimentsmusikern, keine Verwendung, die sich deshalb bei Beginn des Feuergefechtes von der Truppe entfernten. Mit dem von Leopold I. von Anhalt-Dessau seit der Schlacht bei Cassano (1705) in seinem Regiment eingeführten «Dessauer Marsch» und den Märschen Friedrich II., wurde in Preußen der Grundstein für eine Marschmusik gelegt, die Jahrhunderte überdauern sollte.

Preußisches Sanitätswesen

Bis zur Regierungsübernahme Friedrich Wilhelms I. stand das Militärsanitätswesen in der preußischen Armee auf einem sehr niedrigen Niveau. Wenn es eine Wissenschaft gab, der Friedrich Wilhelm neben der Theologie Aufmerksamkeit zuwendete, war es die medizinische Kunst. Die Krankenversorgung der Soldaten lag bis dahin zumeist in den Händen unausgebildeter Feldschere, die sich in der Hauptsache als Barbiere betätigten. Ihre Auswahl lag im Ermessen der Regimentsobristen bzw. der Kompaniekapitäne. Der preußische König versuchte das Niveau der ärztlichen Betreuung dadurch anzuheben, daß er zumindest für die Regimentsfeldschere eine Überprüfung ansetzte. Keiner sollte in diesem Amt bestätigt werden, der nicht von den Professoren des Collegii Medico-Chirugici examiniert worden sei. Am

Der Gefangene nach einem Stich von G. F. Schmidt 1761

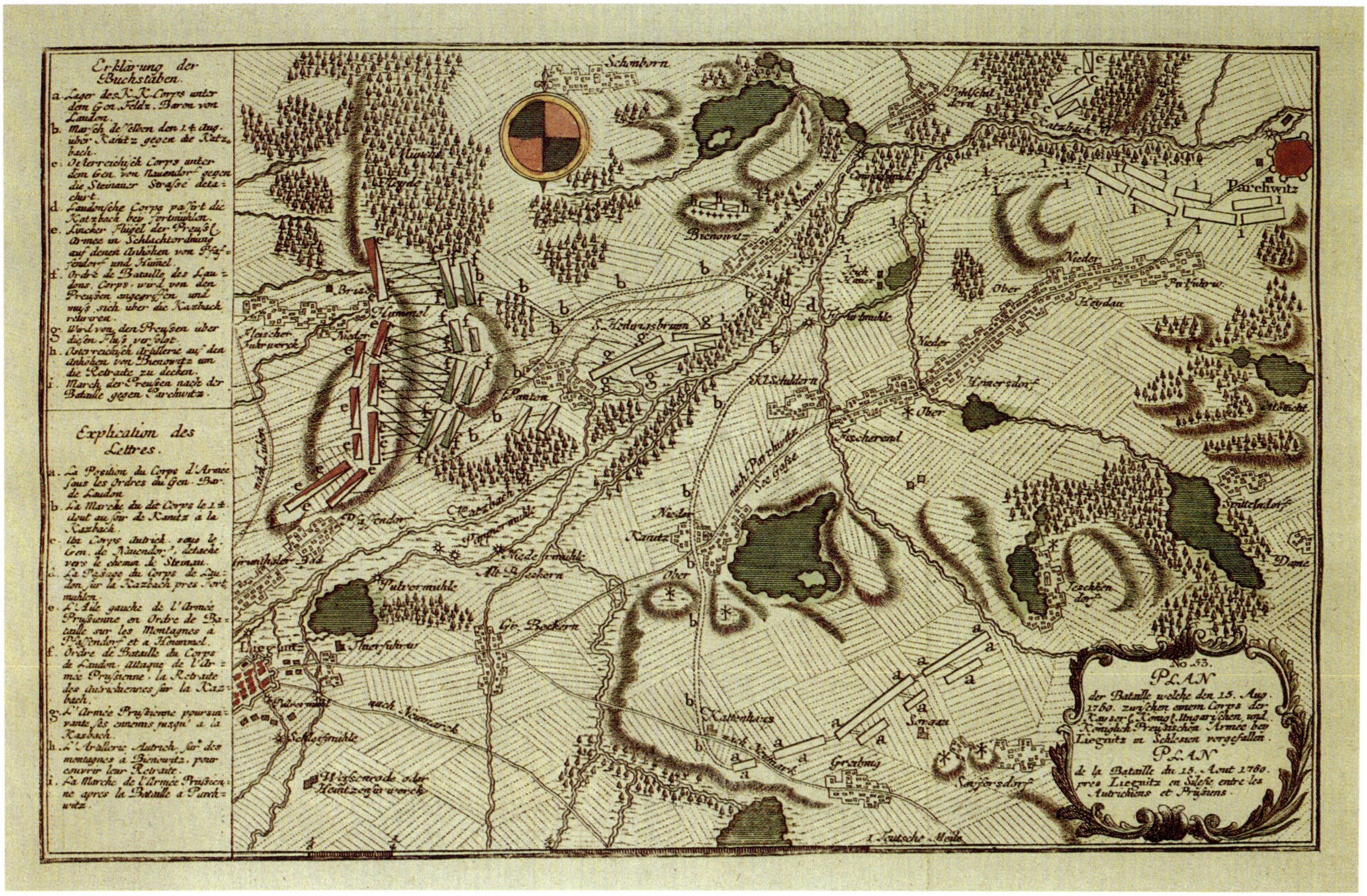

Zeitgenössischer Stich der Schlacht bei Liegnitz 1760

13. November 1724 wurde Ernst Konrad Holtzendorff zum ersten Generalchirurgus der preußischen Armee berufen. In den bereits erwähnten Reglements für die Infanterie wies der König der medizinischen Betreuung die Aufgabe zu: «Damit ferner so viel wie möglich vorgebauet werden möge, daß ein Kerl nicht vor der Zeit ungesund und zu Herren-Diensten incapable wird, oder gar crepire.» Ferner hieß es: «Die Soldaten müssen in allen Stücken zur Reinlichkeit angehalten werden, und unter anderem, daß sie sich die Hände und das Gesichte wol waschen, auch den gantzen Körper rein halten, daß sie daher nicht mit der Krätze oder dergleichen behafftet werden.» Dem Regimentsfeldscher, der ebenfalls nicht akademisch vorgebildet war, wurde die Verantwortung für Auswahl und ständige Kontrolle der Feldschere übertragen. Ihre besondere Aufmerksamkeit sollte sich darauf richten, durch Einhaltung primitiver hygienischer Regeln – entsprechend dem Zeitverständnis – Seuchen und anderen ansteckenden Krankheiten in der Armee vorzubeugen, wobei namentlich Fleckfieber, Ruhr, Typhus, Flecktyphus, übertragbare Gelbsucht, Geschlechtskrankheiten und Krätze epidemisch auftraten. Im Gefecht hatten sie die erste notdürftige Hilfe zu leisten, zu mehr waren sie aufgrund ihrer Kenntnisse zumeist auch nicht in der Lage. Verantwortlich wurden die Feldschere auch für eine ausgewogene Ernährung sowie ihr Einschreiten gegen unmäßigen Genuß von Branntwein gemacht.

Die zerschossene Kreuzkirche in Dresden nach einem Gemälde von Canaletto

Die Verrichtungen des Feldschers nach Fleming 1726

Eine wichtige Errungenschaft bestand darin, für kranke Soldaten Lazarette einzurichten, für die die Kompanien Sorge zu tragen hatten. Wie einfach, unzureichend und primitiv auch diese von angelernten Laien geübte medizinische Betreuung war, sie stellte für die meisten einfachen Soldaten überhaupt die erste Gelegenheit in ihrem Leben dar, medizinische Hilfe in Anspruch nehmen zu können.

Insgesamt litt die Kranken- und Verwundetenbetreuung in der preußischen Armee jedoch daran, daß die Zahl der akademisch gebildeten Ärzte und Chirurgen viel zu gering bemessen war. Im Interesse der Erhaltung des Mannschaftsbestandes überzogen die preußischen Könige jedoch die gesamte Armee mit einem Netz von Regiments- und Kompaniefeldscheren. Die Soldaten wurden mit Verbandszeug ausgestattet und besonders während des Siebenjährigen Krieges wurde ein System von fliegenden Feldlazaretten und stationären Hauptlazaretten geschaffen. Die Zahl der Feldschere betrug 1 713 339, stieg bis 1740 auf 869 (1,1% der Armee), um 1763 1078 Mann zu erreichen, die indessen nur 0.77 Prozent des Gesamtheeresbestandes ausmachten.

Die Ergebnisse der Verwundeten- und Krankenbetreuung in der preußischen Armee während des Siebenjährigen Krieges sind umstritten. Friedrichs Generalstabsmedicus Christian Andreas Cothenius gab an, zwischen 1756 und 1763 220000 verwundete und kranke Soldaten gesund aus seinen Lazaretten entlassen zu haben. Auf der anderen Seite ist bekannt, daß schußverletzte Soldaten nur geringe Chancen hatten zu überleben. Das lag einerseits am unzureichenden Krankentransportwesen. Es dauerte meist mehrere Tage, bis der Verwundete operiert werden konnte. Häufig hatte die Wundinfektion den Verletzten dabei schon so erheblich geschwächt, daß alle Eingriffe durch eine hohe postoperative Sterblichkeit belastet waren. Zu den häufigsten Verwundungen, die behandelt wurden, gehörten Gliedmaßenverletzungen, bei denen die Ärzte zumeist amputierten. Der preußische Artillerieoffizier Tempelhoff, der den Siebenjährigen Krieg selbst als junger Offizier erlebt hatte, berichtete, daß von zehn durch Artilleriekugeln Verwundeten, denen ein Arm oder Bein abgeschossen wurde, nur einer die Chance hatte, zu überleben. Insgesamt war das Ansehen der Feldschere, aber auch der Regimentsfeldschere, in der Armee sehr gering, die meisten Soldaten mieden solange wie möglich einen Lazarettaufenthalt. Hilflos standen die Feldschere auch seuchenartigen Erkrankungen gegenüber. Allein im Winter 1757/58 starben über 9000 preußische und österreichische Soldaten in Schlesien an einer aus Ungarn eingeschleppten Infektionskrankheit. Der Ruf preußischer Lazarette war so übel, daß die am Ende des Siebenjährigen Krieges ausgestreute Verleumdung, der Preußenkönig lasse seine Schwerverwundeten bewußt krepieren, um zu hohe Invalidenkosten zu sparen, auf durchaus gläubigen Boden stieß. Auch im Bayrischen Erbfolgekrieg hatte sich das Niveau des preußischen Militärsanitätswesens nicht erheblich verbessert, zwar war die Zahl der Ärzte, Feldschere und Pfleger erhöht worden, doch gaben ihre Dienste zu zahlreichen Klagen Anlaß. Erst zwei Jahre nach dem Tode Friedrich II., 1788, erschien das erste Reglement für das militärische Sanitätswesen und sein Personal erhielt eine eigene Uniform. 1790 wurde die Bezeichnung des Feldschers durch die des Chirurgen ersetzt.

Feldprediger und Feldprobst

Das Garnisons- und Feldleben der preußischen Soldaten war ohne eine starke religiöse Komponente undenkbar. Bei jedem preußischen Regiment war bereits unter Friedrich I. ein Feldprediger tätig, der angehalten war, für eine regelmäßige seelsorgerische Betreuung der ihm anvertrauten Soldaten und Offiziere zu haften. Namentlich unter Friedrich Wilhelm I. kam der Seelsorge eine ganz wesentliche Motivation für den Militärdienst zu. In den Reglements war festgelegt, wann die Feldprediger in der Garnison – an allen Sonn- und Festtagen zweimal – Gottesdienst zu halten hatten, an denen das gesamte Militärpersonal teilzunehmen hatte. Eine Wache vor dem Kirchtor verhinderte das vorzeitige Verlassen des Gottesdienstes und «wenn Soldaten in der Kirche lärmen, Possen treiben, oder dergleichen Scandale geben, sollen sie nach der Predigt in Arrest geschicket und davor bestraffet werden.»

Im Feldlager hingegen war es Vorschrift, daß der Prediger vor- und nachmittags Betstunden hielt, an denen ebenfalls alle Soldaten teilzunehmen hatten. Friedrich II. hielt an

Zeitgenössischer Stich der Belagerung von Dresden 1760

dieser Regel fest, verordnete aber, daß die Andacht am Morgen gleich nach der Wachtparade und abends gegen 18.00 Uhr nicht länger als fünfzehn Minuten währen dürfte, ansonsten der Prediger mit einer Strafe von einem Taler zu belegen sei. Wie die Briefe und Selbstzeugnisse preußischer Soldaten ausweisen, spielten ihre religiösen Überzeugungen eine erheblich große Rolle im Militärdienst, stellten sie für viele eine maßgebliche Motivation auch für den Kampf dar, namentlich befestigt durch die Annahme, daß der Siebenjährige Krieg auch eine Art Fortsetzung protestantischen Glaubenskrieges gegen den von Habsburg und dem Papst ausgehenden Katholizismus sei. Die Feldprediger wurden von Friedrich II. während des Siebenjährigen Krieges auch dazu angehalten, die Moral der Truppe zu festigen und zu stärken. Dem Stabsfeldprediger Küster stellte er nach der verlorengegangenen Schlacht bei Kolin die Aufgabe, «auch ohne Schonung den Offizieren und Generalen, welche am Schlachttage schlecht gethan hätten, ihre Pflichtvergessenheit vorzuhalten.»

Für den inneren Gebrauch der Militärseelsorge legten die preußischen Könige dagegen großen Wert auf religiöse Toleranz.

Bereits 1722 wurde für die preußischen Soldaten katholischen Glaubens der Dominikanerpater Dominicus Torck aus Halberstadt als Militärprediger angestellt. Die protestantischen Feldprediger unterstanden seit 1717 einem Feldprobst, den der König persönlich auswählte und außerhalb kirchlicher Hierarchieanordnungen ernannte. Der Feldprobst war für die Auswahl der Regimentsprediger verantwortlich, wobei Friedrich Wilhelm ihr Ansehen dadurch hob, daß er sie bei der Vergabe von Pfarrstellen in Preußen bevorzugte. Die meisten Feldprediger waren junge und aktive Leute, die sich den Strapazen des Feldlebens gewachsen zeigten. Wie in ganz Preußen so galt besonders angesichts der bunten nationalen und religiösen Zusammensetzung der Armee das Gebot größtmöglicher Toleranz. Unter Friedrich I. wurde zwischen 1701 und 1703 die erste Garnisonskirche in Berlin erbaut, die 1722 nach ihrer Zerstörung durch eine Pulverturmexplosion wieder aufgebaut wurde. 1732 wurde in Potsdam die Garnisonskirche eingeweiht. Unter Friedrich II. waren etwa 120 Geistliche als Feldprediger in Regimentern und Bataillonen tätig, die zumeist Theologie in Königsberg oder Halle studiert hatten.

ENTWICKLUNG DER TAKTIK UND STRATEGIE IN DER BRANDENBURGISCH-PREUSSISCHEN ARMEE

Nach dem Dreißigjährigen Krieg bildete in der brandenburgischen Armee zunächst die Kavallerie den Kern der Armee. 1656 kamen auf 56 Reiter 46 Fußsoldaten. Allerdings bestand ein Drittel der Berittenen aus Dragonern, d.h. Infanteristen zu Pferd. Im Dreißigjährigen Krieg konnten sich die Musketiere im freien Feld mit ihren Waffen noch nicht eines Reiterangriffs erwehren. Die schlachtentscheidende Rolle der Kavallerie wurde jedoch in dem Maße gemindert, wie die Bewaffnung des Fußvolkes mit Feuerwaffen voranschritt und sich die Zahl der Feuerwaffen vermehrte. Zudem war die Aufstellung eines Infanterieregiments für die kurfürstliche Kasse weitaus billiger als die eines Kavallerieregimentes. 1672 hatte sich das Verhältnis zwischen Fußvolk und Berittenen in der brandenburgischen Armee zuungunsten der Reiterei verkehrt. Jetzt setzte sich die Armee zu 67 Prozent aus Infanteristen und nur noch zu 33 Prozent aus Berittenen zusammen.

In der Fechtweise der Reiterei verblieb nach 1648 alles im wesentlichen so wie im Dreißigjährigen Krieg. Sie stand zumeist schachbrettartig an den Flügeln der Schlachtordnung, ritt

Friedrich II. nimmt die Kapitulation der sächsischen Armee am Lilienstein entgegen nach einem Stich von Ringk

Die Schlachtordnung nach einem Stich von Johann David Schleuen 1774

Das Lager nach einem Stich von Johann David Schleuen 1774

Leopold I. (1676–1747)
Fürst von Anhalt-Dessau,
um 1740

zum Angriff im Trabe auf die gegnerische Front zu, schoß aus nächster Entfernung mit Pistolen, um danach in die gegnerische Front einzubrechen.

Die Hauptimpulse zur Veränderung der Taktik gingen von der Infanterie aus. Sie beruhten einerseits auf den neuen Methoden der Heeresaufbringung und der damit verbundenen intensiveren Waffen- und Exerzierausbildung, empfingen jedoch ihren Hauptstoß durch die vermehrte Wirksamkeit der Feuerwaffen.

1653 bestand das preußische Fußvolk zu einem Drittel aus Pikenieren, deren Hauptwaffe eine 18 Fuß (5,6 Meter) lange Pike war. Pikeniere waren darüber hinaus fast bis zum Ende des Jahrhunderts mit einem Brustpanzer, eisernen Sturmhüten und Pistolen ausgerüstet. Ihre Hauptaufgabe im Kampf bestand einerseits darin, die Musketiere vor Kavallerieangriffen zu schützen und andererseits beim Sturmangriff auf die gegnerischen Stellungen Breschen in sie zu schlagen. Die Musketiere waren mit Luntenschloßmusketen sowie 10 bis 15 Kugeln ausgerüstet, darüber hinaus führten sie Degen und sogenannte Schweinsfedern. Diese dienten als Stangenwaffe zur Abwehr und beim Angriff, wurden auch zum Schutz vor Kavallerieat-

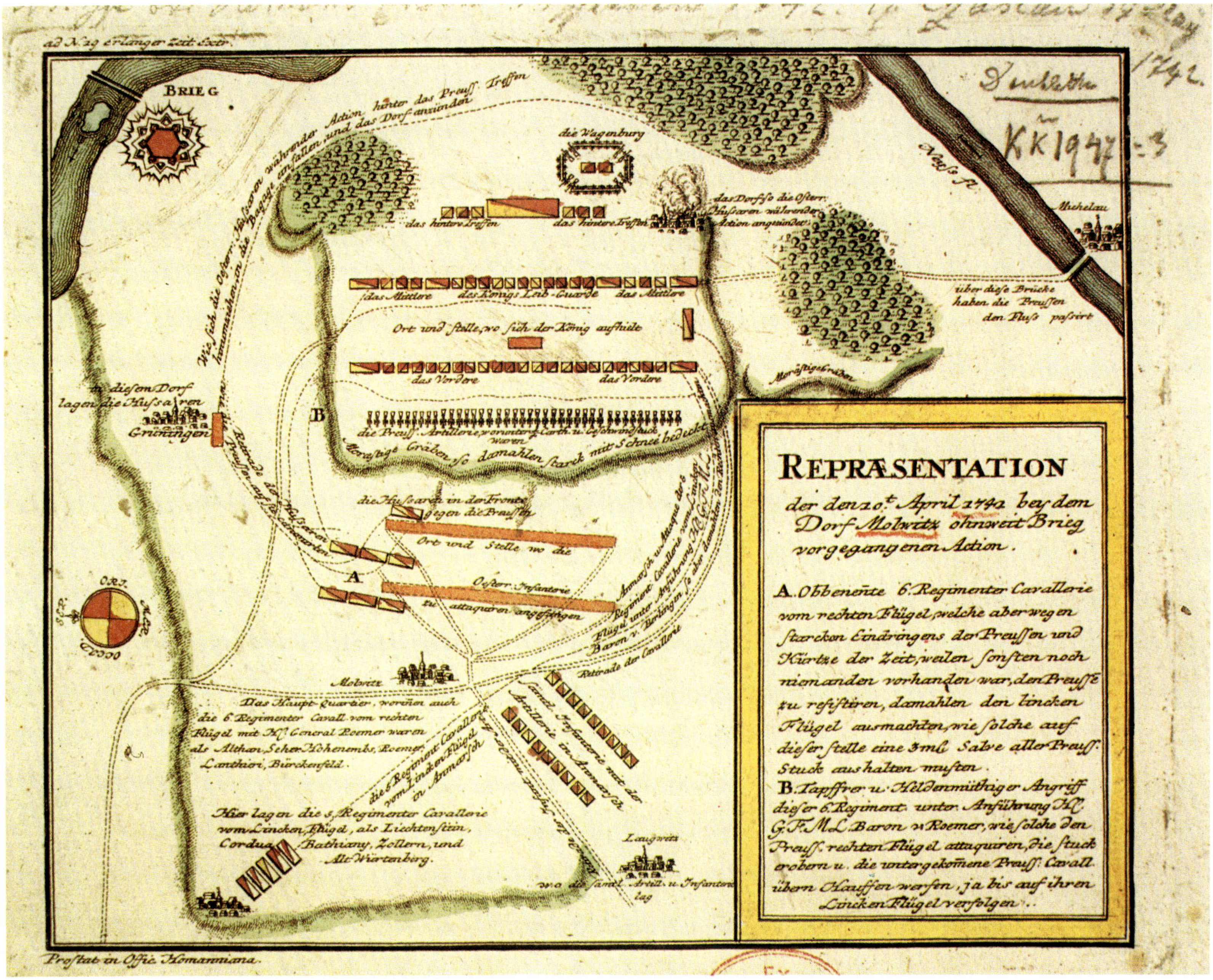

tacken in durchlochten Querbalken zusammengefügt, die dann sogenannte spanische Reiter bildeten. Die Kompanien in einer Stärke von etwa 100 Mann bildeten im Gefecht Bataillone. Gegen Ende der Herrschaft Kurfürst Friedrich Wilhelms setzte sich ein derartiges Bataillon durchschnittlich aus 288 Musketieren und 144 Pikeniern zusammen, die in 72 Rotten standen. Als idealtaktische Aufstellung galt, die 144 Pikeniere im Zentrum des Bataillons zu plazieren und die Musketiere gleichstark auf beide Flügel zu verteilen.

Aufgrund der niedrigen Feuergeschwindigkeit der Muskete standen die Bataillone sechs Glieder tief. Das Hauptverfahren beim Feuern bestand entweder im gliederweisen oder mehrgliedrigen Schuß. Bei der Feuergabe nach Gliedern schoß zunächst das sechste Glied über die fünf knieenden Glieder, dann das fünfte Glied usw. Beim mehrgliedrigen Schießen knieten die vier ersten Glieder, während das fünfte gebückt und das sechste aufrecht stehend schoß. Die damals gültigen Vorschriften besagten, die hintersten Glieder sollten auf 70 bis

Zeitgenössischer Stich der Schlacht bei Mollwitz 1741
Es handelt sich um eine typisch parallele Aufstellung beider Seiten zueinander in der Anfangsphase dieser Schlacht.
Die Aufstellung der preußischen Seite ist in hellrot und die der österreichischen in dunkelrot gehalten.

80 Schritt Entfernung feuern, die mittleren auf 50 bis 60, die ersten auf 20 bis 25 Schritt. Bei Kavallerieangriffen sollte die doppelte Entfernung angenommen werden. Beim Avancieren auf dem Gefechtfeld sollte jeweils in dreifacher Erhöhung geschossen werden, wobei jeweils drei Glieder – knieend, gebückt, aufrecht – ihren Schuß abgeben und dann um die Flügel ablaufend wieder Front beziehen sollten. Danach sollte die Infanterie mit dem Degen bzw. mit den Piken in die gegnerische Linie eindringen.

Mit der Einführung des modernen, sicheren und leichter zu bedienenden Steinschloßgewehres in die brandenburgische Armee seit 1672 begann in der Bewaffnung und Taktik eine Übergangsperiode. Sie war gekennzeichnet durch das Nebeneinanderbestehen von alten Luntenschloßmusketen, neuen Steinschloßgewehren und Piken. Mit der neuen Feuerwaffe wurden zuerst Dragoner, Grenadiere und die im ersten Glied stehenden Musketiere ausgerüstet. Die gewachsene Feuerkraft des Infanteriebataillons machte die Pikeniere entbehrlicher, vor allem auch deshalb, weil als Ersatz für die langen Stangenwaffen die Musketiere noch immer die Schweinsfedern bei sich führten und ab 1683 auch in der brandenburgischen Armee die ersten Bajonette aufkamen, die das Gewehr auch in eine Stichwaffe verwandelten. Mit der Erfindung der Dille, mit der das Bajonett über den Lauf des Gewehrs geschoben werden konnte, hatte der Musketier sowohl eine Feuer- wie blanke Waffe zur Hand. Zwischen 1680 und den ersten Jahren des Spanischen Erbfolgekrieges veränderte sich die Infanterietaktik zu einer Feuertaktik.

Das neue Gewehr erlaubte es, beim Feuern stets von einer dreigliedrigen Aufstellung auszugehen, obwohl die Infanterie noch fünf bis sechs Glieder tief stand. Um ein rollendes Feuer aufrechtzuerhalten, wurde das Bataillon – unabhängig von seiner Kompanieeinteilung – auf dem Gefechtsfeld in Divisionen und diese in Peletons untergliedert. Es wurde festgelegt, daß diese Peletons – in den ersten Jahren des Spanischen Erbfolgekrieges 16 je Bataillon – von den Flügeln her zur Mitte hin – dabei jeweils ein Peleton überspringend – ihr Feuer abgeben sollten. Es schossen also bei 16 Peletons zunächst das 1. und 16., dann das 3. und 14., dann das 5. und 12. usw.

Einen entscheidenden Fortschritt in der Taktik der brandenburgisch-preußischen Infanterie brachte ihre Teilnahme am Spanischen Erbfolgekrieg. Es war wesentlich das Verdienst Leopolds I. von Anhalt-Dessau, den taktischen Progreß bei der preußischen Infanterie zu befördern. Im Laufe dieses Krieges ging die preußische Infanterie seit 1709 zur viergliedrigen Aufstellung über.

Das Bataillon wurde für das Gefecht in vier Divisionen zu je zwei Peletons gegliedert. Die ersten drei Glieder jedes Peletons feuerten von den Flügeln her. Abgeschlossen wurde das Feuer durch das divisionsweise Schießen des vierten Gliedes. Neu war, daß nur das erste Glied niederkniete, das zweite stehend schoß und das dritte auf Lücke trat, um zu feuern. Zugleich wurde zur Regel gemacht, daß die Musketiere zur Schußabgabe drei Schritt vor die Bataillonsfront traten, feuerten und sich nach Schußabgabe wieder in die Bataillonsfront einreihten, das verlangsamten Schritts gefolgt war. Auf diese Weise sollte eine Unterbrechung in der Vorwärtsbewegung des Bataillons verhindert und ein ununterbrochenes Avancieren des Regimentes gewährleistet werden. Der Infanteriekampf im Spanischen Erbfolgekrieg wurde immer mehr ein Kampf um die Feuerüberlegenheit, der durch einen Wettstreit in der Feuergeschwindigkeit entschieden wurde. Das Bajonett diente in diesem Krieg kaum als Angriffswaffe, sondern diente in der Hauptsache zur Abwehr von Kavallerieattacken, so die von Grenadieren gesetzten spanischen Reiter sie nicht verhinderten.

Mit Einführung des Eisernen Ladestocks bei seinem eigenen Regiment seit 1699, für die gesamte preußische Infanterie erst seit 1718 verbindlich, trug Leopold dazu bei, die Feuerge-

Marsch durch das Gebirge nach einem Stich eines unbekannten Künstlers um 1720

schwindigkeit bei der Infanterie weiter zu erhöhen. Besonders nach Abschluß des Erbfolgekrieges, als er zum obersten militärischen Berater Friedrich Wilhelm I. aufstieg, setzte er seine Überzeugung durch, eine Überlegenheit der preußischen Infanterie durch hohen Waffendrill, ständige Exerzierausbildung und höchste Präzision der Befehlsausführung zu garantieren. Stand die Exerzierausbildung der preußischen Infanterie, namentlich für das Feuergefecht, bis dahin noch stark unter niederländisch-oranischen Einfluß, sah sie eine bedächtige, sorgfältige Handhabung der Muskete vor, so änderten sich unter dem Einfluß Leopolds diese Prinzipien. 1702 hieß es noch im preußischen Exerzierreglement: «Dabei ist zu observieren, daß die Ober- und Unteroffiziere langsam und laut kommandieren, auch nicht die Peletons zu geschwinde aufeinander Feuer geben, damit die ersten wieder Zeit gewinnen zu laden», so trug das Reglement von 1718 eine neue Handschrift. Nunmehr hieß es: «Die Kerls müssen sehr geschwinde, indem das Gewehr flach an die Seite gebracht wird, den Hahn in Ruhe bringen: Hernach sehr geschwinde die Patronen ergreifen, sobald die Patronen ergriffen, müssen die Bursche selbige sehr geschwinde kurtz abbeissen, daß sie Pulver ins Maul bekommen, darauf geschwinde Pulver auf die Pfanne schütten.»

Als ein wesentliches Mittel, um die Feuerdisziplin aufrechtzuerhalten und die schwer beweglichen langgestreckten Reihen in der gewünschten Ordnung an den Gegner heranzubringen, erwies sich auch die Einführung des Gleichschrittes durch Leopold I. in die preußische Armee, jenes Marsches im Tritt, der nach den Worten von Curt Jany nicht der einfache Gleichschritt war, wie ihn schon die Landsknechte kannten. «sondern der eigentümliche, langsame, unter scharfem, hörbaren Beitreten mit gestreckten Knie ausgeführte preußische Exerzierschritt, der den Bewegungen der langen Linien die Festigung und Haltung gab, die damals unmittelbaren Gefechtswert hatte.»

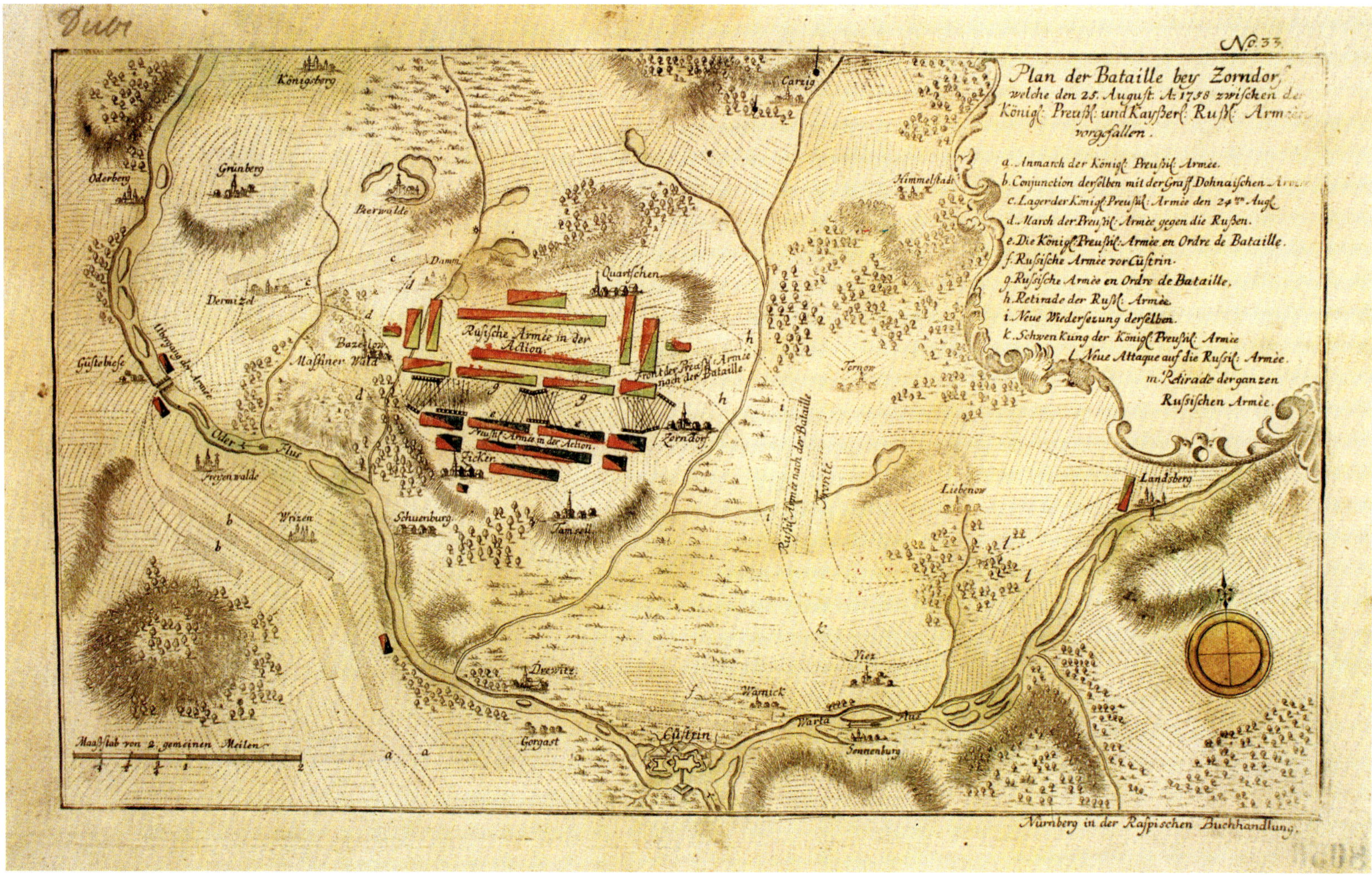

Zeitgenössischer Stich der Schlacht bei Zorndorf 1758

Die Schlußleistungen des Steinschloßgewehres erlaubten es, das Feuer auf 300 Schritt zu eröffnen. Jeder Musketier trug nunmehr 30 Patronen bei sich.

Ganz im Banne dieses herrschenden Zeitgeistes und des geltenden Reglements stand der Aufmarsch der preußischen Armee bei der ersten Schlacht des schlesischen Krieges. Friedrich II. entfaltete am 10. April 1741 seine Truppen bei Mollwitz aus einem Anmarsch von vier Kolonnen, wobei die Kavallerie die beiden äußeren, die Infanterie die beiden inneren Kolonnen bildete und die Artillerie zwischen der Infanterie auf der Straße fuhr, gefolgt von der Armeebagage. In die beiden Kavallerieflügel waren Grenadierbataillone eingeschoben, wie es seit dem Spanischen Erbfolgekrieg oft geschehen war. Zwischen Hermsdorf und Pampitz vollzog die Armee ihren Aufmarsch in einer langgestreckten dünnen Linie. Dem ersten Treffen folgte in dreihundert Schritt Entfernung das zweite Treffen. 100 bis 150 Schritt vor den Linien fuhren die leichten Feldstücke der Artillerie auf. An beiden Flügeln postierte sich die Kavallerie. Da der Raum für die Entfaltung der Bataillone zu eng bemessen war, mußten fünf Bataillone aus dem ersten Treffen genommen werden. Sie dienten dazu, die Lücke zwischen dem ersten und zweiten Treffen zu schließen. In nahezu klassischer Formation war die preußische Armee somit vor Mollwitz aufmarschiert.

Die zur Sicherheit des österreichischen Aufmarsches eingesetzte Kavallerie wartete jedoch nicht untätig ab, bis die preußische Armee ihre Entfaltung beendet hatte. Ohne den eigenen

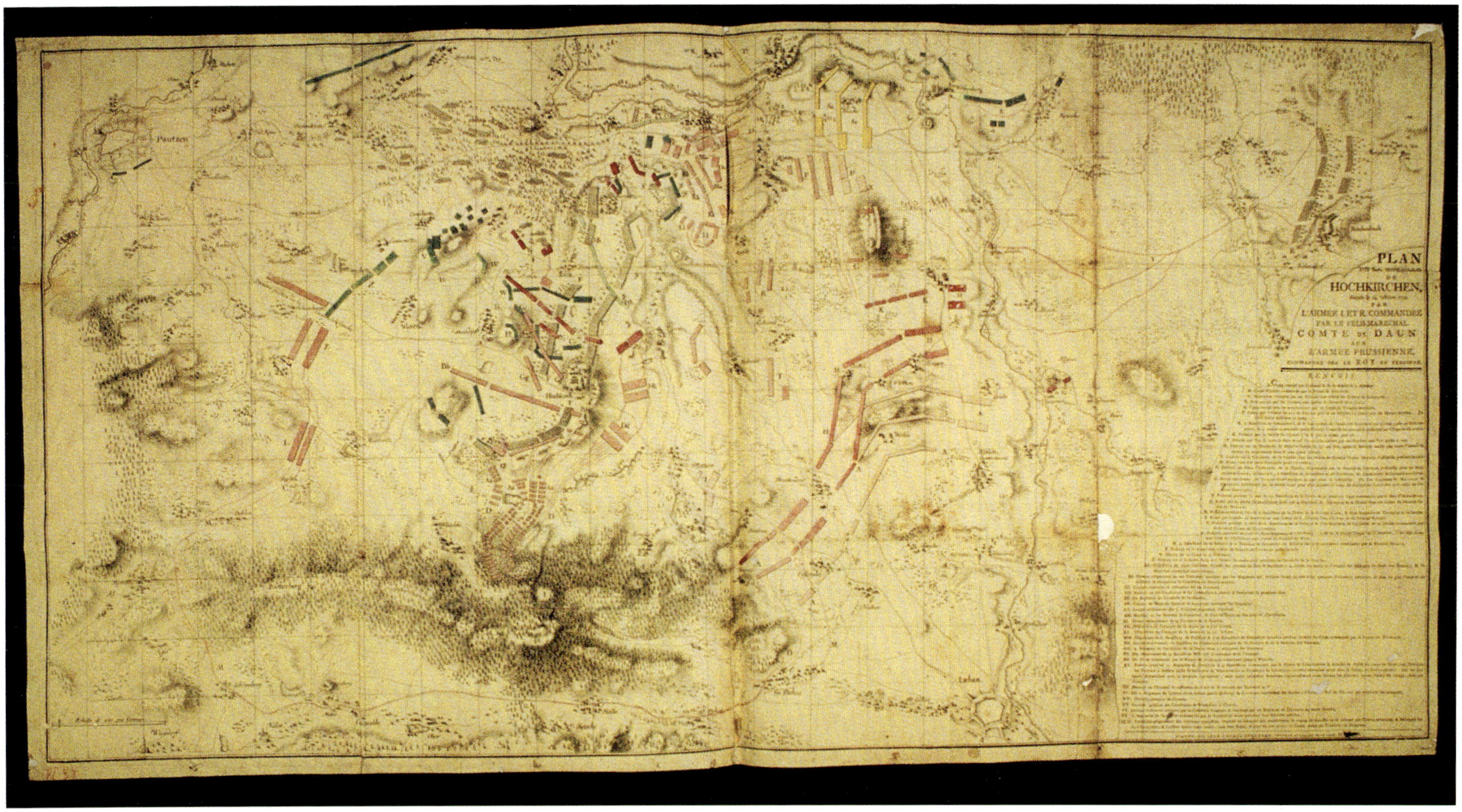

Aufmarsch abzuwarten, attackierte sie nicht nur die vorgeschobenen preußischen Feldstücke, sondern jagte auch die im Stand verharrende preußische Kavallerie des rechten Flügels vom Schlachtfeld. Nur die zwischen der Kavallerie postierten Grenadierbataillone hielten stand, konnten aber nicht verhindern, daß die siegreiche österreichische Kavallerie zwischen die beiden Treffen eindrang. Die bedächtige Vorwärtsbewegung der preußischen Bataillone, die in drei Stunden etwa zwei Kilometer vorwärts schritten, geriet dadurch ins Stokken.

Zeitgenössischer Stich der Schlacht bei Hochkirch 1759

Nachdem österreichische Soldaten die eroberten preußischen Geschütze teils vernagelt, teils zum Beschuß gegen die preußische Front drehten, auch der linke Flügel der preußischen Kavallerie vom Schlachtfeld gefegt und die preußische Bagage von österreichischen Husaren eingenommen und geplündert worden war, stand das Gefecht. Feldmarschall Kurt Christoph von Schwerin riet Friedrich II., das Schlachtfeld zu verlassen und Truppen aus Ohlau heranzuziehen, um einen möglichen Rückzug der Armee zu decken.

Gegen 16.00 Uhr brachte Schwerin die preußischen Treffen wieder in Bewegung. Wie auf dem Exerzierplatz hundertfach geübt, rückten die preußischen Bataillone über die verschneite Ebene. Ein österreichischer Offizier berichtete: «Ich kann wohl sagen, mein Lebtag nichts Schöneres gesehen zu haben. Sie marschierten mit der größten Coutenance und so schnurgleich, als wenn es auf dem Paradeplatz wäre. Das blanke Gewehr machte in der Sonne den schönsten Effekt, und ihr Feuer ging nicht anders als ein stetiges Donnerwetter. Unsere Armee ließ den Mut völlig sinken.»

Bei dem langsamen Vormarsch hatte sich die preußische Infanterie, bei der jeder Mann 30 Patronen bei sich trug, schon derart verschossen, daß die Munition knapp wurde und sich die

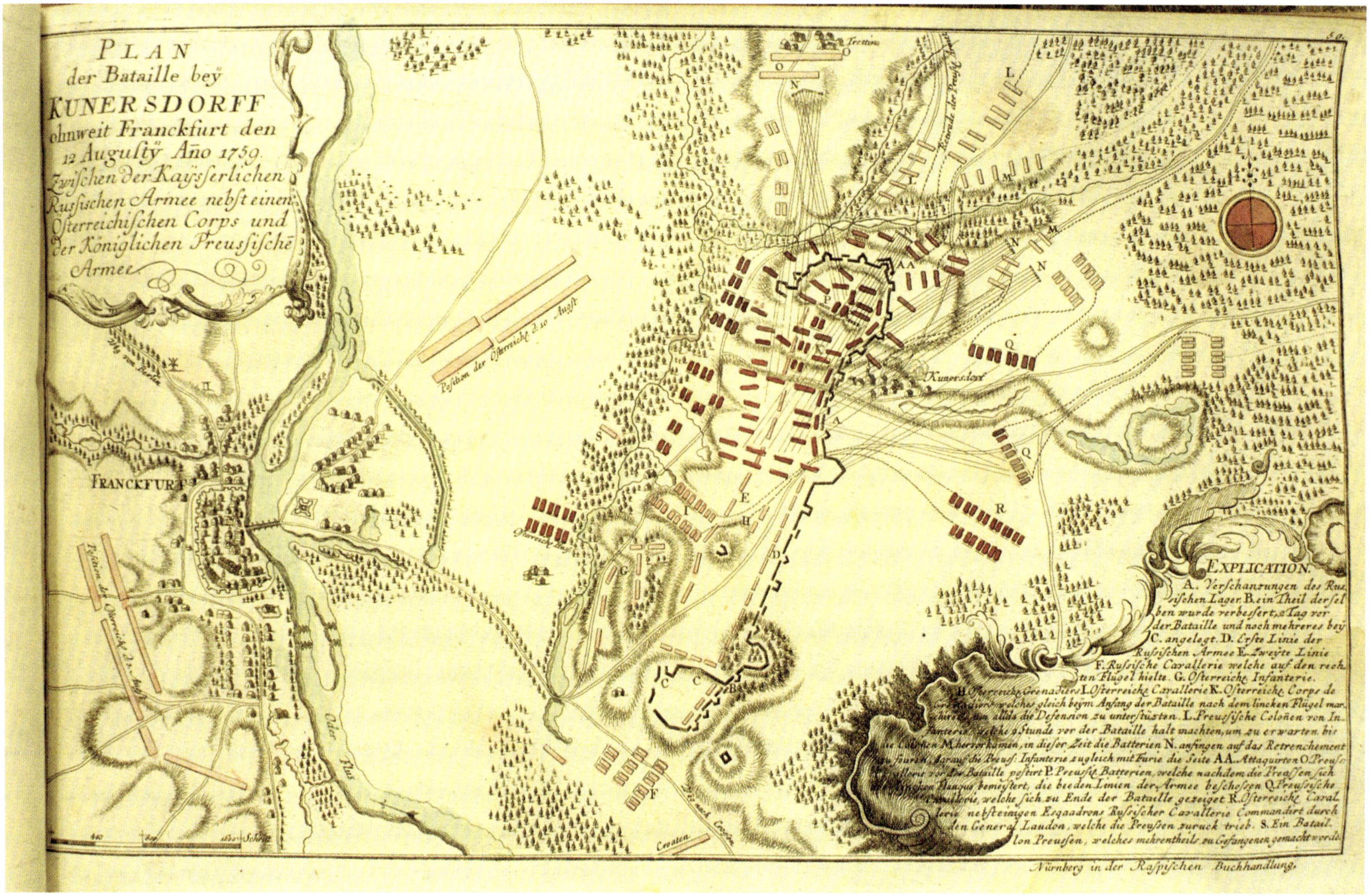

Zeitgenössischer Stich der Schlacht bei Kunersdorf 1759

noch Lebenden der Munition der Toten und schwer Verletzten bedienen mußten. Vorangetrieben durch die die Linien und Treffen schließenden Offiziere und Unteroffiziere drohten die Soldaten nach vorn durchzugehen, um mittels des Bajonettangriffs die wankende österreichische Linie zu durchbrechen. Es bedurfte größter Anstrengungen der Offiziere und Unteroffiziere, um die Mannschaften in Ordnung zu halten und das mörderische Peletonfeuer aufrechtzuerhalten. Noch ehe die preußische Infanterie die Österreicher erreicht hatte, es zum Kampf mit der blanken Waffe kam, räumte Feldmarschall Wilhelm Reinhard Graf von Neipperg das Gefechtsfeld, flüchtete das österreichische Kriegsheer, zum Teil in voller Auflösung, nach Grottkau.

Der preußische Infanteriesieg war teuer erkauft worden. Von 23400 Soldaten waren 4849 tot, verwundet oder vermißt. Die österreichischen Verluste betrugen 4551 Mann bei einer Gesamtstärke von ursprünglich 16600 Soldaten.

Friedrich II. lernte aus seiner ersten Schlacht, die er schon weitgehend verloren geglaubt hatte, mehr als aus allen seinen späteren Schlachten. Keine wohl hat er intensiver studiert und aus den bei Mollwitz zutage getretenen Fehlern und Stärken des preußischen Heeres Lehren gezogen, die er in den folgenden Jahren systematisierte und in ein Regelwerk zu bringen versuchte. Auf den materiellen und gesellschaftlichen Voraussetzungen seiner Zeit fußend, war es ihm jedoch nicht möglich, die Strategie und Taktik seiner Armee grundlegend

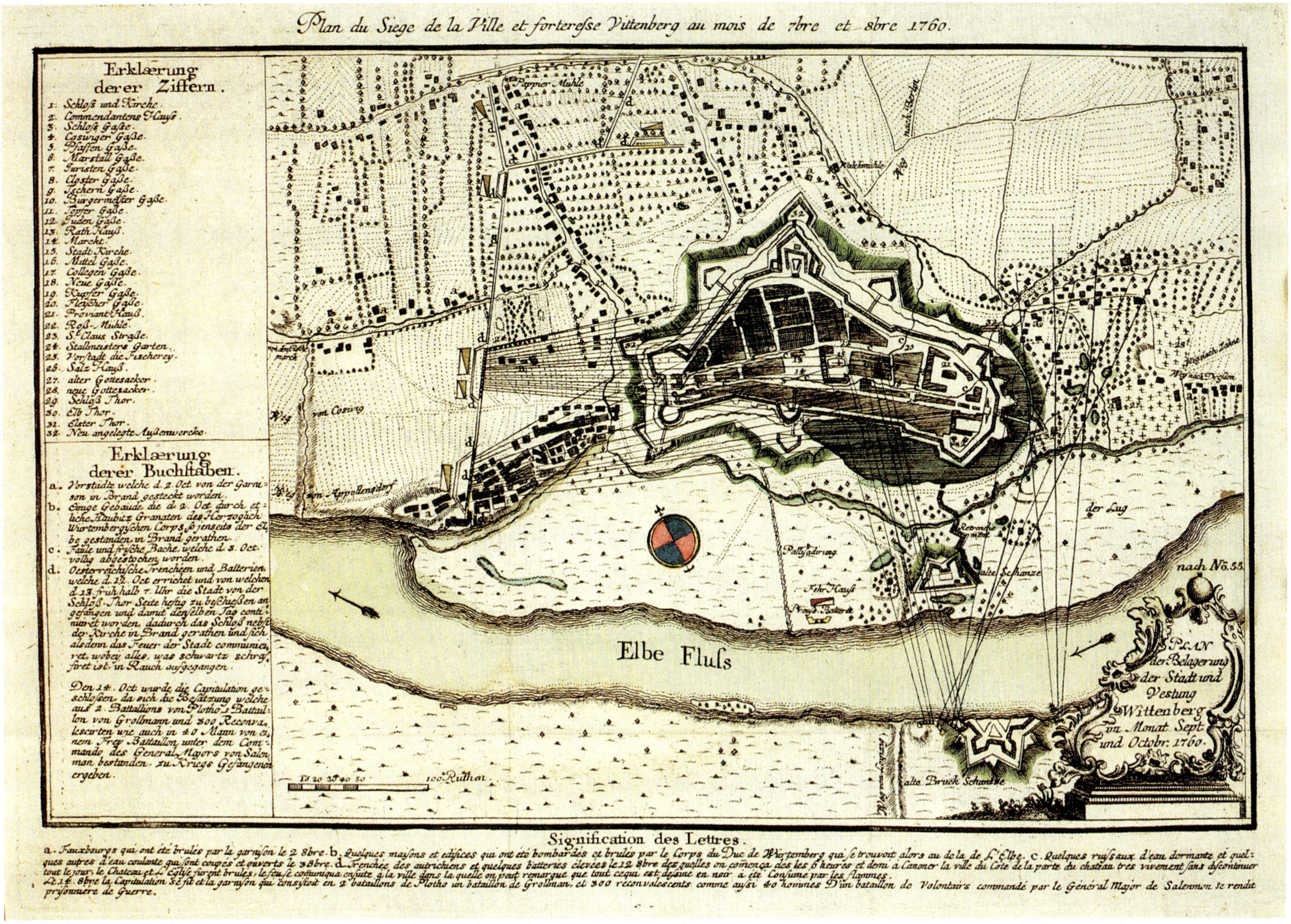

Plan der Belagerung von Wittenberg 1760

der zu verändern. Da etwa die Methoden der Aufbringung seines Rekrutenmaterials oder der Versorgung seiner Armee stets die gleichen blieben, zielten seine Neuerungen und Veränderungen vor allem auf den taktischen Bereich ab.

Die Schlacht bei Mollwitz gab ihm dafür reiches Anschauungsmaterial. Als überlegen hatte sich vor allem die preußische Infanterie erwiesen, die sich nicht nur durch eine hohe Feuerdisziplin, sondern auch durch eine mustergültige Beherrschung aller vorgeschriebenen Bewegungsformen beim Anmarsch und bei der Entfaltung zum Gefecht auszeichnete, Vorteile indessen, deren sich Friedrich II. in der Schlacht bei Mollwitz aus Unerfahrenheit und Unkenntnis noch kaum bedient hatte. Darüber hinaus wurde Friedrich nach Mollwitz deutlich, welche Rolle der Zufall in solchen Gefechten spielte und sich aus einer nach dem Regelwerk angelegten Parallelschlacht im Laufe des Gefechtes im eigentlichen Sinne Manöverschlachten entwickelten, bei denen nicht mehr nach vorbedachtem Plan gehandelt werden konnte, sondern es auf die Ausnutzung günstiger Gelegenheiten ankam. Denn sobald die langen Linien beider Seiten miteinander in Kampf gerieten, lockerte sich die starre Schlachtordnung auf, bildeten sich Lücken, schoben sich Truppen zusammen usw. Die sich daraus erge-

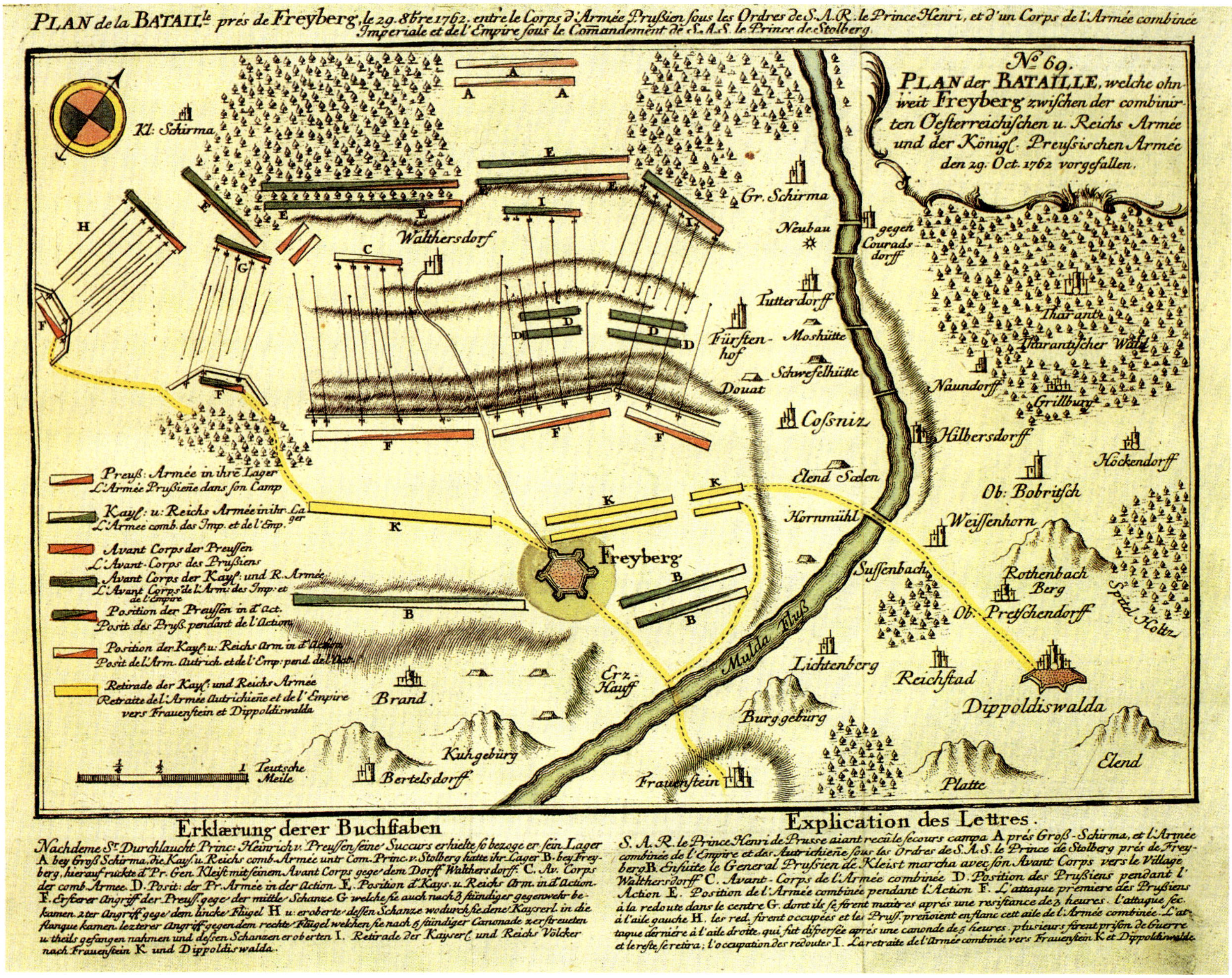

Zeitgenössischer Stich der Schlacht bei Freiberg 1762

benden Möglichkeiten zu erkennen und durch rasches Handeln auszunutzen, galt als Haupttugend des Feldherren.

Typisch für Mollwitz und auch spätere Schlachten Friedrichs war, daß die Armee noch einen einzigen Körper bildete, die Unterführer eine geringe Rolle spielten, der Verlauf der Schlacht ab einen bestimmten Zeitpunkt sich weitgehend der Kontrolle des Feldherren entzog und damit dem Zufall eine große Bedeutung zukam, da in der Regel der erste Stoß der heftigste und auch der entscheidende war.

Die Unsicherheit des Schlachtenerfolgs und die Gefahr, in die ein Staat bei Vernichtung der Armee geriet, die angesichts der sozialökonomischen Verhältnisse nicht sofort ersetzt werden und somit den Zusammenbruch eines Staates herbeiführen konnte, veranlaßten die führenden Militärtheoretiker der Zeit, dazu zu raten, die Schlacht nur bei großer Erfolgschance zu wagen. Friedrich II. war sich der Gefahren, die jede Schlacht in sich barg, durch-

Prinz Heinrich von Preußen
1726–1802
nach einem Gemälde
von A. Graff

aus bewußt. Er scheute jedoch das Risiko nicht, weil er davon überzeugt war, daß die preußischen Streitkräfte denen seiner Gegner insofern überlegen wären, weil in ihnen das Ausbildungssystem der Soldaten perfektioniert gehandhabt wurde. Die scharfe Zucht und die hohe Exerzierdisziplin gaben der preußischen Führung ein Instrument in die Hand, mit dem alle taktischen Manöver rascher und präziser ausgeführt werden konnten und das über eine höhere Feuergeschwindigkeit verfügte. Ferner ließ sich Friedrich II. bei seinem Streben, durch die Schlacht einen Feldzug oder einen Krieg zu entscheiden, von dem Gedanken leiten, «daß Unsere Kriege kurtz und vives seyn müssen, massen es uns nicht conveniret, die Sachen in die Länge zu ziehen, weil ein langwieriger Krieg ohnvermerckt Unsere admirable Disciplin fallen machen, und das Land depeupliren, Unsere Ressources aber erschöpfen würde.»

Die Forderung nach einem kurzen Krieg Preußens entsprach dem Mißverhältnis zwischen Armeestärke und Bevölkerungsdichte. Preußen rangierte 1740 nach der Zahl seiner Bevölkerung an zehnter Stelle in Europa, hinsichtlich der Armeestärke jedoch an vierter. Jede weitere Verstärkung der Armee setzte eine Ausdehnung des beherrschten Territoriums voraus, denn schon 1740 war Preußen in höchstem Maße auf die militärischen Bedürfnisse ausgerichtet. Einen Ausgleich fand dieses System nur dadurch, daß die Krone 80 Prozent aller ihrer Einnahmen für das Heer verwendete und die Zentralverwaltung bis zum Landrat hinunter wesentlich den Impulsen der Armee folgte. Der straffe zentralisierte Zuschnitt Preußens auf das Militär setzte Friedrich II. überhaupt erst in die Lage, mit seinen kargen Ressourcen der rein numerisch mehrfach überlegenen Koalition seiner Gegner standzuhalten. Durch den direkten Angriff glaubte er nicht nur den Krieg verkürzen zu können, sondern meinte auch, daß gerade in der Schlacht die Truppen am verlustsparendsten eingesetzt werden können. Ein langwieriger Manöverkrieg brächte möglicherweise höhere Ausfälle bei geringeren Resultaten.

Entsprechend diesen Grundauffassungen setzte Friedrich II. die preußische Armee in den Schlesischen Kriegen ein. Immer war er darauf bedacht, durch einen betäubenden Schlag den Krieg zu seinen Gunsten zu entscheiden, was seinen Bruder, Prinz Heinrich, zu der bissigen Bemerkung veranlaßte, Friedrichs ganze Kriegskunst bestände im Bataillieren.

Diese Bemerkung des sehr kritisch seinem Bruder gegenüber eingestellten Prinzen Heinrich berührt in der Tat ein Grundproblem der Kriegführung der feudalabsolutistischen Heere. Es geht dabei um die Frage, ob der blutigen Schlacht oder dem unblutigen Manöver der Vorzug zu geben sei. Friedrich II. entschied sich, wie wir gesehen haben, für die Schlacht, allerdings nur in dem Maße, wie es die Umstände gestatteten. Er bevorzugte eine doppelpolige Strategie, die auf die Schlacht setzte, auf das Manöver gleichwohl nicht verzichtete, wenn sie entsprechenden Gewinn verhieß. Denn wie die Grundprinzipien der Taktik stets an den Zustand der Armee gebunden waren, so blieb auch die Strategie in den Fesseln der gesellschaftlichen Verhältnisse verhaftet.

Die erste Aufmerksamkeit galt auch hier der Erhaltung der Armee. Es war unmöglich, ständig mit ihr rasch über größere Entfernungen zu operieren, weil sie von der komplizierten Magazinversorgung abhängig blieb. Sie durfte sich von den Magazinen nur soweit entfernen, wie eine ungehinderte Versorgung gewährleistet war. Die Truppe sich selbst auf dem Lande ernähren zu lassen, wie es später die französischen Revolutionsarmeen taten, verbot sich, weil das zwangsläufig auf Dauer ihre Auflösung zur Folge gehabt hätte. Für die Operationsplanung war es deshalb in der Regel weit vorteilhafter, die Verbindungslinien des Gegners zu bedrohen oder sich gar in den Besitz seiner Magazine zu setzen, die sich meistens in Festungen befanden, um auf diese Weise die Offensive des Gegners lahmzulegen. Meisterhaft wurde die Strategie des indirekten Stoßes von der österreichischen Generalität beherrscht.

Grenadiermützen für Mannschaften der preußischen Infanterie 1785

Generalfeldmarschall Otto Ferdinand Graf von Abensberg und Traun z. B. manövrierte 1744 die preußische Armee mit dieser Methode – ohne das Risiko einer Schlacht einzugehen – aus Böhmen heraus; die preußische Armee löste sich beim Rückzug nach Schlesien nahezu auf.

Angesichts der logistischen Verwundbarkeit der feudalabsolutistischen Heere hatte die Einnahme einer zentral gelegenen Festung häufig größere Bedeutung für den Kriegsverlauf als eine gewonnene Schlacht. Für den Siebenjährigen Krieg sei nur an die Bedeutung erinnert, die die kriegführenden Parteien den schlesischen Festungen, Dresden, Kolberg u. a. beimaßen, um zu verstehen, welche Resultate die Manöverstrategie zeitigen konnte. Obwohl also auch Friedrich grundsätzlich nur in den Grenzen handeln konnte, die ihm durch die Magazinverpflegung und die damit gegebenen Beschränkungen gesetzt waren, glaubte er, aus den Schlesischen Kriegen die Lehre ziehen zu müssen, für Preußen sei vor allem die Strategie des direkten Stoßes angebracht, mit der sich in kürzerer Frist und unter geringeren Verlusten dieselben Ergebnisse – wenn nicht gar bessere – erzielen ließen.

Das bedeutete nicht, daß Friedrich ein gut ausgebautes Magazinsystem geringgeschätzt hätte. Man kann im Gegenteil fragen, ob nicht gerade die Behauptung Preußens im Siebenjährigen Krieg zu einem erheblichen Teil diesem Umstand zuzuschreiben war. Wir wissen, daß er auf die hohe Wirkung des Schlachtenerfolges setzte und seine rücksichtslose Suche danach, zumindest seit der Schlacht bei Leuthen, seine Gegner einschüchterte, so daß diese nur

Grenadiermützen für Mannschaften der preußischen Infanterie 1785

unter für sie günstigsten Bedingungen die Schlacht wagten. Trotzdem hatte er seit 1745 ein Festungs- und Magazinnetz in den preußischen Provinzen aufgebaut, das entscheidende materielle Basis seiner letztlich erfolgreichen Durchhaltestrategie war. Mit der Errichtung des doppelten Festungsgürtels in Schlesien und großer Magazine in Berlin/Spandau, Magdeburg, Stettin, Kolberg, Königsberg/Insterburg, Wesel, Minden, Geldern, Küstrin, Frankfurt/Oder, Krossen, Großglogau, Breslau, Brieg, Kosel, Neiße, Glatz und Schweidnitz, zu denen während des Krieges noch Großmagazine in den eroberten sächsischen Plätzen Meißen, Dresden und Torgau traten, war der preußischen Armee ein logistischer Rahmen gegeben worden, in dem sie sich relativ frei und zügig bewegen konnte. Das klassische Fünfmärschesystem, das den Armeen nur erlaubte, sich bis zu 100 Kilometern von ihren Hauptmagazinen zu entfernen, wurde auf diese Weise von Friedrich derart relativiert, daß er imstande war, seinen mannigfachen Gegnern an verschiedenen Fronten binnen kürzester Frist – wider alle Regeln herkömmlicher Kriegskunst – entgegenzutreten. Die inneren Operationslinien, auf denen der Preußenkönig während des Siebenjährigen Krieges handelte, waren vor allem durch den Lauf der Elbe und Oder bestimmt, deren ungehinderte Benutzung für ihn und seine Truppen ein Grunderfordernis und einen bedeutenden Vorteil gegenüber der gegnerischen Koalition darstellte. Dieses Operationsdreieck, in dem die entscheidenden Unternehmungen in der zweiten Phase des Siebenjährigen Krieges stattfanden, erlaubten Preußen, einen taktischen Offensivkrieg in der politischen Defensive zu führen.

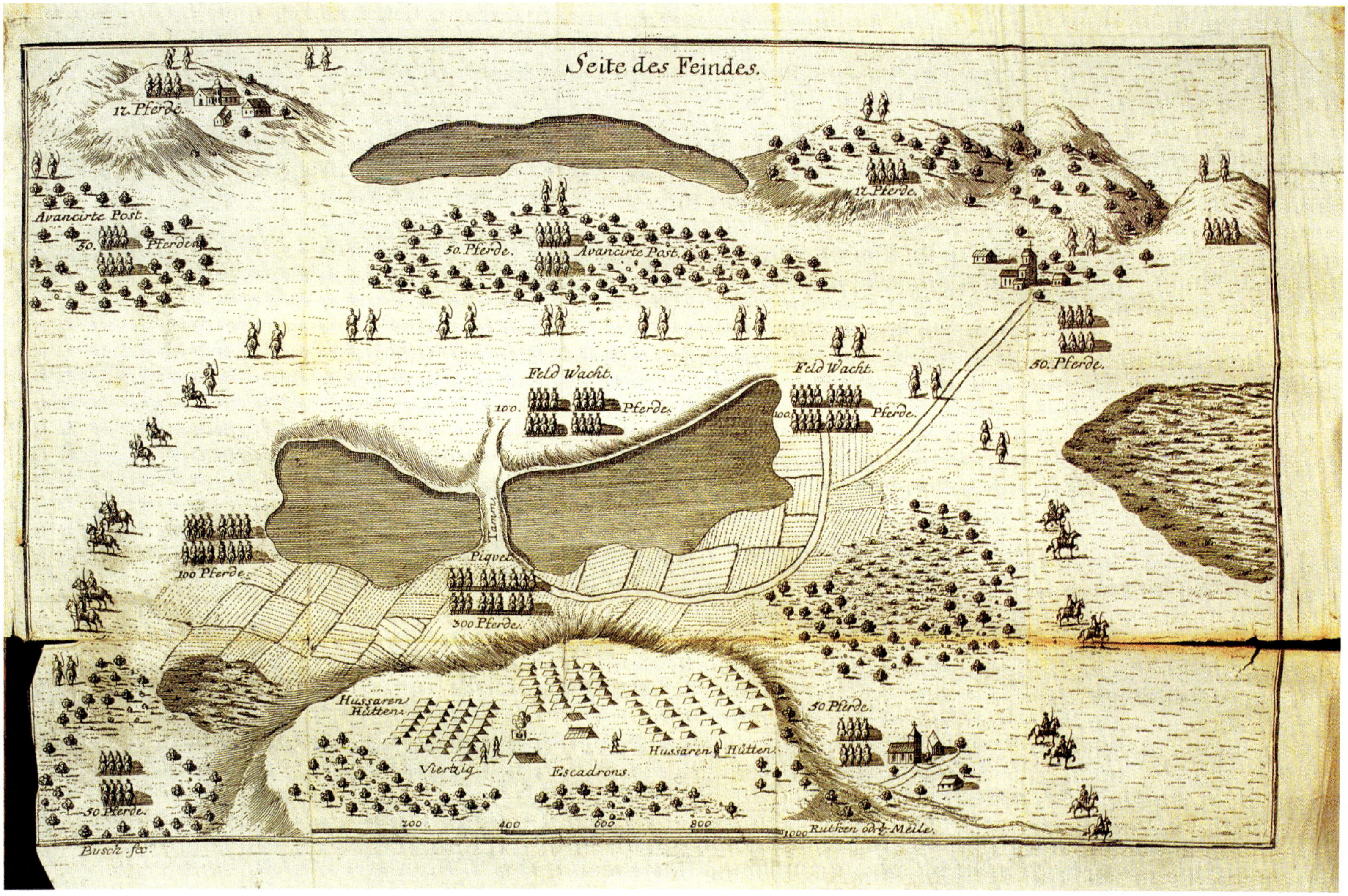

Truppenaufstellung nach dem Husarenreglement von 1743

Am nachdrücklichsten beschäftigte Friedrich II. in den ersten schlesischen Kriegen das Problem, wie er seine unter Friedrich Wilhelm I. heruntergewirtschaftete Kavallerie zu einer schlachtenentscheidenden Waffe umbilden könne. Für ihn, der der Kavallerie den Vorzug vor der Infanterie gab, war sie die Herrin des Schlachtfeldes. Zwar stellte die preußische Kavallerie eine eindrucksvolle zahlenmäßige Größe dar, doch stand bei ihrem Pferdebestand und bei ihrer Ausbildung – insbesondere bei den Dragonern – mehr der Infanterie-Einsatz als die kavalleristische Attacke im Vordergrund. Ihr Versagen in der Schlacht bei Mollwitz war eine Folge ihrer falschen Ausbildung. Österreichische Offiziere urteilten, «dazumahlen konnten die Preußen weder Rheiten, weder sich wehren; ihro ignorance in der metie machte Sie verzagt, ja Sie fiellen mitsambt den Satteln unter die Pferd, da Sie auch nicht einmall recht gegurtet hatten; ich nehme alle zu Zeugen welche dabey gewesen, ob derley riducullе Reuther nicht sehr ville gesehen wurden.»

Neben einer drillmäßig eingeübten Verschmelzung zwischen Pferd und Reiter stellte Friedrich seiner Kavallerie drei Hauptaufgaben, die er – seit 1741 vorgedacht – zwischen 1743 und 1744 in Instruktionen und Reglements festschreiben ließ. Im Dragoner-Reglement vom 1. Juni 1743 wurden die Offiziere angewiesen: «Alle Esquadrons sollen, sobald sie avanciren den Feind zu attaquiren, mit aufgenommenen Gewehr und fliegenden Fahnen gegen den Feind marschiren, und alle Tambours sollten Marche schlagen: Dahero kein Commandeur von einer Esquadron bey Ehre und Reputation sich unterstehen soll, zu schießen, sondern die Esquadrons sollen den Feind mit dem Degen in der Faust attaquiren; wovon die Generals von der Brigade respondiren sollen.»

Im selben Reglement wies der König die Kavalleristen an, was er für das Wichtigste beim Einsatz seiner Schlachtenkavallerie ansah: «Es muß ein jeder Officier von der Cavallerie sich fest imprimieren, daß es auf 2 Sachen ankomme den Feind zuschlagen: Nemlich, vor erste ihm mit größer Geschwindigkeit und Force zu attaquiren, und zweytens zu suchen selbigen zu überflügeln.»

Um eine solche Force zu entwickeln, hatte Friedrich schon kurz nach der Schlacht bei Mollwitz der Kavallerie befohlen, die letzten 30 Schritt während eines Angriffs stets im Galopp zu reiten. Im März 1742 verlangte er gar 100 Schritt Galoppreiten und in der klassischen Kavalleriedisposition vom 25. Juli 1744 setzte er fest, daß sich die Kavallerie zunächst im Schritt vorwärtsbewegen, dann in einen Trab verfallen sollte, um die letzten 200 Schritt vor dem Gegner in den Galopp überzugehen. Bei dieser Gelegenheit formulierte Friedrich jenen für die preußische Kavallerie zum Gral erhobenen Grundsatz: «Es verbietet der König hierdurch alle Officiers von der Cavallerie bei infamer Caasation sich zeitlebens niemalen in einer Action vom Feinde attaquiren zu lassen, sondern die Preußen sollen allemal den Feind attaquiren.»

Um seiner Kavallerie die notwendige Durchschlagskraft zu geben, formierte er sie ebenfalls in zwei Treffen, wobei das erste von den Kürassieren gebildet wurde, das zweite – dreihundert Schritt vom ersten entfernt – von den Dragonern. Notfalls sollte auch ein Drittes von den Husaren formiert werden, die ebenfalls im Einsatz der Schlachtenkavallerie geschult wurden. Der Einbruch in die gegnerischen Reihen sollte mit «ganzer Gewalt und Geschrei» geschehen, wobei gleichwohl die Ordnung der Linien aufrechterhalten werden sollte. «Wenn der Feind auseinanderkommt, so müssen diejenigen, so ihn verfolgen, immer suchen die vordersten einzuholen, indem die letzten doch allemal ihre bleiben, und wenn sie die Tete vom flüchtigen Feinde gewinnen, so sind die anderen so ihre. So viel wie möglich ist, wollen sie während der Action vom Feinde so viel als es sich nur thun lassen will niederhauen oder niederstechen, aber nur erst Gefangene machen, wenn bald alles vorbei ist.»

Das Verbot des Schußwaffengebrauchs, die Forderung, alle Bewegungen in höchster Präzision auszuführen und alles auf die Schwungkraft der Kavallerie zu setzen, waren Grundsätze, die Friedrich auch zum Teil auf die Infanterie zu übertragen suchte.

Die Hauptaufgaben des infanteristischen Einsatzes formulierte er nämlich am 23. Juli 1744 in ganz eigentümlicher Weise: «Bei einer Bataille kommt es bei der Infanterie auf zwei Sachen an. Erstlich, daß sich die Linie geschwinde formiert, welches dadurch geschiehet, wenn in deren Colonnen die Bataillons und Züge mit rechter Distance aneinander hangen, ingleichen daß die Generals das Allignement die die 2 Punkte, wo der rechte und linke Flügel zu stehen kommen, wohl observiren. Wenn das Formiren geschwinde und ordentlich geschehen, so kommt es noch auf den zweiten Punkt an, nämlich die Infanterie, welche mit dem Feinde im Feuer ist, immer avanciren zu lassen, um auf den Feind immer mehr Terrain zu gewinnen, denn in solcher Gelegenheit es nicht sowohl auf die Zahl der Todten, als auf den Platz ankommt, folglich müssen die Leute während des Feuerns immer vorwärts getrieben werden, womit man den Feind forciret zurück zu gehen, worauf die Confusion bei ihm unausbleiblich erfolget.»

Zu dieser Schlußfolgerung war er durch die Tatsache verführt worden, daß ungeachtet der hohen auf dem Übungsfeld erzielten Feuer- und Exerzierdisziplin des preußischen Fußvolkes

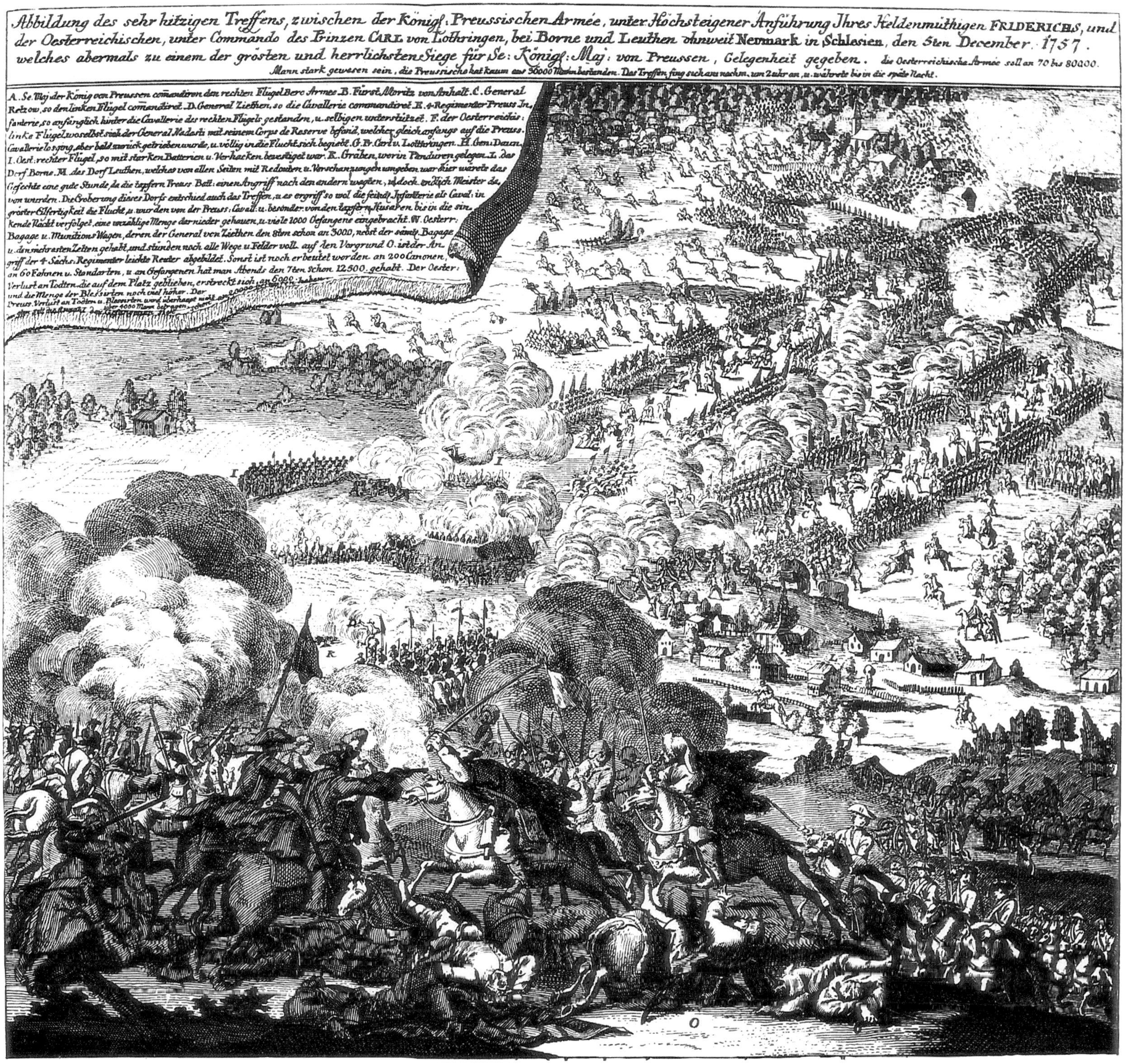

das Infanteriegefecht im ersten Treffen ein völlig anderes Aussehen hatte. Seit 1735 war in Preußen die viergliedrige Aufstellung endgültig durch die dreigliedrige ersetzt worden und seit dem ersten schlesischen Krieg trug jeder Soldat 60 Patronen bei sich. Die Zahl der Gewehre im Feuergefecht hatte sich dadurch weiter erhöht. Der Musketier war darüber hinaus durch unermüdliches Exerzieren in der Lage, zu Anfang des Feuergefechtes vier bis fünf, im

Schlacht bei Leuthen am 5. Dezember 1757 nach einer Radierung von Johann David Schleuen 1758

Hans Joachim von Zieten 1699–1786 nach einem Gemälde von A. Therbusch

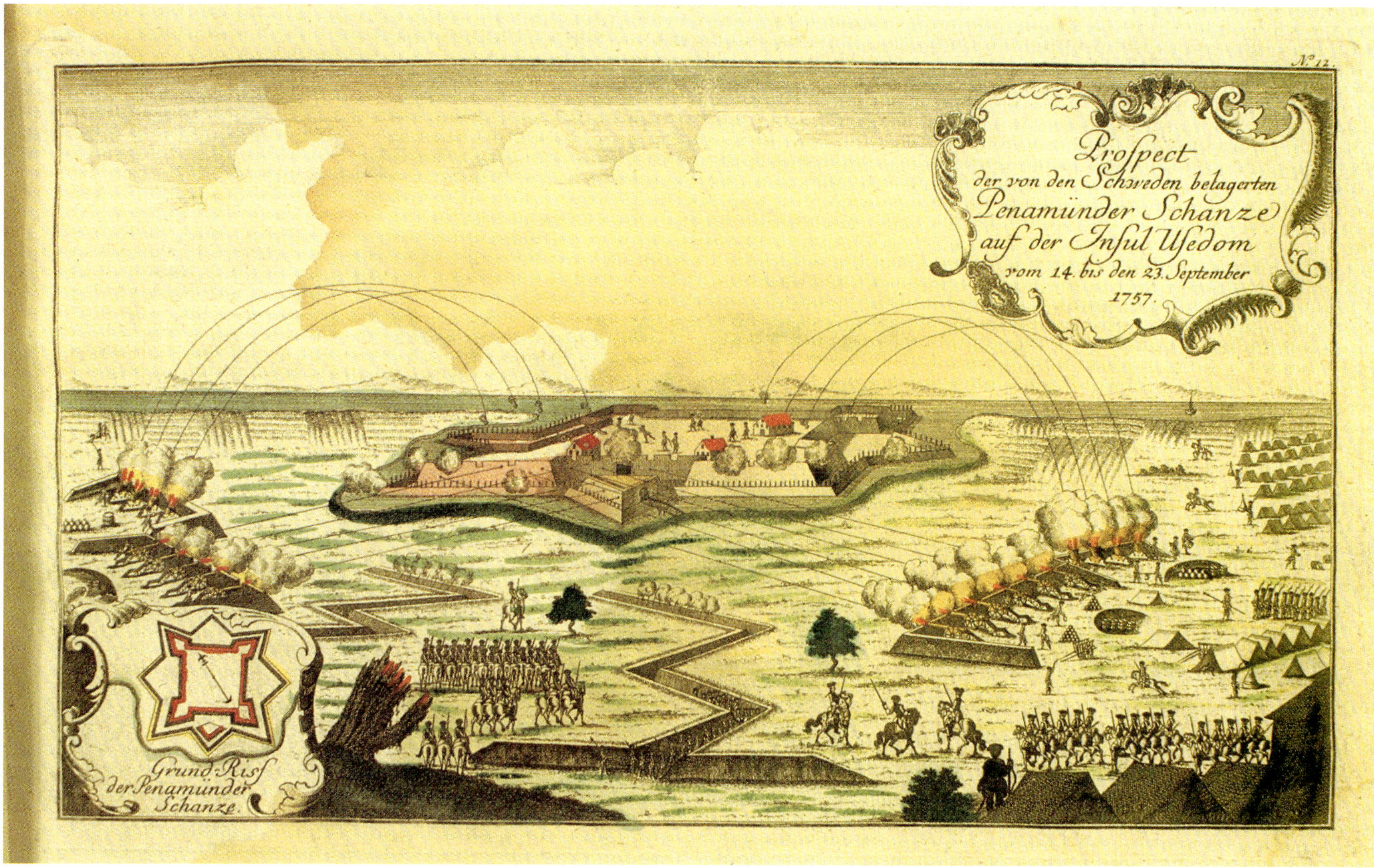

Schwedische Belagerung von Usedom 1757

Laufe des Kampfes bei zunehmender Ermüdung zwei bis drei Schüsse in der Minute abgeben zu können. Ein preußisches Peleton war somit in der Lage, in zwei Minuten bis zu fünf Salven zu feuern. Gegenüber einem viergliedrig aufgestellten und langsamer schießenden österreichischen Bataillon brachte das den Vorteil, daß die preußische Infanterie pro Minute 3000 Schuß gegenüber 1400 Schuß abgeben konnte. Obgleich das Bataillon nur eine geringe Breite von 150 bis 200 Schritt einnahm, die Division von 40 bis 50 und das Peleton von 20 bis 25 Schritt, wurden alle Bemühungen der Offiziere und Unteroffiziere, die gedrillte Feuerleitung während der Schlacht in der Hand zu behalten schon allein aufgrund des ungeheuren Getöses mehrerer tausend Gewehre rasch zu Schanden. «Wer zurückdenken will», schrieb der spätere General Friedrich von Gaudi, «wird sich schwerlich erinnern, in einer Bataille oder Aktion gesehen zu haben, daß beim Chargiren das erste Glied niedergefallen sei oder es doch auf die Dauer gethan habe, obgleich solches auf dem Exerzierplatz beständig geschieht, sondern es feuert so wie die hinteren Glieder stehenden Fußes.» Georg von Berenhorst meinte aufgrund seiner Erfahrungen urteilen zu können, daß das reguläre Peletonfeuer nur selten länger als einige Schüsse zu beobachten sei. «Man fing an mit Peletons zu schießen, zwei, drei feuerten ordentlich, dann folgte ein allgemeines Losbrennen und das gewöhnliche rollende Feuer, wo Jeder der geladen hatte, abdrückt, Rotten und Glieder sich mischen, die Vordersten gar nicht dazu gelangen, sich aufs Knie niederzulassen, wenn sie auch wollten, und die Offiziere von unten an bis zu den Generale hinauf mit der Masse nichts mehr anfan-

Preußische Belagerung von Schweidnitz 1758 nach einer Radierung eines unbekannten Künstlers

gen können, sondern erwarten müssen, ob sie sich endlich vorwärts oder rückwärts in Bewegung setzen werde.»

Stellt man darüber hinaus in Betracht, daß jedes einzeln schießende Peleton zunächst drei Schritte vor die Linie trat, abschoß, nachlud, dann das vorbeigezogene Bataillon raschen Schritts wieder einholte, um wieder in den vorgeschriebenen Marschrhythmus von 70 bis 75 Schritt in der Minute zu verfallen, wobei die Schrittlänge mit 72 cm berechnet wurde, dem wird deutlich, daß von der vielbeschriebenen präzisen, schnurgeraden Gefechtsordnung binnen weniger Minuten nicht viel übrig blieb, sich die lineare Formation vielmehr in eine schwankende Linie auflöste, von der der preußische Generalstab schon 1903 meinte, sie habe eher das Bild eines vorwärts drängenden Schützenschwarms erzeugt.

Das preußische Infanteriefeuer übte zudem mehr eine moralische denn eine tatsächlich materielle Wirkung aus. Der preußische Infanterist war in den meisten Schlachten allein schon deshalb benachteiligt, weil er aus der Bewegung heraus feuern mußte, was die Treffsicherheit zwangsläufig mindern mußte. Seine Gegner erwarteten ihn zumeist in befestigten Stellungen oder Lagern. Überdies besaßen die Gewehre nur geringe Zielgenauigkeit. 1755 vom General Hans Karl von Winterfeldt durchgeführte Versuche bewiesen, daß ein Riesenziel von zehn Schritt Breite und 3,50 Meter Höhe aus 300 Schritt nur von 10 bis 13 Prozent der Grenadiere getroffen wurde, bie 200 Schritt trafen lediglich 16,6 Prozent und erst bei 150 Schritt erzielten 46 Prozent der Grenadiere einen Treffer. Als günstigste Schußweite wurden in Preußen 200 Schritt angenommen. Einer der ersten Chronisten des siebenjährigen Krieges, Georg Friedrich von Tempelhoff, merkte dazu an: «Man feuert bei einer Schlacht ganz anders als auf dem Exerzirplatz; denn die anrückende Infanterie fängt trotz allem dem, was ihr auf dem Exerzirplatz gelehrt und eingeprägt wird, oft schon auf 800 Schritt vom Feinde zu feuern, doch wenigstens auf 600.»

Zumeist wurde ein derartiges Feuer auf weite Entfernung, mit dem nur geringe Treffer erzielt werden konnten, allein deshalb geduldet, um die einmal ins Avancieren gekommene Formation in Bewegung zu halten. Das auf dem Exerzierplatz geübte mechanische Schießen und notwendige Chargieren sollte einen dumpfen Vorwärtsdrang erzeugen, bis man in den Gegner eindrang. Trotz seiner materiellen Wirkung lag dem Feuergefecht somit zugleich eine moralische Komponente zugrunde.

Friedrich neigte indes aufgrund seiner Erfahrungen in den ersten beiden schlesischen Kriegen dazu, das Problem der Verbindung zwischen Feuer und Bewegung auf dem

Schlacht bei Liegnitz am 15. August 1760 nach einem Kupferstich von Georg Stettner

Schlachtfeld dadurch zu lösen, daß er dem Kampf mit der blanken Waffe den Vorzug vor dem Feuergefecht gab. Er stand mit dieser Ansicht nicht allein. Das war angesichts der fortschreitenden Entwicklung des Feuergefechtes zwar eine Art Anachronismus, der indes von ihm zunächst konsequent verfolgt wurde, bis ihn die ersten Schlachten des Siebenjährigen Krieges angesichts des hohen preußischen Blutzolls rasch eines Besseren belehrten.

War in Preußen seit 1732 das erste Glied eines Treffens mit Bajonettmusketen ausgerüstet, so ließ Friedrich ab 1743 alle drei Glieder mit Bajonettflinten bewaffnen. An das erste Glied wurden sogar längere und widerstandsfähigere Bajonette ausgegeben und 1755 an Unteroffiziere und ausgewählte Soldaten ein fast vier Meter langes Kurzgewehr verteilt, das an die Piken der alten Infanterie erinnerte. Schon 1743, im Reglement für die Infanterie, hatte der König seinen Soldaten und Offizieren versichert: «Es muß ein jeder Officier, Unterofficier und Gemeiner sich die feste Impression machen, daß es in der Action weiter auf nichts ankomme, als wie den Feind zu zwingen, von dem Platz, wo er stehet zu weichen; Deshalb die gantze Gewinnung der Bataille darauf ankommt, daß man nicht sonder Ordre stille stehet, sondern ordentlich und entschlossen gegen den Feind avanciert und chargiret; Und weilen die Stärcke der Leute und die gute Ordnung die Preußische Infanterie unüberwindlich machet, so muß den Leuten wohl imprimiret werden, daß wenn der Feind wider alles Vermuthen stehen bleiben solte, ihr sicherster und gewissester Vortheil wäre, mit gefälltem Bajonets in selbigen herein zu dringen, als dann der König davor respondiret, daß keiner wieder stehen wird.»

Diese Hieb- und Stichwaffentaktik, die bei der Kavallerie bei Hohenfriedberg am 4. Juni 1745 glänzende Erfolge zeitigte, schien sich zunächst auch für die Infanterie zu bewähren. Erst die schweren blutigen Verluste der preußischen Infanterie in den Schlachten bei Prag (6. Mai 1757) und bei Kolin (18. Juni 1757), in denen die Säulen des preußischen Fußvolks dahingerafft wurden, weil sie statt des Feuergefechtes alles auf den Bajonettkampf setzten, zwangen Friedrich, von diesem Angriffsverfahren Abstand zu nehmen. Doch noch bei Leuthen (5. Dezember 1757) setzten die preußischen Sturmtruppen vor allem auf das Bajonett. Im innersten war Friedrich wohl jedoch davon überzeugt, daß ein Angriff mit den Stichwaffen eine Schlacht geschwinder entscheide, als ein langwieriger Kampf um die Feuerüberlegenheit.

Prospekt von Schwedt. Verfolgung russischer Reiter durch die Braunen Husaren 1760

Von größter Bedeutung für die taktischen Überlegenheit der preußischen Infanterie und Kavallerie auf dem Schlachtfeld erwies sich stets die hohe Präzision und rasche Ausführung aller Bewegungen. Der Steigerung der Gefechtsbeweglichkeit der an sich starren und schwer zu kontrollierenden Linearformation in der Bewegung diente die Einübung verschiedener, teils neu erfundener Evolutionen, mit denen vor allem der Zweck verfolgt wurde, rasch und genau die Armee von der Marschordnung in die Schlachtordnung entfalten zu können. Hauptformen waren bis 1748 die Entwicklung aus der geöffneten Zugkolonne sowie der Aufmarsch aus der geschlossenen Marschkolonne. Dieses als Deployement bezeichnete Verfahren, binnen kürzester Zeit aus einer zusammengedrängten Masse eine lineare Front herzustellen, galt als Inbegriff der preußischen Taktik und setzte eine nur durch unermüdliche Übung erreichte Perfektion voraus. Eine Verbindung des Avancierens mit dem Evolutionieren stellte der Echelonangriff dar, bei dem die einzelnen Brigaden oder Regimenter der Linearformation in zeitlich abgesetzten Staffeln vorrückten und so eine schräge Schlachtenlinie einnahmen, bei der die ersten Bataillone bereits den Kampf aufnahmen, während sich noch ein erheblicher Teil dem Kampf versagte. Evolutionen standen im Mittelpunkt der taktischen Ausbildung und der seit 1748 regelmäßig durchgeführten Revuen und Manöver, die eine vielseitige Übung der Truppen in gefechtsmäßigen An- und Aufmärschen zum Inhalt hatten. Einer 50000 bis 60000 Mann starken preußischen Armee wurde nachgesagt, daß sie

Prospekt von Merseburg zur Zeit der Belagerung durch die Österreicher 1762

sich in fünf bis sechs Minuten aus drei bis vier Marschkolonnen zur Schlachtordnung formieren könne. Im eigentlichen Sinne war es diese durch ununterbrochenen Drill erreichte hohe Evolutionsfähigkeit der preußischen Truppen, die ihnen in den ersten Schlachten des Siebenjährigen Krieges eine taktische Überlegenheit gegenüber jedem anderen Gegner sicherte, nicht – wie allgemein angenommen und immer wieder beschrieben – nur die überlegene Schießfertigkeit der preußischen Bataillone, eines Vorteils, dessen Friedrich sich ja überdies zeitweilig freiwillig begab.

Die Jahre zwischen 1745 und 1755 waren ungeachtet dessen die produktivsten in der militärischen Tätigkeit Friedrich II. In dieser Zeit war er unablässig bemüht, die Kriegserfahrungen auszuwerten, verfolgte er aufmerksam die Entwicklung der Kriegskunst in Europa und ließ eine möglichst gefechtsnahe Ausbildung durchführen. Trotz schlechter Erfahrungen, die er im Kampf gegen die sich ihm häufig überlegen erweisenden österreichischen Generale gesammelt hatte, kehrte er aus den Schlesischen Kriegen mit der ungebrochenen Überzeugung zurück, daß das Heil der in fünf Feldschlachten unbesiegten preußischen Armee im Angriff liege. Allerdings nagten erste Zweifel an seinem Glauben, wenn er in den «Generalprinzipien» schreibt, man würde mit den preußischen Truppen «die gantze Welt bezwingen, wann die Siege ihnen nicht eben so fatal wären als ihren Feinden».

Die hohen Schlachtenverluste ließen den Preußenkönig um sein Instrument fürchten. Einen Ausweg sah er darin, in Zukunft die «affaire geschwinder zu decidiren» und damit die durch die Feuerwirkung aufgetretenen Verluste zu vermindern. Dieses Ziel sollte vor allem durch eine intensivere Ausbildung erreicht werden, darüber hinaus nahm sich der König der militärischen Fortbildung des höheren Offizierkorps an, die in den «Generalprinzipien vom Kriege» und in den «Gedanken und allgemeinen Regeln für den Krieg» ihren Ausdruck fand. Diese Schriften enthielten eine Systematisierung seiner Kriegserfahrungen und stellten bestimmte Richtlinien auf, wie sich die preußische Generalität im Kriege zu verhalten habe.

Den Kern der Ausführungen bildete die Schlachtentaktik. Der Preußenkönig gab seinen Generalen bestimmte Rezepte, die er allerdings nicht schablonenhaft angewandt wissen wollte, wie – unter Berücksichtigung des Gegners, des Geländes usw. – eine Schlacht entschieden werden könne. Im wesentlichen lief seine Unterscheidung auf Kämpfe in der Ebene, im Gebirge und um befestigte Stellungen hinaus. Die «Generalprinzipien» stehen dabei in nahezu völliger Übereinstimmung mit den Kriegslehren seiner Zeit. Das Ideal war die Parallelschlacht, wobei die Güte der preußischen Armee notwendig den Sieg sichern sollte. Gleichsam als Sonderfall, für das Handeln im «coupirten und bergichten Gelände», vertrat Friedrich die Auffassung, daß sich der Angreifer die Vorteile des Geländes zunutze machen sollte, indem er hier mit unterlegenen Kräften einen überlegenen Gegner schlagen kann, weil dieser seine Überlegenheit nicht auszuspielen vermag. Als Methode entwarf er hier erstmals ein Bild von der schrägen Schlachtordnung.

Die wesentlichsten Veränderungen in der Anlage von Schlachten und in der Schlachtentaktik lagen darin begründet, daß dem Gelände eine steigende Bedeutung bei der Wahl des Gefechtsfeldes eingeräumt wurde, daß die Stellungen einer Armee, die nicht angreifen wollte, nahezu unangreifbar ausgebaut wurden und die Artillerie weiter an Geltung gewann. Typisch für diese Veränderungen war die Schlacht bei Fontenay (1745), in der Moritz von Sachsen das erste Beispiel eines verschanzten Schlachtfeldes gab, an dem sich der tiefgestaffelte Kolonnenangriff der britischen und holländischen Truppe brach. Diese Schlacht bewies, daß die Linearlinie in der Verteidigung nicht so spröde und zerbrechlich war, wie man ihr nachsagte, wenn sie durch ein Stützpunktsystem den nötigen Rückhalt besaß. Sie deutete ferner die Überlegenheit der Artillerie in der Verteidigung an.

Für die preußische Generalität waren die Erfahrungen insofern von Bedeutung, als man in Rechnung stellen mußte, daß die künftigen Gegner Preußen wahrscheinlich nicht den Liebesdienst erweisen würden, sich in einer offenen Feldschlacht zu stellen, sondern sich natürlicher und künstlicher Hilfsmittel bedienen würden, um den ausschließlich auf Angriff gedrillten preußischen Truppen zu begegnen. Unbestreitbar war die Verteidigung in den Kriegen des 18. Jahrhunderts die weitaus stärkere Kampfform, besonders dann, wenn sie durch das Gelände und durch die Anlage von Befestigungen und Verschanzungen einen starken Rückhalt erhielt. Der Nachteil eines derartigen Verfahrens lag jedoch darin, daß man meist gezwungen war, seine Dispositionen ohne Berücksichtigung der Absichten des Gegners zu treffen, und Umgruppierungen – bedingt durch die Starrheit der taktischen Körper – nur schwer vornehm konnte.

Dieser schwache Punkt wurde von Friedrich II. deutlich erkannt und war geradezu Voraussetzung zur Durchführung seines Flügelangriffs. Er konnte nämlich in der Regel darauf vertrauen, daß der Gegner lange vor ihm die Schlachtordnung eingenommen hatte, die häufig auf Anhöhen gelegenen Stellungen gleichmäßig mit Truppen besetzt hielt und anfangs regungslos den Angriff abwartete. Es blieb ihm zunächst überlassen, den schwächsten Punkt der gegnerischen Aufstellung zu erkunden, dort seine Kräfte zu konzentrieren und den Rest seiner Armee so zu entfalten, daß sie den Gegner hinderte, rasch Umgruppierungen vorzunehmen. In aller Klarheit formulierte Friedrich seine Absichten, derart dem neuen Kampfverfahren seiner Gegner entgegenzutreten, in den «Gedanken und allgemeinen Regeln für den Krieg» am Vorabend des Siebenjährigen Krieges. Für den Fall jedoch, daß der Gegner wider Erwarten – das ist 1755 der Sonderfall – auf freiem Feld zum Kampf gestellt werden könne, galten wiederum ausschließlich die Prinzipien der Parallelschlacht.

In der ersten Periode des Siebenjährigen Krieges bestätigte sich die Annahme des preußischen Königs, daß seine Gegner ihm meist nur in gut gewählten Stellungen entgegentreten würden. Besonders nach der Schlacht bei Prag wurde dies die Regel. Allerdings gelang es der preußischen Armee in diesem Zeitraum noch, die kunstvolle Verteidigung insbesondere der österreichischen Truppen zu überwinden. Die Schlacht bei Leuthen (5. Dezember 1757) war dafür ein beredtes Zeugnis. Wie gefährlich jedoch die schräge Schlachtordnung auf den Angreifer selbst zurückschlagen konnte, enthüllten die Ereignisse von Kolin, die nahezu mit der Auflösung der preußischen Armee endeten. Selbst für eine die Verteidigung erfolgreichen überwindende Armee wurden die Verluste so unerträglich, in der Regel höher als die des Verteidigers, daß ein Schlachtenerfolg seinen Sinn verlor. Die Defensive erwies sich vor allem deshalb als stärker, weil – neben den künstlichen Hindernissen – sich der Verteidiger der Artillerie in weit ausgedehnterem Maße bedienen konnte als der Angreifer. Für den Angriff war die Verwertung der Artillerie aufgrund ihrer Schwerfälligkeit noch recht begrenzt, da die wirksamen Kaliber übermäßig schwer und somit auf dem Schlachtfeld nur schwer manövrierbar waren, während die leichten Kaliber – in Preußen vor allem Dreipfünder – nur geringe Wirkung erzielten. In Österreich und Frankreich hatte man überdies der Entwicklung der Artillerie hohe Aufmerksamkeit zugewandt, während sie in Preußen vernachlässigt worden war.

Die preußischen Armee war angesichts dieser Umstände nicht mehr in der Lage, ihre Manövrierfähigkeit auf dem Schlachtfeld mit Erfolg auszuspielen, weil jeder Angriff im Feuer der Abwehrfront zu ersticken drohte. Am Ausgang des mit der Niederlage von Hochkirch (14. Oktober 1758) endenden Feldzuges von 1758 faßte Friedrich II. seine Beobachtungen in den «Betrachtungen über die Taktik und einige Seiten der Kriegführung» zusammen, indem er u. a. feststellte: «Die vorzüglichsten Veränderungen, die ich in diesem Kriege bei dem Verfahren der österreichischen Generale bemerkte, sind ihre Lager, ihre Märsche und ihre bewunderswerthe Artillerie, welche beinahe schon allein, ohne andere Unterstützung, genügen würde, um ein angreifendes Heer zurückzuweisen, zu zerstreuen und zu vernichten.» Nachdem Friedrich die Stärke und Vorzüge der österreichischen Schlachtentaktik ausführlich analysiert hatte, legte er dar, auf welche Faktoren sich seine Überzeugung gründete, trotzdem einen Erfolg zu erringen. Einerseits meinte er, daß Preußen das System einer zahlreichen Artillerie, so unbequem es auch sein mag, zu übernehmen hätte; zum anderen müsse man darauf vertrauen, den Gegner nicht immer in einer gleich vorteilhaften Stellung vorzufinden. Eine derartige Schwäche müsse von der preußischen Armee entschlossen ausgenutzt werden, um einen in mehrere Treffen formierten Angriff auf einem Flügel zu unternehmen. Wie unbehaglich er indes einer Vermehrung der eigenen Artillerie gegenüberstand, die er recht eigentlich als eine Fessel für seine manövrierfähige Armee ansah, erhellt sich aus seiner wegwerfenden Bemerkung, ihr Anwachsen sei eine Mode. «Wenn sie noch einige Jahre anhält, so wird man Detachements von 2000 Mann mit 6000 Kanonen marschieren lassen.»

Typisch für die Angriffsschlachten des preußischen Heeres in der zweiten Periode des Siebenjährigen Krieges waren nunmehr die Massierung und Schwerpunktbildung der Artillerie auf dem Angriffsflügel, das Abgehen von der doppelten Treffenanordnung und die Schaffung mehrerer Angriffsformationen in der Hauptstoßrichtung. Außerdem wurden die Schlachten nicht mehr durch den ersten Stoß entschieden, sondern sie begannen mit dem Kampf von Teilformationen, der sich dann langsam zum allgemeinen Angriff entwickelte. Die preußische Führung veränderte die Angriffstaktik, um die hohen Verluste zu vermindern, dem Angriff mehr Durchschlagskraft zu verleihen und sich die Möglichkeit zu erhalten, dirigierend in den Verlauf der Schlacht eingreifen zu können.

Doch trotz dieser Umstellungen des Angriffsverfahrens erwies sich die Verteidigung auch weiterhin als überlegen. Die Schlachten näherten sich dem Pol, wo eine Niederlage des Angreifers gleichbedeutend mit dem Verlust der Armee und dem Untergang des Staates sein konnte. Die Schlacht bei Kunersdorf (12. August 1759) war dafür ein treffendes Beispiel, da sie zur völligen Zerschlagung der preußischen Armee führte und bei einem entschlossenen Handeln der Verbündeten zur Entscheidungsschlacht des Siebenjährigen Krieges hätte werden können.

Der Zwang für die Feldherren des 18. Jahrhunderts, die Armee angesicht der geringen Rekrutierungsmöglichkeiten als unersetzliches Instrument zu schonen, gewann in dem Moment noch wesentlich an Bedeutung, da jede Schlacht die Möglichkeit eines derartigen Verlustes in sich barg. Friedrich konnte sich jedoch umso eher auf ein höheres Risiko einlassen, weil er in seiner Person den regierenden Fürst, den kommandierenden General und den Leiter der Außenpolitik in einem vereinigte, der stets alles wagen durfte, ohne auf langwierigen Meinungsaustausch und Konsens angewiesen zu sein.

Friedrich II. hat deshalb auch weiterhin versucht, das für ihn ungünstige militärische Kräfteverhältnis durch einen Schlachtenerfolg, durch eine Art Generalschlacht, zu seinen Gunsten zu entscheiden. Die letzte große Feldschlacht, in der er diesen Versuch unternahm, fand am 3. November 1760 bei Torgau statt. Sie kann als die modernste Schlacht des 18. Jahrhunderts bezeichnet werden, wobei sich die Behauptung auf die bemerkenswerte Aufteilung des preußischen Heeres in zwei unabhängig voneinander handelnde Abteilungen auf dem Schlachtfeld gründet. Diese Entwicklung ergab sich folgerichtig aus der schrägen Schlachtordnung. Die Trennung der Heereskörper war gewiß die letzte Steigerung, die die Entwicklung der Lineartaktik zu erfahren vermochte, doch erscheint es immerhin fragwürdig, wenn man aus dieser Erscheinung folgern wollte, sie hätte bahnbrechend für die Zukunft gewirkt. Die Frage ist: War die Entwicklung der Lineartaktik, wie sie bei Torgau zum Ausdruck kam, zukunftweisend oder stellte sie ihr Endprodukt dar, über das hinaus es keinen Fortschritt, sondern nur noch Stagnation geben konnte?

Unübersehbar bleibt die Tatsache, daß sich das Gesicht der Schlacht, seit Mollwitz etwa, weitgehend gewandelt hatte: statt der traditionellen Aufstellung in zwei langgestreckte Treffen – die gedrungene Formierung mehrerer Treffen; statt der konsequenten Trennung von Kavallerie und Infanterie – die Vermischung und das verbesserte Zusammenwirken von Artillerie, Kavallerie und Infanterie; statt *eines* ungestümen Stoßes – der in Wellen *wiederholt* vorgetragene Angriff; statt der Formierung *eines* einheitlichen Truppenkörpers – *zwei* selbständig handelnde Abteilungen; statt eines flachen Geländes – ein waldiges, unübersichtliches, von Anhöhen durchzogenes Gebiet.

Und doch hatte sich selbst damit an den grundlegenden Prinzipien des taktischen Einsatzes nichts geändert, ja man kann fragen, ob die natürlichen Schwächen der Lineartaktik dadurch nicht nur nicht gemindert, sondern eher noch gesteigert wurden. Das Artilleriefeuer wütete furchtbar – bis zur völligen Auflösung – unter den einzelnen anrückenden Formationen, die Bewegungen gingen in dem schwierigen Gelände zeitlupenhaft vor sich, die überlegene Wucht der einstmals wandernden Feuerwand war verlorengegangen und an ihre Stelle das Plackerfeuer einzeln vorgehender Pelotons getreten. Die Schlacht bei Torgau glich dem methodischen Bestürmen einer Festung, wobei der Gegner durch einen Fesselungsangriff vom Hauptangriff abgelenkt und seine Kräfte gebunden werden sollten. Der Hauptangriff scheiterte, und nur durch das überraschende Eingreifen der den Nebenangriff vortragenden Heeresabteilung wurde die sichere Niederlage in einen blassen Erfolg umgewandelt, der dem Sieger jedoch keinen anderen Gewinn einbrachte als die Behauptung des Schlachtfeldes. Die preußischen Verluste dagegen überstiegen die des Unterlegenen bei weitem.

Noch ein weiterer Umstand verdient, im Zusammenhang mit der Schlacht bei Torgau, erwähnt zu werden: die Rolle der Kavallerie. Bekanntlich verdankte das preußische Heer seine Erfolge in den beiden ersten schlesischen Kriegen und in der ersten Periode des Siebenjährigen Krieges nicht zuletzt seiner von Seydlitz und Friedrich II. reformierten Kavallerie. Hohenfriedberg und Roßbach waren in erster Linie ihre Siege. Sie lagen vor allem darin begründet, daß die preußische Reiterei im Ungestüm und in der Geschlossenheit beim Angriff, in der Schnelligkeit der taktischen Manöver, im Bereitsein zu Flankenangriffen und in der Geschwindigkeit beim Sammeln und Neuformieren nach einem Angriff von keiner anderen Kavallerie des 18. Jahrhunderts erreicht worden ist. Die preußische Führung legte besonderen Wert darauf, den wuchtigen Angriffsstoß der Reiterei mit immer wachsender Schnelligkeit und Gewalt bis in die Reihen des Gegners hineinzutreiben. Friedrich war am Vorabend des Siebenjährigen Krieges davon überzeugt, daß bei Feldschlachten in der Ebene die Kavallerie allein imstande ist, die Entscheidung herbeizuführen, und die Infanterie, der grundsätzlich sein Hauptinteresse galt, sich mit der Rolle des Zuschauers begnügen könnte.

Doch die Änderungen in der Taktik der österreichischen und französischen Führung bewirkten ebenfalls eine Modifizierung der kavalleristischen Einsatzgrundsätze. In den schon erwähnten «Betrachtungen über die Taktik und einige Seiten der Kriegsführung» mußte der Preußenkönig 1758 feststellen, daß es nicht mehr angängig sei, mittels großer Reiterattacken den Kampf zu entscheiden. Er meinte, daß sie bei verschanzten Stellungen des Gegners, die möglicherweise noch auf Anhöhen lagen, leicht in einen Hinterhalt geraten oder auf Verschanzungen treffen könnten, die zu ihrer Vernichtung führten. Die Lehre, die er daraus zog, lautete, die Kavallerie möglichst zurückzuhalten, um auch sie dem vernichtenden Feuerhagel des Gegners zu entziehen, und sie nur dazu zu verwenden, um das Gefecht wiederherzustellen oder den Gegner zu verfolgen. Wesentlich an diesen Ausführungen ist, daß die Kavallerie nun wiederum auf einen Stand zurückgedrängt wurde, den sie zu Beginn der schlesischen Kriege eingenommen hatte: der Infanterie als reine Hilfswaffe zu dienen. Die Bedeutung, die sie vorher erlangt hatte, um als rasch einzusetzender Stoßkeil den ins Wanken gekommenen Gegner endgültig zu schlagen, verlor sich auf Grund der geschickten Geländeausnutzung – verstärkt durch künstliche Hindernisse – und der gestiegenen Feuerkraft eines abwehrbereiten Gegners.

Die Handlungen Friedrichs entsprachen jedoch nicht seinen theoretischen Einsichten. Auch hier stellte die Schlacht bei Kunersdorf einen Wendepunkt dar, in deren Verlauf die preußische Reiterei wider besseres Wissen und gegen den energischen Widerstand von Seydlitz zweckentfremdet zum Sturm auf die russischen Verschanzungen eingesetzt und – wie unter den gegebenen Bedingungen nicht anders zu erwarten war – zerschlagen wurde. Für Torgau ist dagegen charakteristisch, daß man auf einen entscheidungssuchenden Angriff der Kavallerie bewußt verzichtete, ja die Reiterei in dem Glauben, sie doch nur zu zweitrangigen Aufgaben verwenden zu können, weit hinter der Infanterie zurückhängen ließ, was zu gefährlichen Verwicklungen auf dem Schlachtfeld führte. Der Weg zu einer engen, dauernden Verquickung der beiden Waffengattungen, die sich gegenseitig unterstützten, wurde nur zaghaft beschritten, weil dies in der Konsequenz zum völligen Abgehen von der traditionellen Treffenaufstellung geführt hätte, wozu weder die subjektiven Voraussetzungen, in Gestalt eines selbständigen höheren Offizierskorps, noch die notwendigen objektiven Voraussetzungen bestanden, die nämlich die Beseitigung der starren linearen taktischen Formationen bedingten.

Die Lehre, die Friedrich aus seinem Pyrrhussieg bei Torgau zog, lautete, für die Zukunft jede Feldschlacht zu vermeiden. Die Kämpfe, die im folgenden Jahr bei Burkersdorf und Leutmannsdorf stattfanden und bei denen durchaus ein operatives Ziel erreicht werden sollte, zeichneten sich durch den Einsatz geringer Truppenkräfte in verschiedenen Richtungen aus. Sie zeigten ein völliges Abgehen von den traditionellen Auffassungen der Lineartaktik und erforderten zwangsläufig die Selbständigkeit der Unterführer. Typisch war allerdings auch, daß durch einen derartigen Einsatz mit den Mitteln und den Einsatzprinzipien der Zeit keine großen Entscheidungen herbeigeführt werden konnten.

Um den Angriff verlustsparend und mit Erfolg vortragen zu können, wäre es notwendig gewesen, die Truppen aufgelöst in Schützenschwärmen an den Gegner heranzuführen, was sich jedoch angesichts ihrer Zusammensetzung verbot. Die preußischen Freibataillone, die zu diesem Zweck eingesetzt wurden, waren häufig verzweifelte Versuchsobjekte, die als Kanonenfutter aufgebraucht wurden und nur geringen Nutzen brachten. Die Verbindung von Schützengefecht mit der tiefen Kolonne war somit ebenfalls nicht zu erreichen, obwohl die Kolonnenform in den absolutistischen Armeen durchaus bekannt war, ihre Anwendung sich aber nur auf das Manöver beschränkte, weil es ihr im Angriff an Feuerkraft mangelte und sie der gegnerischen Artillerie ein leichtes und lohnendes Ziel bot. Hinzu kamen die ungenügenden technischen Voraussetzungen: eine leicht bewegliche und trotzdem wirksame Angriffsartillerie bestand nur in Ansätzen und auch die meisten Gewehre eigneten sich nicht zum gezielten Schuß. Trotzdem kann nicht übersehen werden, daß wesentliche Elemente, die später die Schlachtentaktik Napoleons auszeichneten, am Ausgang des Siebenjährigen Krieges bereits im Keim vorhanden waren. Das betraf die Zusammenfassung der Feuerwirkung der Artillerie, das verbesserte Zusammenwirken der drei Waffengattungen, die beginnende Untergliederung der Armee in selbständige Abteilungen, das staffelweise Antreten der Armee und die steigende Bedeutung der Funktion der Unterführer.

Die friderizianische Schlachtentaktik, die fest in der Lineartaktik verwurzelt war, hatte mit der Schlacht bei Torgau ihre letzte Steigerung gefunden, über die hinaus keine Fortentwicklung mehr möglich war, ohne daß grundsätzliche Veränderungen in den gesellschaftlichen Verhältnissen eintraten. Die Schlacht war unter den gegebenen Umständen kein vom Feldherren anzuwendendes Mittel mehr, weil allein die stark gestiegene Waffenwirkung die Armee mit völliger Vernichtung bedrohte. Es war auch mit der Anwendung neuer taktischer Varianten für den Angreifer nicht möglich, den Widerspruch zwischen der gestiegenen und weiter steigenden Feuerkraft, die durch den technischen Fortschritt ermöglicht wurde, und den traditionellen taktischen Bedingungen zu lösen, die mit den sozialökonomischen Verhältnissen verwurzelt waren. Eine Weiterentwicklung der Kriegskunst, die dem Angriff wieder die ihm gebührende Rolle zuwies, konnte nur bei Überwindung der bestehenden gesellschaftlichen Verhältnisse erfolgen.

Die preußische Kriegskunst war dadurch, daß sie sich den technischen Fortschritt zu eigen gemacht hatte, ohne mit ihm gesellschaftlich Schritt halten zu können, in eine Krise geraten. Auf Grund der praktischen Erfahrungen rückte der Gedanke, den Krieg ohne Schlacht zu entscheiden, in den Vordergrund. Das immer größer werdende Risiko einer Schlacht – für Sieger wie Besiegte mit schweren Opfern, hohen Kosten und umfassender Schmälerung der

Kampfkraft verbunden – wurde zur Existenzfrage des Staates. Auch die Versuche, die vor allem in Frankreich unternommen wurden und besonders deutlich im Unabhängigkeitskrieg der Amerikaner zu Tage traten, durch Einführung neuer taktischer Prinzipien (Tirailleur- und Kolonnentaktik) die Krise zu überwinden, mußten erfolglos bleiben, da sie stets nur Beiwerk der bestehenden Taktik waren und sich eine völlige Umstellung angesichts der Zusammensetzung der Armee von selbst verbot. Friedrich II., der als hochbegabter Militär alle diese Neuerungen aufmerksam verfolgte und sie in ihrer Nutzanwendung für die preußische Armee überprüfte, da und dort Ansätze zaghafter Reform auch in seiner späten Regentschaft erkennen ließ, war eingebunden in das sozial bedingte Korsett seiner Kriegführung. Er hatte die Lineartaktik als großer militärischer Führer bis an die Grenzen ihrer selbst entwickelt, mit sicherem Blick alle ihre Möglichkeiten ausgereizt - bis an die Grenze ihrer eigenen Negation.

Typisch für die Kriegskunst des ausgehenden 18. Jahrhunderts wurde nun, diesen Widerspruch dadurch auflösen zu wollen, indem man die risiko- und verlustreiche Schlacht nur als äußersten Notbehelf gelten ließ und einseitig dem Manöver den Vorzug gab. Die Herrschaft der reinen Manöverstrategie hatte zur Folge, daß die beachtlichen Ansätze in der Entwicklung der Kriegskunst durch den großen König am Ausgang des Siebenjährigen Krieges in der Folgezeit in Vergessenheit gerieten. Der sich am Horizont abzeichnende nahe Untergang einer überlebten Gesellschaftsordnung wurde durch die Stagnation und die Engstirnigkeit in der Kriegskunst, die in starre Fesseln geschlagen blieb, begünstigt und gefördert. Das Resultat war der Zusammenbruch von Jena und Auerstedt, der Grabgesang auf eine einst hochstehende Taktik und Kriegskunst.

ANHANG

Literaturverzeichnis

Hans Bleckwenn: Unter dem Preußen-Adler. Das Brandenburgisch-Preußische Heer 1640–1807, München 1978

Otto Büsch: Militärsystem und Sozialleben im alten Preußen 1713–1807. Die Anfänge der sozialen Militarisierung der preußisch-deutschen Gesellschaft, Frankfurt/M–Berlin–Wien 1981

Hans Delbrück: Geschichte der Kriegskunst im Rahmen der politischen Geschichte, Vierter Teil Neuzeit, Berlin 1962

Christopher Duffy: Friedrich der Große und seine Armee, Stuttgart 1978

Europa im Zeitalter Friedrichs des Großen. Wirtschaft, Gesellschaft, Kriege, hrsg. von B. R. Kroener, München 1989

Friedrich der Große und das Militärwesen seiner Zeit, Herford–Bonn 1987

Max Jähns: Geschichte der Kriegswissenschaften vornehmlich in Deutschland, Abt. 2 XVII. und XVIII. Jahrhundert bis zum Auftreten Friedrichs des Großen, München–Leipzig 1890, Abt. 3 Das XVIII. Jahrhundert seit dem Auftreten Friedrich des Großen, 1740–1800, München–Leipzig 1891

Curt Jany: Geschichte der Preußischen Armee vom 15. Jahrhundert bis 1914, Erster Band: Von den Anfängen bis 1740, Zweiter Band: Die Armee Friedrich des Großen 1740–1763, Dritter Band: 1763–1807, Osnabrück 1967

Ottomar von der Osten-Sacken und von Rhein: Preußens Heer von seinen Anfängen bis zur Gegenwart, Band 1: Die alte Armee. Bis zum Frieden von Tilsit, Berlin 1911

Helmut Schnitter/Thomas Schmidt: Absolutismus und Heer. Zur Entwicklung des Militärwesens im Spätfeudalismus, Berlin 1987

Namenregister